本书由中国科学院2013 年度“西部之光”人才培养计划“引文耦合网络演化分析及在科技评价与预测中的应用研究”资助，批准号：科发人字〔2013〕165 号（3-6）

本书由中国科学院发展规划局“规划战略管理与科技体制改革研究”项目“重要科技领域与科研机构规划理论方法与应用研究”（课题编号：GHJ-ZLZX-2017-31）课题资助

本书由“中国科学院文献情报能力建设”项目“加权引文网络的社团结构和主路径研究”（2016 ~ 2017 年）课题资助

The Application of Social Network Analysis in Intelligence Analysis

社会网络分析在情报分析中的应用

▶ 陈云伟◎著

科学出版社

北京

图书在版编目（CIP）数据

社会网络分析在情报分析中的应用/陈云伟著. —北京：科学出版社，2017.9

ISBN 978-7-03-054358-5

Ⅰ. ①社… Ⅱ. ①陈… Ⅲ. ①社会网络-分析方法-应用-情报分析 Ⅳ. ①G252.8

中国版本图书馆 CIP 数据核字（2017）第216455号

责任编辑：张　莉　刘巧巧 / 责任校对：樊雅琼
责任印制：赵　博 / 封面设计：有道文化
编辑部电话：010-64035853
E-mail: houjunlin@mail. sciencep.com

科学出版社 出版
北京东黄城根北街 16 号
邮政编码：100717
http://www.sciencep.com

北京中石油彩色印刷有限责任公司 印刷
科学出版社发行　各地新华书店经销
*
2017 年9月第　一　版　开本：B5（720 × 1000）
2024 年1月第四次印刷　印张：15
字数：259 000

定价：78.00元

（如有印装质量问题，我社负责调换）

前　言

笔者最早接触到社会网络分析方法是在2008年，当时笔者从四川大学硕士研究生毕业参加工作已4年，从生物化学研究跨入情报研究领域，始终没能很好地找到情报学研究的理想切入点，单位（中国科学院成都文献情报中心）的馆长，也是笔者后来的博士生导师方曙研究员，建议笔者关注社会网络分析方法在情报学中的应用，随即开启了笔者开展社会网络分析的篇章。2009年，笔者有幸获得中国科学院公派出国留学的机会，在美国印第安纳大学做访问学者的半年时间里，有机会师从凯蒂·伯尔纳（Katy Börner）教授，系统、全面地学习了有关社会网络分析方法及信息可视化研究的理论、方法和技术。也是在此期间，笔者建立了对社会网络分析极大的兴趣。

2009年秋季回国后，笔者以“社会网络分析在专利权人网络分析中的方法与应用研究”为题申请到“中国科学院国家科学图书馆青年人才项目”资助，通过相关研究，笔者对社会网络分析方法的基本理论、方法、技术有了一定的理解和认识。2010年，笔者考取中国科学院研究生院情报学在职博士生，开展“专利权人关联网络演化特征研究”。至2013年博士研究生毕业时，笔者构建了基于合作、引用和主题关联的专利权人关联网络分析体系，并在该体系框架下对专利权人合作、主题关联和引用三大网络演化分析的原理与分析方法进行了研究。2013年，笔者获得中国科学院2013年度“西部之光”人才培养计划资助，主要开展引文耦合网络演化分析及在科技评价与预测中的应用研究，重点对引文网络的社团划分、主路径识别等开展了深入的研究。本书收录的很多内容均是上述系列研究工作的成果。

同时，除了在理论和方法方面开展研究，在过去9年的时间里，笔者也不断尝试利用社会网络分析方法来解决情报研究工作中遇到的问题。①基于科学家合作网络构建了复合合作强度指数，用于开展科学家的评价工作；②基于国家、机构和作者的合作网络，从宏观、中观和微观网络角度研究学科结构与演化特征；③基于专利权人合作网络的演化特征，构建生物经济引擎技术预见模型，开展有潜力在未来引领或推动生命科学领域发展的引擎技术预见研究；等等。这些情报研究实践工作的相关成果也被收录于本书中。

通过多年的研究发现，社会网络分析方法在情报分析中的应用至少具有以下几方面典型特点。首先，社会网络分析方法丰富了情报分析的手段。早在2002年，鲁索等已经注意到社会网络分析在情报分析中的应用前景，全面介绍了社会网络分析的概念、发展及在情报分析领域的应用，并开展了基于作者合作、文献耦合等方面的实证研究，为情报分析人员利用社会网络分析方法提供了重要的参考资料。其次，网络演化特征和网络结构是研究热点。情报分析人员普遍关注一些有代表性的网络，其具有不同于其他网络的独特性质，如科学家合作网络的富者俱乐部现象等。社团划分算法的不断优化和改良，为情报分析人员深入开展网络演化和结构研究提供了有效的手段，例如，以模块度最大化为目标的Louvain算法、Louvain多级细分算法及SLM算法，支持无权和加权网络的社团划分，为情报分析人员不断优化社团划分方案提供了方法保障。最后，社会网络分析方法也进入了专利分析领域。当前，社会网络分析方法在专利分析中的国内外应用研究进展基本可以归纳为专利引用、合作和技术主题关联三大方面。社会网络分析方法提升了专利分析的水平，解决了传统的专利计量分析无法回答的问题，具体表现在：①可观察整个专利数据库的总体结构特征；②可以分析更多的指标和挖掘更多的信息；③用于鉴别特定技术领域内或组织机构内的关键专利权人或发明人，可以用于竞争分析和制订联合投资计划；④专利网络分析方法更加经济。

本书能得以最后出版，第一，笔者要衷心感谢博士生导师方曙研究员。没有方老师早期在研究方向选择上给笔者的建议，也就不会有本书的出版。书中有关专利的社会网络分析的研究工作多数都是在方老师的指导下完成的，包括多个项目研究和博士论文研究。

第二，要感谢笔者所在的生物科技情报研究团队，书中收录的很多实证研究工作，均是依托团队的情报工作实际需求而展开的，有了这个平台才促成了本书的完成。例如，书中介绍的“生物经济引擎技术预见模型”就是我们团队所承担的中国科学院文献情报能力专项项目的研究成果；复合合作强度指数也是在团队承担的“国家高技术研究发展计划（863 计划）——微生物数字资源知识管理系统构建及关键技术研究”课题的研究成果。正是整个团队的共同努力，才完成了这些社会网络分析方法在情报实践中的具体应用。在此，对团队成员邓勇、陈方、丁陈君、郑颖表示诚挚的谢意。

第三，感谢隗玲和肖雪两位研究生，她们在开展博士论文和硕士论文研究过程中，与笔者的研究项目开展了深度的合作，部分相关合作研究成果也收录在本书中。例如，有关加权引文网络的社团划分算法的理论及实证分析工作，是和肖雪合作完成的。感谢信息技术部的刘春江、杨宁和胡正银三位同事，他们在算法、分析方法和可视化技术上给予了笔者很多的帮助。

第四，要特别感谢张志强主任，在张主任的鼓励下，笔者才得以下定决心将过去 9 年间有关社会网络分析的研究成果进行系统梳理，完成本书。同时，还要感谢张主任在本书的出版上给予的大力支持。

第五，要特别指出，本书介绍的有关社会网络分析在情报分析中的应用成果，仅仅是笔者在过去 9 年时间里的一些研究与工作积累，并没有涵盖社会网络分析方法在情报研究中的全部应用领域。相关内容仅用作与国内从事相关研究的同仁进行交流，也可供刚刚接触社会网络分析并对此方面研究有兴趣的学生参考。

本书第一章介绍社会网络分析的基本概念，供初学者参考；第二章简要综述社会网络分析方法在情报分析中的应用概况，有助于读者在总体层面上的认识；第三章至第五章，则依次对合作网络、主题关联网络和引用网络的理论与方法、实证研究工作进行了深入的介绍和分析，可直接作为情报分析人员的参考资料；第六章对可视化技术与科学地图进行了系统的介绍，有助于读者客观合理地利用网络可视化技术揭示科学问题，避免错用和滥用；第七章提出展望和讨论；附录是本书中涉及的相关领域专利检索策略。

本书在统筹整体章节结构的同时，特别考虑保持各章节的完整性，以便于读者选取自己感兴趣的主题进行阅读。因此，除了第一章和第二章属于社会网络分析及其在情报分析中应用的基础理论和方法介绍外，其他章节属于社会网络分析方法在情报分析中应用的不同方面，在逻辑上属于并列关系，读者可以根据需求选择相应章节进行阅读。

陈云伟

2017年7月

目　录

第一章 1

社会网络分析概述

第一节 社会网络分析的定义

社会网络分析（Social Network Analysis，SNA）是对社会关系结构及其属性加以分析的一套规范和方法，它主要分析的是不同社会单位（个体、群体或社会）所构成的关系的结构及其属性[1]。

根据社会网络分析的定义，其主要关注以下四点：第一，社会网络分析首要研究的是节点之间的相互关系，其次才关注个体的特性，然而，在理解社会现象时，个体特征与相互关系都非常重要；第二，社会网络分析研究的一个重要方面是网络结构如何影响个体的行为；第三，社会网络分析的两种主要类型是自我社会关系网络（ego network）和全球网络（global network），前者研究个体为中心的网络，后者研究网络中所有参与者之间的相互关系；第四，社会网络分析是一个跨学科的领域，数学和计算科学是促进其发展的两个重要学科[2]。

社会网络分析为研究人们的相互关系提供了可视化的和数学的分析。通过社会关系网络图及社会关系矩阵两种形式化描述方式，可以评估网络中节点的位置，发现节点的中心性，以及网络的中心与边缘，对网络中各种节点和簇进行深入的分析，发现簇在哪里、簇中包含哪些节点、谁是链接节点、谁是领导者、谁是孤立节点等信息。社会网络分析是在人类学、心理学、社会学、数学及统计学等领域中发展起来的，已经经历了70多年的历史，与图论和复杂网络理论一起被称为“网络研究三部曲”，如果说“结构－功能主义”统治了20世纪40～60年代的欧美社会学界，那么从20世纪70年代初期至今占据着欧美社会学特别是美国社会学主流地位的则是社会网络分析，其领军人物包括伯特（R.Burt）、格兰诺维特（M.Granovetter）、诺克（D.Knoke）、马斯登（P.Marsden）、韦尔曼（B.Wellman）、怀特（H.White）等学者[3]。

如何解释社会网络研究的结果？斯科特等[4]认为，有时候仅仅从社会网络的角度给出的解释也是不够的。在数学领域中有一个著名的定理——哥德尔不完全性定理，该定理告诉我们，任何公设系统都不是完备的，其中必然存在着既不能被肯定也不能被否定的命题，任何完备系统都不能仅仅利用自身的定理来解释。在一定意义上可以说，“网络只是管道”，管道的结构固然重要，但是管道内流通的内容也是我们不能忽视的。因此，社会网络研究的结果需要结合抽象的“文化”“地方性知识”等来研究。

当代社会网络分析中可以发现四点特性，这四点特性共同定义了这个研究领域[4]：

（1）社会网络分析源自联系社会行动者的关系基础之上的结构性思想；

（2）它以系统的经验数据为基础；

（3）它非常重视关系图形的绘制；

（4）它依赖于数学或计算模型的使用。

第二节 网络演化

复杂网络描述的是存在于自然界和社会中广泛的系统，最常见的例子包括细胞网络、互联网和计算机网络等[5]。当前研究较多的包括小世界网络[6]、无标度网络[7]，其最基本的特点是既不规则也不随机[8]。汪小帆等指出，目前复杂网络理论的主要研究内容可以归纳为以下四个方面[9]：

（1）发现：揭示、刻画网络系统结构的统计性质，以及度量这些性质的方法；

（2）建模：建立合适的网络模型以理解这些统计性质的意义与产生机理；

（3）分析：基于单个节点的特性和整个网络的结构性质分析与预测网络行为；

（4）控制：提出改善已有网络性能和设计新的网络的有效方法，特别是稳定性、同步和数据流通等方面。

章忠志将复杂网络的研究主要归纳为三个领域[10]：

（1）网络生成机制及演化模型，通过生成机制建立模型，模仿真实网络行为；

（2）复杂网络的稳定性，即研究限制条件对网络几何特性的影响，如复杂网络承受意外故障和恶意攻击的能力等；

（3）复杂网络上的动力学，也就是超越网络拓扑结构，掌握建立在这些网络上的系统的工作方式和机理，认识复杂系统内部深奥得难以理解的动力学，如复杂网络上的同步、疾病、信息、知识、舆论如何在复杂网络上传播等。

在理论物理学领域，针对复杂网络的研究非常活跃，本书重点介绍社会网络分析方法在情报分析中的应用，此处对复杂网络的研究进展不做过多讨论，仅对所用的理论依据加以概念的介绍，以便读者理解文中相关分析和讨论。同时，对近几年复杂网络理论在图书情报学领域的应用，特别是演化网络应用研究进行简要介绍，归纳其研究现状，挖掘发展潜力、应用前景及可能的方法。

本书研究的作者、机构及专利权人关联网络演化动力学特征，属于关联网络自身结构随着时间的推移而进行不断演化的一个过程，属于复杂网络的演化动力学研究范畴，而复杂网络上的传播（疾病、计算机病毒）等动力学研究则不属于本书的研究范畴。主要理论基础依据艾伯特（Albert）[5]和得勒哥特西弗（Dorogovtsev）[11]有关网络演化的综述及相关拓展文献。

研究复杂网络的最终目标是理解网络上的各种动力学过程如何受到网络结构的影响，而网络的形成和演化机制决定网络的结构。因此，研究网络结构的演化动力学成了复杂网络研究的前提和热点之一[12]。本书所分析的演化动力学是指网络自身结构随着时间的变化而不断演化的一个过程。

国内外对复杂网络演化模型的研究工作非常多，如文献［13］～［18］等均对复杂网络的演化模型或影响复杂网络演化的因素等进行了研究或综述。

传统的规则网络分布、随机网络分布与许多现实网络分布并不相符，如作者合著网络的富者俱乐部现象[19]、航空网络[20]等。小世界网络与无标度网络正是20世纪末期网络研究领域为研究实际网络分布而发展起来的两个重要理论。

第三节　小世界网络

最为社会学领域所熟知的小世界试验当属20世纪60年代哈佛大学的社会心理学家斯坦利·米尔格朗（Stanley Milgram）做出的“六度分离”推断，即地球上任意两个人之间平均只要通过5个中间人即可建立起联系[21]。1998年，沃特（Watts）和斯绰伽兹（Strogatz）在*Nature*上发表的文章*Collective Dynamics of ‘Small-world’ Networks*[6]研究了复杂网络的小世界结构特征，开创了当代复杂网络研究的新篇章，该小世界模型被称为“WS模型”，该文章引起了全世界研发小世界网络和 WS 模型的高潮，并在 WS 模型的基础上不断地进行改进，包括纽曼（Newman）[22]、克莱因伯格（Kleinberg）[23] 等的研究。

第四节　无标度网络

巴拉巴西（Barabási）和艾伯特 1999 年发表在 *Science* 上的文章 *Scale-free Networks：A decade and Beyond* [24] 发布了他们通过研究因特网的演化过程而发现的网络节点的幂律分布特征，即无标度网络［现在称为 BA 网络，$P(k) \sim k^{-\gamma}$］，他们还指出，增长和优先链接是无标度网络演化的最根本动力来源[7]（图 1-1）。

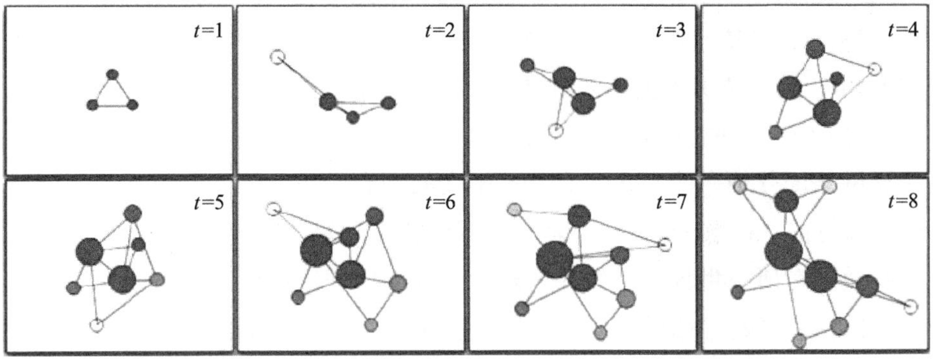

图 1-1　复杂网络的演化[25]

该文指出，研究复杂网络必须先研究其网络拓扑结构，未来还需研究系统的行为，即研究网络上的动力学，其中最为核心的问题是复杂网络的内部链接。

图 1-1 演示了无标度网络产生的最简单过程：从三个彼此链接的节点出发，之后的每个图都有一个新节点加入图中，而且新加入的节点更倾向于与现有网络中度数更高的节点相链接，该过程称为优先链接（preferential attachment）原则。得益于网络的增长与优先链接原则，度数越高的节点被新加入节点链接的概率就越高，自然产生高链接中心节点（hub），该网络的度分布指数 γ 值为 3。

然而，现实世界中的复杂网络的度分布指数 γ 值并非都等于 3，现实网络的 γ 值为 1 ～ 3[5]；1995 ～ 1999 年，高能物理领域的科学家的合作网络 γ 值为 1.2[25]；1991 ～ 1998 年，数学和神经科学领域的科学家的合作网络 γ 值分别为 2.1 和 2.5[26]。下面基于 BA 模型介绍无标度网络最基本的两个成分——增长与优先链接[7]。

1. 网络的增长

假定一个拥有较小数量（m_0）节点的起始网络，在每个步骤我们添加 1 个新节点到该起始网络中，该新节点同时与起始网络中的 m（$\leqslant m_0$）个节点建立链接关系。BA 模型认为，网络的节点数和边数均随着时间线性增长，因此网络的平均度数是一个常数，然而实际网络却呈现出不同的增长特征，如因特网、万维网和代谢网络的平均度数均在演化过程中发生了或增加或减少的变化[5]。在本书所研究的科学计量学的作者合著演化网络中，其平均度数亦逐年递增。

2. 优先链接

无标度网络所有模型的最核心成分就是其优先链接机制，即节点吸收新链接的可能性随着其度数的增加而增加，一个新节点与节点 i 链接的概率 P（k）与节点 i 的度数（k_i）成正比，即 $P(k_i)=k_i/\sum k_j$。

经过 t 个步骤的演化，得到拥有 $N=t+m_0$ 个节点和 mt 条边的网络，数字模拟表明该网络演化成一个标度（scale）不变的拥有 k 条边的节点的概率分布符合幂律分布特征，指数 γ 值与 m（演化过程中的唯一变量）无关。

有学者在研究世界贸易网时发现，全局的优先链接机制并不适用于那些只与少数国家有贸易往来的国家，在世界贸易网中，优先链接机制存在于某些区域经济体内，他们据此提出了局域世界（local-world）演化网络的概念[27, 9]。本书在研究工业生物技术这一特定学科领域的网络演化时就考虑了局域世界的网络演化情况。

第五节　网络的社团结构

社团结构是复杂网络非常重要的性质，是在生物网络、万维网、社交网络、合作网络、引文网络等网络常见的特征。社团可以看作是在网络中拥有相似属性或扮演相似角色的节点集合，通常社团内部的节点之间连接紧密，而社团之间的节点连接稀疏。为了鉴别网络中的社团结构，人们开发了大量方法，如 KL

算法[28]、谱分解法[29,30]和分层聚类算法[31]等。其中，KL 算法通过基于贪婪优化的启发式过程把网络分解为两个社团；谱分解法在 20 世纪 70 年代诞生，通过分析网络（对称矩阵）拉普拉斯算子（Laplacian）的特征向量来挖掘社团结构；分层聚类算法的总体思路是基于距离最近、相似度最高的社团开始合并，直到所有元素都归于一个社团为止。

然而，尽管这些传统算法在某些时候也有较好的功能发挥，但其存在准确度不高、事先需要知道网络中社团规模大小、时间复杂度大等缺点[32]。过去十多年的时间里，许多工作为检测复杂网络中的社团结构提供了新的、有效的工具。其中，最具里程碑意义的一项研究工作是吉尔万（Girvan）和纽曼在 2002 年首次提出了著名的 GN 算法[33]，开启了新时期社团研究的热潮。然而，GN 算法依然存在时间复杂度高、不考虑社团划分的真实意义等缺点，因此，纽曼在 2004 年又提出一种基于贪婪原理的 FN 算法[34]，FN 算法采用了模块度函数 Q[35]最大化的方向来进行社团划分，可得到与 GN 算法相似的结果，但计算时间大大缩短。Q 函数已成为当前优化社团划分效果方面应用最为广泛的方法[36]，与之前的算法相比，利用 Q 函数无需网络结构本身之外的额外知识，可用于任何类型网络的社团划分[37]。

然而，这些算法依然仅适用于小型和中型规模网络。为此，在基于 Q 函数的基础上，近年来人们又研究出一些优化的算法用于大规模网络的社会划分，如拥有数以万计节点的引文网络。首个针对大规模网络模块度优化的社团划分算法是布隆代尔（Blondel）等在 2008 年提出的 Louvain 算法[38]，随后罗塔（Rotta）和诺亚克（Noack）在 2011 年对 Louvain 算法的基础上提出了 Louvain 算法的多级细分方法[39]。在这两个算法的基础上，沃尔特曼（Waltman）和万•埃克（van Eck）在 2013 年提出了 SLM 算法[36]。

本书第二章第三节对情报分析领域常用的典型的社团划分算法进行了介绍，并重点对适用于分析大规模网络结构的 Louvain 算法、其多级细分及 SLM 算法进行实证比较研究，目的是为情报分析人员在开展相关研究时提供算法选择和参数设定上的参考。

第二章 2

社会网络分析在情报分析中的应用概况

第一节　社会网络分析方法丰富了情报分析的手段

将社会网络分析方法引入情报分析领域，极大地丰富了情报分析的手段，为情报研究人员开展情报分析工作提供了更多的选择。目前，复杂网络研究的爱好者主要分布在物理学和生物学领域，其在社会学领域的应用则鲜为自然科学研究者所知。在物理学领域，复杂网络研究的目标是用公式表示非随机网络的全面特征，如无标度特征等；在社会学领域，研究者倾向于研究不同组织或上下文之间的结构变化，并用这些变化解释其产出的不同，但两者共同关注的研究目标则是解释网络链接的形成机制，预测网络特征[40]。

例如，尹（Yoon）等利用基于文本“主—谓—宾”（SAO）结构的专利语义分析来揭示特定领域专利之间的相似性，进而研究技术演化[41]；莱查特（Leicht）等利用基于期望最大化算法（expectation-maximization algorithm）、基于模块度优化（modularity optimization）、基于特征向量中心性及这三种算法的组合法来研究引文网络的大尺度结构的演化情况[42]；默里（Murray）在2002年率先采用专利—论文节点对的方法研究了组织工程领域的科学与技术共演化问题，研究结果表明科学与技术演化过程确实存在重叠的共演化过程[43]；此外，还有研究人员利用专利权人共享发明人的基础关系，研究公司之间研发合作的演化特征及网络结构对新合作关系产生的影响等问题[44]。

刘宏鲲等指出，网络研究，特别是复杂网络研究正在经历从发现不同网络共性到深入挖掘具有代表性的典型网络的特性这一过程，在开展复杂网络研究的最初几年，推动研究的主要力量是隐藏在各种各样网络中的统计共性，如小世界现象、无标度效应、社团结构等。进入21世纪以来，大量的研究则开始关注一些有代表性的网络具有不同于其他网络的独特性质[20]，如公路网的强几何约束条件[45]、计算机互联网独特的外围增长激励机制[46]、科学家合作网的富者俱乐部[19]现象。现实网络在其演化发展过程中会受到各种因素的影响，会影响网络拓扑结构的变化，导致不同的网络虽然都具有无标度特征或小世界现象，但由于受到的影响因素不同，诸如竞争、环境、学科领域、地理区域分布等的影响[10]，不同网络则呈现出各异的网络演化特征。21

世纪以来，我国学者也对复杂网络的演化在理论和应用层次上开展了大量研究，如文献［12，47-49］等，均从博弈等不同角度阐述了复杂网络的演化特征。

2002年，比利时的两位科学计量学研究人员奥特（Otte）和鲁索（Rousseau）发表了论文 *Social Network Analysis：A Powerful Strategy，also for the Information Sciences*，全面介绍了社会网络分析的概念、发展及在情报分析领域的应用，并开展了基于作者合作、文献耦合等方面的实证研究[2]。该文成为情报分析人员开展社会网络分析的重要参考资料。

第二节　社会网络分析方法已进入专利分析领域

一、社会网络分析方法提升了专利分析的水平

专利是技术创新和科学技术发明的产物，已被广泛用于研究技术进步与创新活动[50]、鉴别技术发展趋势[51]、研究国家和企业研发战略[52]、指导创新管理与政策制定[53]等。国外自20世纪60年代末就开始研究专利产出对科学技术进步与经济发展的影响，创建了相应的专利评价指标体系，一些著名的机构定期出版用于评价国家、区域、机构的技术创新能力的专利分析报告。例如，经济合作与发展组织（OECD），在国家、区域层面上对技术创新力进行评价。

专利分析一般是利用专利数据开展专利文献计量学研究[54]，如专利号、文献类型、题名、主题、专利权人、发明人、国际专利分类号（IPC）、申请日期等[55]，其目标是研究专利的地位、关系、技术和科技基础等信息。专利权人是专利文献所承载的专利权的所有者，每件专利的专利权人著录项所反映的不仅仅是专利权的归属问题，还隐含着专利研发过程中的研发合作或专利申请后的专利权转移等深层次信息。同时，专利权人还基于每件专利的专利分类号、题名和摘要等主题信息建立起了无形的主题关联关系，基于专利引用而建立起引用关系。那么，专利权人的上述合作、主题关联或引用关系是否具有普遍的特征或规律？这些专利权人关联关系又是如何演化的？如果专利权人之间的关联关系具有普遍的演化特征或规律，那么，鉴于专利权人在创新过程中所处的位置

及发挥的价值，通过分析专利权人之间的关联关系及其演化特征所具有的普遍规律，则可以为专利权人开展研发合作、推动专利权转移、鉴别竞争对手、分析专利权人在创新历程中所处的位置及制定专利研发战略发挥重要的参考价值。

然而，传统的专利计量分析还无法回答上述疑问，其存在的一些不足，表现为：首先，由于专利文献计量分析往往表征的是专利权人、发明人、国家、专类分类号、引用与被引的计量统计、排序、关联矩阵等信息，从而很难从总体上把握所有上述分析点的相互关联关系；其次，计量分析的范围和获取的隐含信息有限[56]。

社会网络分析是回答上述问题的最佳可选手段之一。社会网络分析在社会学研究中已经得到了广泛的应用，特别是在政策与管理研究中，用于创新研究[57]。然而，将社会网络分析方法引入专利分析，目前国内外研究工作相对较少，2008 年，德国学者施特尼茨克（Sternitzke）等指出，社会网络分析方法才刚刚开始进入专利分析领域，应用前景广阔[58]。将社会网络分析方法引入专利分析是对专利分析工作的进一步深入和有益拓展。在专利信息的社会网络分析中，社会网络的节点可以是专利文献本身、专利权人、发明人、主题词、国家、专利分类号等，网络的链接可以是节点之间的合作、引用、共现或同现等。台湾逢甲大学的张保隆[59]等指出，专利网络分析是一种先进的专利分析技术，尹和帕克（Park）在 2004 年开展了初步研究[60]。

与传统专利计量分析工作相比，将社会网络分析方法用于专利分析至少可以带来以下进步：第一，可以观察整个专利数据库的总体结构特征；第二，可以分析更多的指标和挖掘更多的信息，例如，台湾屏东科技大学的薛朝志等在 2009 年指出，基于网络分析的引用分析是专利引文分析的一种替代方法[56]，专利引文网络作为技术演化过程的对象载体，利用专利社会网络分析的方法进行技术演化路径研究，可以发掘信息（知识）流的发展方向；第三，通过专利权人或发明人合作网络分析可以用于鉴别特定技术领域内或组织机构内的关键专利权人或发明人，可以用于竞争分析[58]和制订联合投资计划，专利权人关联网络演化研究则可以挖掘专利权人之间的合作和 / 或技术转移潜力；第四，与文本挖掘等技术相比，网络分析方法更加经济[56]。

社会网络分析方法在专利分析中的国内外应用研究进展基本可以归纳为专利引用、合作和技术主题关联三大方面，其研究具有以下特征：专利引用网络主要以专利文献本身为节点；专利合作网络研究中关注比较多的是发明人合作网络，而对专利权人合作网络则主要讨论专利权人合作关系的有无及强弱；专利主题关联网络则以 IPC 等代表技术主题特征的分类号为节点分析静态的关联关系。

早在 2010 年，笔者通过调研发现，在以往研究中还缺乏系统的研究专利权人关联关系的方法和实践，除了少部分研究专利权人引用网络演化的研究外，尚未见到有关研究专利权人合作网络演化特征和主题关联网络演化特征的分析工作。为此，笔者在 2013 年基于复杂网络演化动力学现有的理论与方法体系，结合专利文献的数据结构特征，系统地研究构建了专利权人关联网络分析体系的理论框架和分析方法，研究专利权人关联网络，特别是合作网络和主题关联网络的演化特征（见本书第三章第五节）。

二、专利权人关联网络分析体系

基于社会网络分析方法现有的理论与方法体系及在社会学领域特别是在文献分析中的应用，结合专利文献的数据结构特征，笔者在方法层面研究适用于专利权人关联网络演化特征分析的方法，其中专利权人关联关系主要包括基于合作、基于引用和基于主题关联三个方面（图 2-1）。

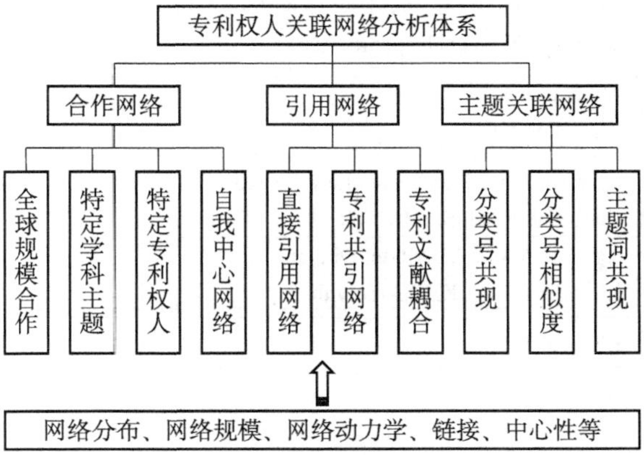

图 2-1　专利权人关联网络分析体系图

专利权人合作网络分析主要用于发现专利权人之间的相互合作关系及竞争合作关系，包括研发合作、专利权转移所产生的关联关系，进而分析机构与外界在技术创新方面的合作与交流情况。通过分析共同申请人（如基于研发合作）而产生的专利权人合作网络，可以发现机构在技术研发阶段整合或利用外界技术优势或资金优势的力度，这种合作网络属于无向网络；通过分析基于专利权转移而产生的专利权人合作网络，可以发现机构专利的产业化价值与市场潜力，这种合作网络属于有向网络。将基于技术研发阶段的无向网络图和基于专利权转移的有向网络图进行整合，则可以分析两种网络图的中心点是否存在重合或某种关联。然而，由于专利的特殊性，其专利权人也会因专利权的转移而发生改变，专利数据库在收录专利信息时也缺乏对由于不同原因产生的专利权人进行明确标识，因此，本书研究则忽略上述无向图和有向图之间专利权人性质的差异，对因专利权转移产生的合作关系和基于研发合作的共同专利权人的合作网络不作区分，均纳入专利权人合作网络，按无向图处理。

由于不同的专利数据库著录结构略有不同，为了提高本书研究结果的广泛适用性，本书以德温特创新索引（Derwent Innovations Index，DII）收录的发明专利申请（以下简称“专利”）为基础，以基本专利年[①]为年度划分依据，基于DII的数据结构特征，探讨专利权人关联网络分析的方法。表2-1列出了DII数据库所收录的发明专利的著录结构特征。

表 2-1　DII 收录的发明专利著录结构示例[②]

PN（公开号）	WO2007044462-A1；US2007110358-A1；US7599584-B2	
TI（名称）	Planar mid-infrared integrated microphotonic platform for use in mid-infrared telecommunication，has laser to perform lasing functions on optical signal，where laser comprises chalcogenide glass	
AU（发明人）	Agarwal A M Kimerling L C	A
AE（专利权人）	Massachusetts Inst. Technology（MASI） Cent. Nat. Rech. Sci.（CNRS） Agarwal A M（AGAR-Individual） Kimerling L C（KIME-Individual）	B
GA（入藏号）	2007--533703	
AB（摘要）	（略）	
TF（技术焦点）	（略）	

① 即DII专利家族的第一个成员，该项专利不一定是该专利家族中最早公开的专利，通常意义指该家族中被DII专利或PCT专利等首次收录的专利。

② 表中部分著录信息对原专利进行了修改，此处仅作为示例使用，目的是为了说明专利权人关联网络的情况。

续表

DC（德温特分类代码）	P81（Optics）；U12（Discrete Devices，e.g.LEDs，photovoltaic cells）；U13（Integrated Circuits）；W02（Broadcasting，Radio and Line Transmission Systems）	
MC（德温特手工代码）	U12-A01B；U12-A01C；U12-A02B2A；U12-A02B5D；U12-E01A4；U13-D04A；W02-C04B1	C
IPC（国际专利分类）	G02B-006/10；G02B-006/12；G02B-006/13；G02B-006/26	
PD（专利详细信息）	WO2007044462-A1 19 Apr 2007 G02B-006/12 200752 Pages：23 English US2007110358-A1 17 May 2007 G02B-006/12 200752 US7599584-B2 06 Oct 2009 G02B-006/12 200966 English	
AD（申请详细信息）	WO2007044462-A1　WOUS038973　05 Oct 2006 US2007110358-A1　US543333　05 Oct 2006 US7599584-B2　US543333　05 Oct 2006	
FD（更多申请详细信息）	US2007110358-A1 Provisional Application US723869P US7599584-B2 Provisional Application US723869P	
PI（优先权申请信息和日期）	US723869P　05 Oct 2005 US543333　05 Oct 2006	
DS	略	
CP	US2003128922-A1　MASSACHUSETTS INST TECHNOLOGY（MASI） PETRICH G S，KOLODZIEJSKI L A	D
CR	略	

在表 2-1 中，A 区域是分析专利权人合作网络、基于技术主题的关联网络的节点基础。

B 区域是专利权人著录项目中为个人的情况，本书的专利权人不考虑个人，理由如下：美国的专利申请必须是以原始的发明人提出，然后再转让给公司（所以公司与员工劳务合同中都会有关于知识产权的事项），因此美国的专利记录用受让人（assignee）来代表专利权人，当美国专利记录里没有申请人（applicants）的著录时，都用发明人（inventors）来表示。因此，当美国专利公开文件记录中有 assignee 字段后，DII 就识别这个字段为专利权人，当没有 assignee 字段时［此时属于单位没有把和发明人签署的转让协议出示给美国专利商标局（USPTO）］，DII 就识别 inventors 为 applicants，并著录到 assignee 中。为了避免因为《美国专利法》带来的 DII 专利权人著录项中增加了发明人的信息带来的影响，本书的实证分析部分已清洗掉专利权人为个人的情况。然而，这样处理会漏掉个人切实作为共同专利权人的情况，因此，本书的研究方法更适用于机构专利权人的分析。

C 区域是基于技术主题的专利权人关联分析的技术主题依据基础，包括德温特分类代码（DC）、德温特手工代码（MC）和国际专利分类（IPC）。其中：① DC 适用于主题分类分析，是以主题范畴分类为基础的分类体系；② MC 适用于应用分类分析，MC 体系与现有技术有很好的对应；③ IPC 适用于功能分类分析，因为该体系以功能分类和应用分类相结合，侧重功能分类。本书重点研究基于 IPC 的专利权人主题关联网络。

D 区域是示例专利所引用的在先专利列表，其中包含被引专利的专利权人信息，这也是构建专利权人引用网络的重要数据基础。

说明：由于《美国专利法》规定专利申请必须由发明人提出，再将专利权转让给所属机构，所以 DII 数据库中某些专利的专利权人包括发明人，为了准确比较机构的专利产出量及合作情况，本书不考虑专利权人为个人的情况。

第三节　典型社团划分算法

一、主流社团划分算法介绍

根据从网络中删除边或者向网络中增加边的方法，可以把社团划分算法分为两类：分裂法和凝聚法。下面对复杂网络领域有代表性的社团划分算法进行介绍。

（一）模块度函数 Q

1. Q 函数的概念

为了有效衡量社团划分的好坏，纽曼和格文于 2004 年提出了模块度 Q 函数的概念[35]。模块度是网络中连接社团内部顶点的边所占的比例与另外一个随机网络中连接社团内部顶点的边所占比例的期望值相减得到的差值。这个随机网络的构造方法为：保持每个顶点的社团属性不变，顶点间的边根据顶点的度随机连接，如果社团结构划分得好，则社团内部连接的稠密程度高于随机连接网络的期望水平。一般认为，模块度值越大，所得到的划分也越好，实际应用中，Q 的最大值一般为 0.3 ～ 0.7，更大的值很少出现。模块度度量一经提出，便引发了国内外学者的广泛关注和兴趣，催生了大量的基于 Q 函数优化的复杂网络社团划分的算法。

2. *Q* 函数的定量描述

假设网络已经被划分出社团结构，C_i 为顶点 i 所属的社团，则网络中社团内部连边所占比例为

$$\frac{\sum_{ij} A_{ij}(c_i,c_j)}{\sum_{ij} A_{ij}} = \frac{1}{2m}\sum_{ij} A_{ij}\delta(c_i,c_j)$$

式中，A_{ij} 为网络连接矩阵中的元素，如果 i，j 两点有边相连，则 $A_{ij}=1$，否则等于 0；δ（C_i，C_j）为 δ 函数，$C_i=C_j$ 时值为 1，否则等于 0；$m=\frac{1}{2}\sum_{ij} A_{ij}$，为网络中边的数目。在社团结构固定、边随机连接的网络中，i、j 两点存在连边的可能性为 $\frac{K_iK_j}{2m}$ [61]，K_i 为顶点 i 的度。所以 Q 函数的表达式 [62，63] 为

$$Q = \frac{1}{2m}\sum_{ij}\left[A_{ij} - \frac{K_iK_j}{2m}\right]\delta(c_i,c_j)$$

此外，Q 函数还有两种定量描述公式。

其一，用一个 $n \times n$ 的对称矩阵 F 表示一个被划分为 n 个社区的网络，矩阵 F 中的元素 f_{ij} 表示连接两个社区 G_i 和 G_j 中节点的边数与网络总边数的比值，矩阵 F 中的元素 f_{ij} 表示社区 G_i 的内部边数与网络总边数的比值。用 a_i 表示矩阵 F 中所有行或者所有列之和，a_i^2 就表示在随机网络中社区内部边数比例的期望值。由 f_{ij} 和 a_i 的概念可知 $f_{ij}=a_ia_j$，从而 Q 函数的公式为 [35]

$$Q = \sum_i (f_{ii} - a_i^2)$$

其二，Q 函数还可以用下式来表达：

$$Q = \sum_{V=1}^{n}\left[\frac{l_V}{L} - \left(\frac{d_V}{2L}\right)^2\right]$$

式中，l_v 为社团 V 中内部连边的数目，d_v 为社团 V 的总度值，L 为网络中的总边

数[64]。

3. Q 函数的加权改良

网络中边的赋权使得在讨论网络社团划分时不能仅仅考虑节点之间的连接，同时还需要将边的权重考虑进来，这一点对图书情报领域开展针对论文合作网络和引文网络社团划分尤为重要。对于加权网络的社团结构，如果节点 i 与节点 j 之间有边连接，则网络对应的邻接矩阵 W 中的元素 $W_{ij}>0$，否则 $W_{ij}=0$，模块度 Q 函数包含边的权重，其表达式[65]为

$$Q^w=\sum_{s=1}^{c}\frac{w_{ss}}{M}-\left(\frac{w_s}{2M}\right)^2=\frac{1}{2m}\sum_{ij}\left[w_{ij}-\frac{w_i w_j}{2M}\right]\delta(c_i,c_j)$$

式中，M 表示网络中边的权值总和，w_i 表示与节点 i 关联的边的权值总和（节点 i 的加权度值），w_s 表示与社团 S 内的所有节点关联的边的权值总和，而 w_{ss} 则为社团 S 内所有边的权值总和。

在加权网络模块度的定义下，如果一个节点集合满足如下条件，便认为它是一个恰当的社团：

$$\frac{w_{ss}}{M}-\left(\frac{w_s}{2M}\right)^2>0$$

（二）GN 算法

GN 算法是一种分裂的社团划分算法，GN 算法的基本流程如下：首先，计算网络中所有边的中介中心性[66]；其次，找到介数最高的边并将它从网络中移除；最后，重复第二步，直到每个节点成为一个独立的社团为止[33]。

图 2-2 是格文和纽曼对圣扎迦利（Zachary）的空手道俱乐部网络[67]利用 GN 算法开展的实证分析，空手道俱乐部网络是复杂网络领域研究的经典样例，是圣扎迦利历经两年对空手道俱乐部 34 名成员的观察、基于友好关系构建的一个网络，并基于亲密程度对不同成员间赋予不同的权重值。俱乐部管理方和教练的不合，导致教练离开并成立了新的俱乐部，同时带走了原俱乐部一半的会员。本节在以该网络开展比较研究过程中，均不考虑权重的影响，视为无权网络处理。节点 1 代表教练，节点 34 代表管理方，其他节点代表会员。图 2-2 中圆形节点表示俱乐部拆分后依旧跟随管理方保留在原俱乐部的会员；方形节点

表示跟随教练成立新俱乐部的会员。

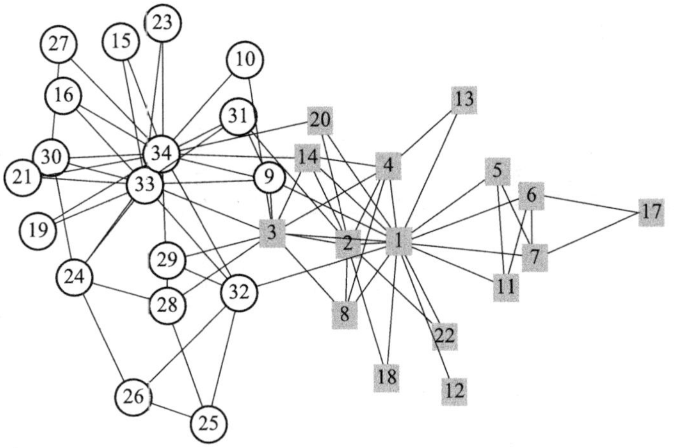

图 2-2　圣扎迦利的空手道俱乐部真实网络 GN 算法社团划分[33]

通过 GN 算法进行划分，仅节点 3 被错误地划分到教练所成立的新俱乐部社团，其他会员均准确地划分到了与实际情况完全相符的社团。然而，在当前的情报研究工作中，我们在分析前并不掌握分析对象的社团结构，社团划分的好坏无法通过与真实情况进行比较，进而需要一种评价社会划分好坏的算法，前文提到的模块度 Q 函数就是用于评价社团划分好坏的算法之一。

在 GN 算法执行过程中有一点需要注意的是，边介数值计算的方法有很多，选择哪种算法对社团划分效果存在一定的影响。格文和纽曼在开展 GN 算法实证研究中采用的是最短路径边介数算法[66]。计算一个含有 m 条边和 n 个节点网络的所有边的介数，时间复杂度为 $O(mn^2)$。纽曼[66]和布兰德斯（Brandes）[68]则分别独立设计了更快的、时间复杂度仅为 $O(mn)$ 的算法，这两种算法均可实现标准弗里曼（Freeman）节点中介数的计算，简单改良即可用于计算边的介数。此外，还可采用随机行走的方法来计算边介数。图 2-3 对最短路径、随机行走方法执行 GN 算法，以及在执行 GN 算法过程中不重新计算边介数的社会划分情况进行了比较，发现前两种情况对空手道俱乐部网络的社团划分效果相近，Q 函数值最高都达到 0.4 左右，而如果不重新计算边介数，划分的社团效果则较差。

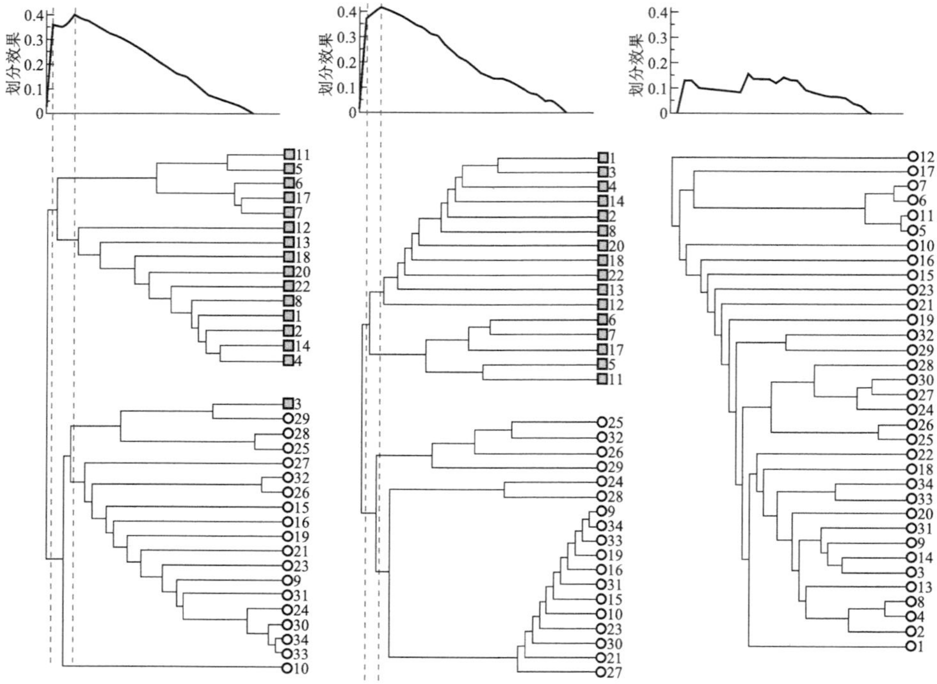

图 2-3　不同边介数计算方法对 GN 算法社团划分效果的影响[35]

（三）纽曼贪婪算法

纽曼贪婪算法（FN 算法）是一种聚合算法。其算法的思想是在初始化过程中将社团中每个节点视为一个独立的社团，在划分过程中不断将社团进行合并，在合并过程中不断计算合并网络社团前后模块度增量 ΔQ 的变化，每次合并都向着 ΔQ 值增大最多的方向进行，直到所有节点都并入同一个社团。当模块度 Q 值达到最大值的时候，网络得到了最佳的划分[34]。与 GN 算法相比，FN 算法的时间复杂度下降，普通计算机运行 GN 算法处理数以千计的节点时则很难完成任务，而 FN 算法则可用于计算节点众多的引文网络、合作网络及因特网上含有数以亿计的节点网络，时间复杂度为 $O((m+n)n)$。

同样针对前文所采用的空手道俱乐部网络进行分析，FN 算法社团划分的模块度 Q 函数峰值为 0.381，仅有会员 10 被错误地分配到教练所在社团（图 2-4）。可见，FN 算法与 GN 算法在社团划分效果上并不处于劣势，但是其处理效率却有较大提高。

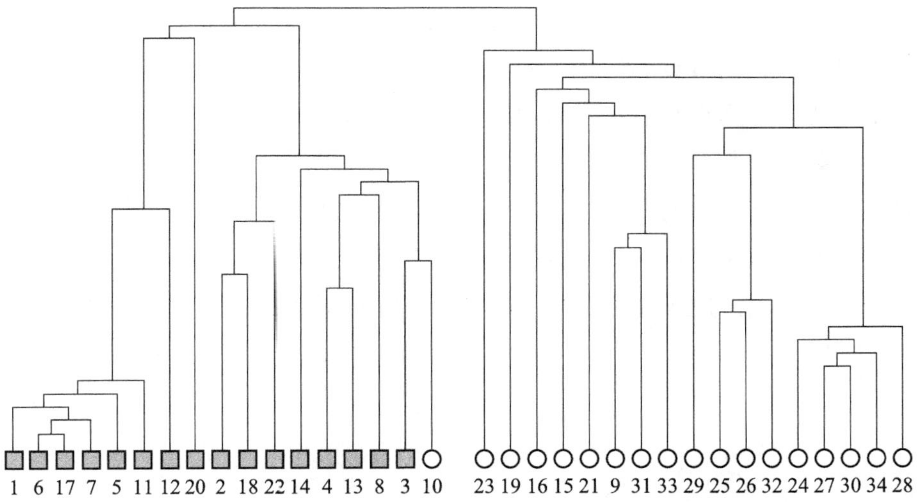

图 2-4　FN 算法的空手道俱乐部网络的社团划分[34]

（四）Louvain 算法、改良的多级细分算法

1. 局域启发式移除算法

在介绍 Louvain 算法之前，首先需要了解该算法的基础——局域启发式移除（local moving heuristic，LMH）算法，这也是下面要介绍的多级细分算法及 SLM 算法的核心思想。LMH 算法的思想是按照模块性（modularity）增加的方向，将一个社团的单个节点不断移送至另外一个社团，直至 Q 值最大后停止运行。LMH 算法采取随机的方式进行迭代，其特点是效率高，可以处理大规模的网络。

图 2-5 呈现了利用 LMH 算法对空手道俱乐部网络的社团划分情况，总计获得了 6 个社团，Q 函数值为 0.3791。然而，需要指出的是，利用 LMH 算法获得的图 2-5 社团划分结果并不是唯一的，根据节点迭代顺序的不同，还可以得到其他的社团划分结果。

2. Louvain 算法

Louvain 算法是 2008 年由布隆代尔[38]等提出的，致力于解决大型复杂网络的社区发现执行效率偏低的问题。Louvain 社团划分算法以模块度为衡量指标，整个算法分为两个阶段，反复迭代计算。以计算一个有 n 个节点的网络为例，其算法的过程如下。①运行 LMH 算法：以网络中的每个节点为一个社团，对于每个节点 i，其所在社团为 C，找到和节点 i 邻接的社团 U，如果将节点 i 从社团 C 中移除加入社团 U 中后，模块度增量最大，则保持节点 i 的移动；如果模块度没有增加，则节点 i 继续保持在社团 C 中，不移动。网络中每个节点都重复以上过程，直到没有模块度的增加。②社团的合并：将已经找到的社团整体作为一个新的节点看待（即简化网络），社团内部节点之间相连，导致新生节点有自环，节点之间边的权重，就是两个相邻社团之间边的权重之和。步骤②结束后则返回步骤①进行迭代计算，直到没有更大的模块度产生，算法结束。可见，Louvain 算法与 LMH 算法的不同在于增加了步骤②（图 2-6）。

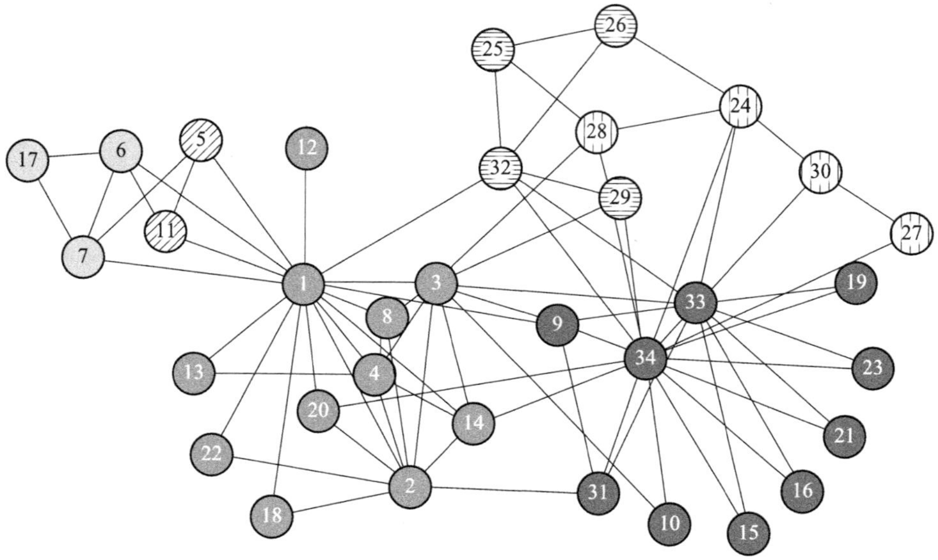

图 2-5　LMH 算法的空手道俱乐部网络的社团划分[36]

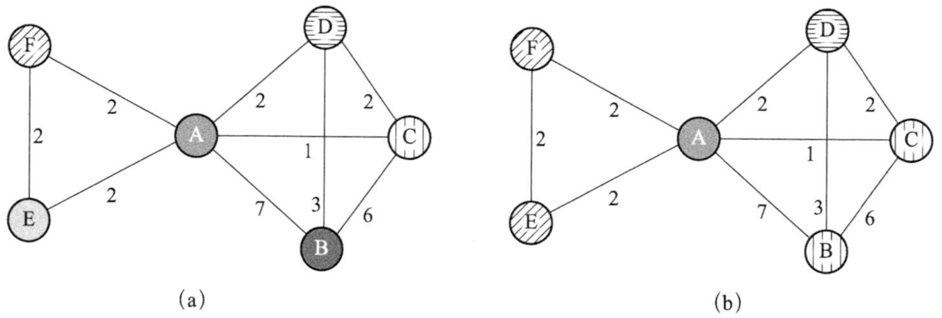

图 2-6　Louvain 算法的空手道俱乐部网络的社团划分过程步骤②[36]

以空手道俱乐部网络为例，运行完步骤①后，得到如图 2-5 所示的网络，含有 6 个社团，继而将每个社团视为一个新节点，如图 2-6（a）所示，再次运行步骤①，得到图 2-6（b）的社团划分效果，此时 Q 值为 0.4151，并且不会再得到更大的 Q 值，算法结束。返回到空手道俱乐部原始网络，Louvain 算法社团划分效果如图 2-7 所示，总计划分为 4 个社团。

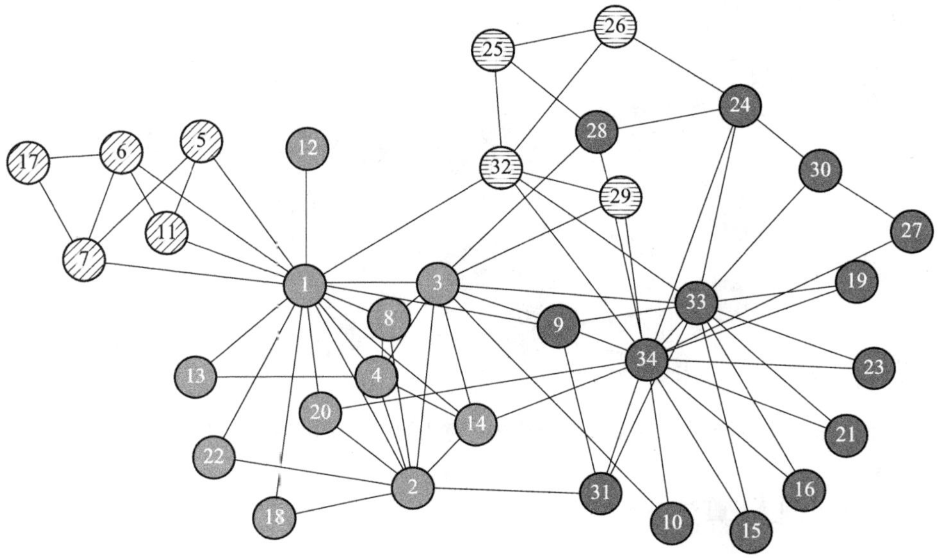

图 2-7　Louvain 算法的空手道俱乐部网络的社团划分结果[36]

3. Louvain 多级细分算法

Louvain 算法划分的社团无法再通过社团合并而改进，事实上，有时合并产生的社团还可以继续优化，进而罗塔和诺亚克在 2011 年对 Louvain 算法进行了优化，提出了 Louvain 多级细分算法。其主要创新在于除了利用 LMH 算法来产生社团进行不断合并外，还可以在划分好的社团间按照增加 Q 值的方向来移动节点，直到无法移动为止[39]。

例如，在上述空手道俱乐部网络中，运行 Louvain 算法获得了如图 2-7 所示的社团划分结果，再对该网络运行 LMH 算法，节点 28 和节点 24 均发生了社团迁移，均可增加 Q 值到 0.4198，再移动节点则无法继续增加 Q 值，社团划分效果如图 2-8 所示。可见，该多级细分算法是在 Louvain 算法的步骤①和②运行完之后的后续补充。此时的方案可称为全局最优，而 Louvain 算法则是区域最优。

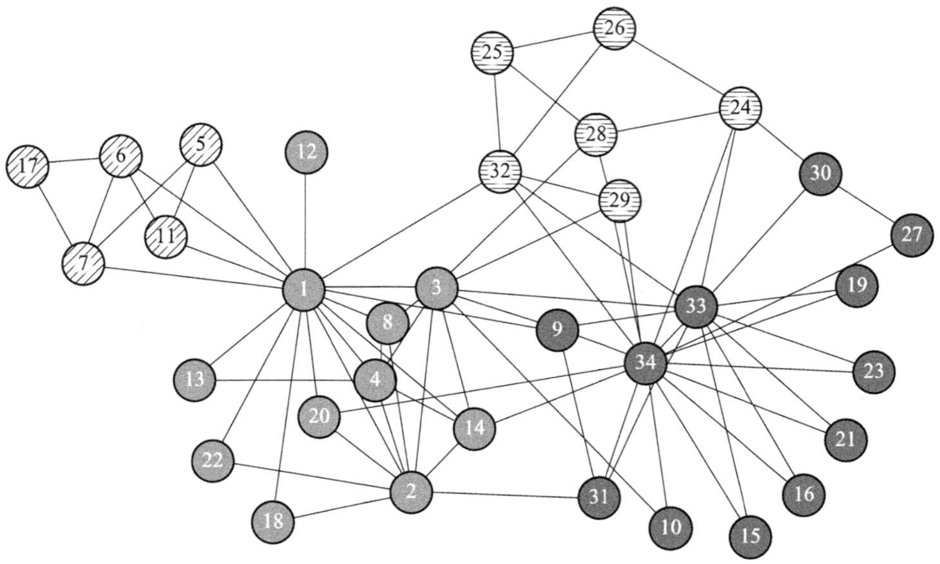

图 2-8 Louvain 算法的多级细分算法对空手道俱乐部网络的社团划分结果[36]

（五）SLM 算法

在这两种算法的基础上，沃尔特曼和万·埃克在 2013 年改良并提出了 SLM 算法，也就是引文网络分析 CitNetExplorer 软件采用的算法。SLM 算法的第一步与 Louvain 算法的步骤①相同，SLM 算法运行完 Louvain 算法步骤①后，也要运行类似 Louvain 算法步骤②构建简化的网络，不同之处在于，在构建简化网络前，还需增加以下步骤。

（1）将步骤①划分的 6 个社团（图 2-5）视为 6 个子网络，然后在各个子网络中分别再次运行 LMH 算法（同步骤①），在各个子网络中识别社团，此时会产生两种可能的结果，其一是一个子网络中所有节点都被划分到一个社团里，其二是一个子网络被划分为多个社团。在空手道俱乐部网络实例中，图 2-5 中左下方以节点 1 为中心及右下方以节点 34 为中心的两个子网络分别被劈开为 2 个社团 A1 和 A2、C1 和 C2，而其他 4 个子网络则属于第一种情况，所有节点都被划分到一个社团里，这样总计得到了 8 个社团［图 2-9（a）］。

（2）每个子网络都划分好社团结构后，SLM 算法开始构建简化网络，将上述每个子网络中划分出的社团（8 个）均为视为一个新节点［图 2-9（b）］，然后 SLM 算法再对这些简化网络中的新节点进行社团划分。在简化网络中，来自同一个子网络的新节点（即 6 个子网络中被划分出的 8 个社团）被首先划分为同一个新社团［图 2-9（b）］，因此，对每个步骤①获得的子网络而言，被劈开后获得的新节点在简化网络中依然是一个社团。

（3）开始循环迭代，针对简化网络运行 LMH 算法，重复步骤（1）和（2），反复迭代，直到网络不能再继续简化为止，最终得到如图 2-9（c）所示的最终社团划分结果。

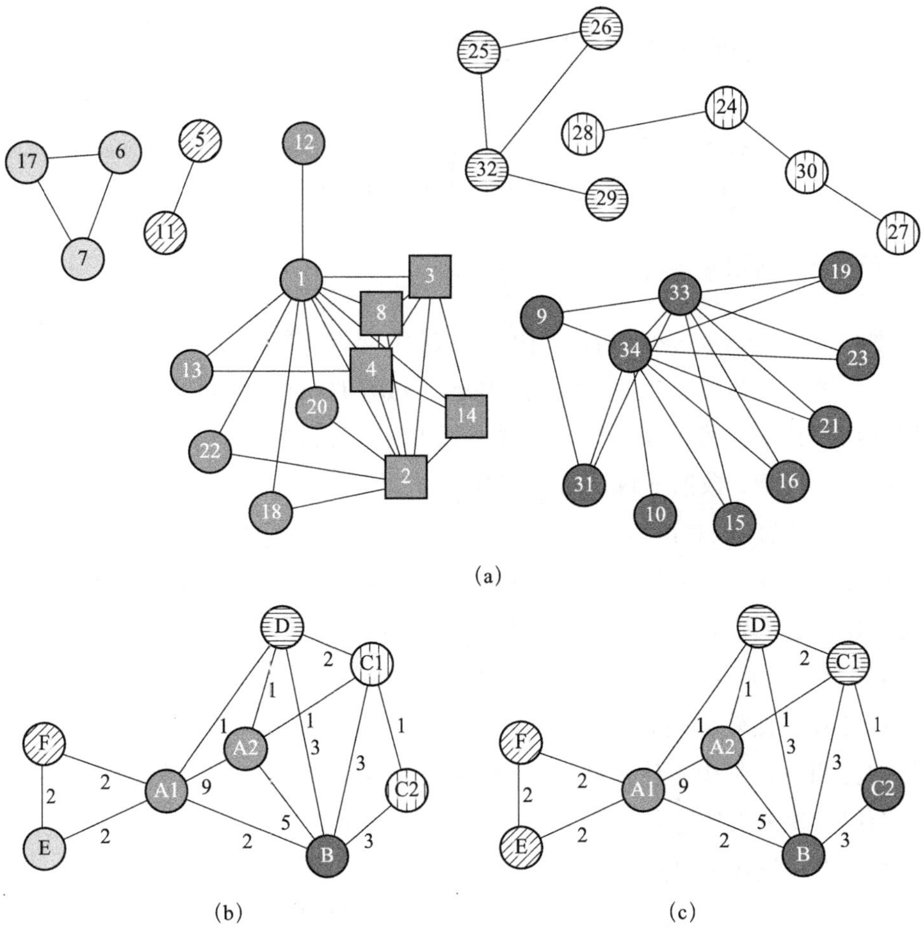

图 2-9　SLM 算法的空手道俱乐部网络的社团划分

SLM 算法的特点在于将第一轮产生的社团内的节点仍然考虑在内，允许已经被划分社团的点重新被划分社团。因此无需再运行 Louvain 算法的多级细分而实现社团划分，同时解决了社团合并和单个节点在社团间移动的问题[36]。同时 SLM 算法还考虑了将社团劈开，将一组节点整体移到另一个社团的方法。

对于三个基于 LMH 的算法而言，尽管每运行一次 SLM 需要进行更多的迭代次数，但 SLM 算法运行一次获得的社团划分效果已经优于多次运行 Louvain 算法及其多级细分算法的社团划分效果，这意味着利用 SLM 算法进行社团划分无需多次重复运行。置于运行 SLM 算法迭代次数选择问题，通常 2 ～ 5 次迭代已经可以超过 Louvain 算法及其多级细分算法的效果，虽然通过不断增加迭代次数，在大型网络中可以不断增加 Q 值，但增长的幅度则非常小。

二、社团划分算法应用比较

本节分别选择合作网络和引文网络开展实证研究，重点比较可以处理大规模网络的 Louvain 算法、Louvain 多级细分算法和 SLM 算法。

（一）合作网络社团划分研究

本小节以 *Scientometrics* 期刊 1978 ～ 2010 年发表的 2541 篇文献（包括研究论文、会议论文和综述三种类型）为基础，利用 Thomson Data Analyzer（TDA）提取并清洗论文的发表机构信息，再利用 SCI^2 工具构建机构合作网络[70] 并进行社团划分研究。数据下载日期为 2010 年 12 月。

该网络拥有 1061 个节点（机构），其中 289 个孤立点（isolates）、1060 条边，平均度数为 1.9981，网络密度为 0.0019（不考虑权重）。为了开展社团划分算法的比较研究，我们仅选择其最大主成分进行分析，包括连接在一起的 497 个节点、853 条边。从不考虑机构间合作权重，以及考虑权重（基于合作论文数量）两个角度开展比较，同时测试设定不同分辨率（resolution，分辨率越低，划分获得的社团数量越少）值对社团划分的影响，开展三种社会划分比较研究。可视化图仅呈现论文数量大于 10 的前 40 个节点。表 2-2 统计了不同算法及不同分辨率情况下有权和无权网络的社团划分情况。

比较分析发现，在分辨率设定为 0.1 时，如果不考虑权重，三种社团划分算法得到的社团数均为 7 个，且每个节点所属社团情况均相同。而考虑权重后，Louvain 多级细分算法和 SLM 算法的划分结果完全相同，总计获得 6 个社团，而 Louvain 算法可得到 8 个社团。可见，在分辨率设定较低时，几种算法的差异并不显著，特别是针对无权网络的社团划分效果完全相同。SLM 算法作为基于 Louvain 算法及其多级细分算法的优化，尚未体现出其改良效果。为此，可根据需要提高分辨率。

表 2-2　三种算法社团划分结果比较

分类	社团数统计			
	分辨率	0.1	0.5	1.0
无权网络	Louvain 算法	7	15	19
	Louvain 多级细分算法	7	15	19
	SLM 算法	7	16	21
加权网络（基于合作论文数）	Louvain 算法	8	13	23
	Louvain 多级细分算法	6	13	22
	SLM 算法	6	13	22

当把分辨率提高到 0.5 时，在不考虑权重的情况下，Louvain 算法及其多级细分算法的社团划分结果完全相同，得到 15 个社团，而 SLM 算法则总计得到 16 个社团，此时 SLM 算法的社团划分结果出现了不同。如果考虑权重后，三种算法的社团划分结果均为 13 个，但有大量节点在三种社团划分结果中被划分在不同的社团中。

当把分辨率提高到 1 时，不论是否考虑权重，社团划分的数量均增加，而且就 497 个单个节点而言，利用不同的算法，其被划分的社团归属情况也存在大量的不同。

表 2-3 统计了论文数量大于 10 的前 40 个节点利用不同社团划分算法及不同分辨率获得的社团划分结果情况。其中，L 代表算法，LM 代表多级细分算法。

表 2-3　论文数量大于 10 的前 40 个机构利用三种算法及不同分辨率获得的社团划分结果比较

序号	机构	论文数量	分辨率 =0.5						分辨率 =1					
			未加权			加权			未加权			加权		
			L	LM	SLM	L	LM	SLM	L	LM	SLM	L	LM	SLM
1	鲁汶大学	85	0	0	0	0	0	0	0	0	3	0	1	0
2	匈牙利科学院	85	0	0	0	0	0	0	2	1	2	0	1	0
3	印度国立科技与发展研究所	61	0	0	0	9	0	10	7	7	9	13	14	14
4	莱顿大学	59	9	9	8	2	1	1	2	1	2	8	7	7
5	西班牙国家研究委员会	57	1	1	2	2	1	1	4	6	4	2	3	3
6	格拉纳德大学	35	1	1	2	3	3	3	11	10	11	3	2	2
7	苏赛克斯大学	30	0	0	0	0	0	0	3	4	3	0	1	0
8	布鲁日－奥斯坦德天主教学院	26	0	0	0	0	0	0	0	0	0	1	0	1

续表

序号	机构	论文数量	分辨率 =0.5						分辨率 =1					
			未加权			加权			未加权			加权		
			L	LM	SLM	L	LM	SLM	L	LM	SLM	L	LM	SLM
9	阿姆斯特丹大学	25	3	3*	1*	1	2	2	1	2	1	4	9	4
10	安特卫普研究大学	24	0	0	0	0	0	0	0	0	0	1	0	1
11	伍尔弗汉普顿大学	21	3	3*	1*	1	2	2	1	2	1	4	5	4
12	皇家图书馆与信息科学学院	19	5	5	4	6	7	7	5	5	5	6	4	5
13	科学交流与信息研究委员会	19	0	0	0	0	0	0	2	1	2	0	1	0
14	新南威尔士大学	18	6	6	5	3	3	3	0	0	0	1	0	1
15	比利时林堡大学	18	0	0	0	0	0	0	8	8	7	3	2	2
16	哈瑟尔特大学	17	0	0	0	0	0	0	0	0	0	1	0	1
17	安特卫普大学	17	0	0	0	0	0	0	0	0	0	1	0	1
18	赫尔辛基理工大学	16	0	0	0	0	0	0	3	4	3	0	1	0
19	里约热内卢联邦大学	16	10	10	9	10	10	11	12	12	12	11	10	10
20	法国农业科学研究院	15	2	2	3	3	3	3	0	0	0	1	0	1
21	河南师范大学	15	0	0	0	0	0	0	10	3	10	3	2	2
22	卡纳塔克大学	14	0	0	0	9	0	10	2	1	2	0	1	0
23	罗兰大学	14	0	0	0	0	0	0	7	7	9	13	14	14
24	于默奥大学	13	9	9	8	0	0	0	5	5	5	6	4	5
25	弗劳恩霍夫协会系统与创新研究所	13	4	4*	11*	5	6	6	4	6	4	2	3	3
26	巴伊兰大学	13	1	1	2	2	1	1	2	1	2	0	1	0
27	东京大学	13	5	5	4	6	7	7	13	13	15	12	13	13
28	印第安纳大学	12	8	8	7	8	9	8	6	3	6	9	8	8
29	法国国家科研中心	12	2	2	3	4	5	5	16	15	17	15	16	16
30	中国科学技术信息研究所	12	0	0	0	0	0	0	0	0	0	0	1	0
31	伦敦城市大学	12	2	2*	10*	11	4	4	14	11	14	5	12	12
32	马普学会	11	0	0	0	0	0	0	4	6	4	2	3	3
33	德雷塞尔大学	11	4	4*	1*	5	6	6	3	4	13	10	11	11
34	瓦伦西亚工业大学	11	15	15	16	2	1	1	3	4	13	10	11	11
35	乔治亚理工学院	11	4	4*	1*	5	6	6	10	3	10	3	2	2
36	西安大略大学	11	8	8	7	8	9	8	15	14	16	14	15	15
37	希伯来大学	11	1	1	2	2	1	1	17	17	18	18	19	19
38	科技观察编辑部	11	2	2	3	3	3	3	2	1	2	0	1	0
39	苏黎世联邦理工学院	11	13	13	14	12	12	12	19	19	20	2	3	3
40	马德里卡洛斯三世大学	11	1	1	2	2	1	1	4	6	4	2	3	3

* 标注了社团划分存在变化的节点

图 2-10 呈现了分辨率为 0.5 的情况下，SLM 算法的社团划分结果与 Louvain 算法的不同。仅考察前 40 个机构的社团划分结果可见，在 Louvain 算法中分属 3、4 社团的 4 个机构［n_{23}（阿姆斯特丹大学）、n_{12}（伍尔弗汉普顿大学）、n_{10}（德雷

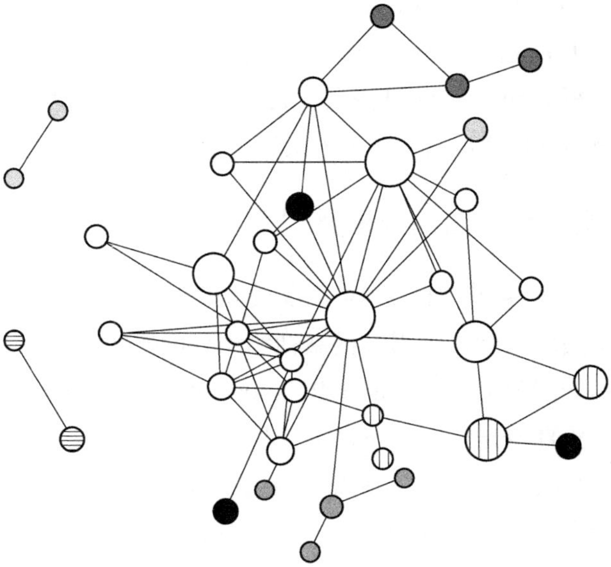

（a）Louvain算法，分辨率=0.5

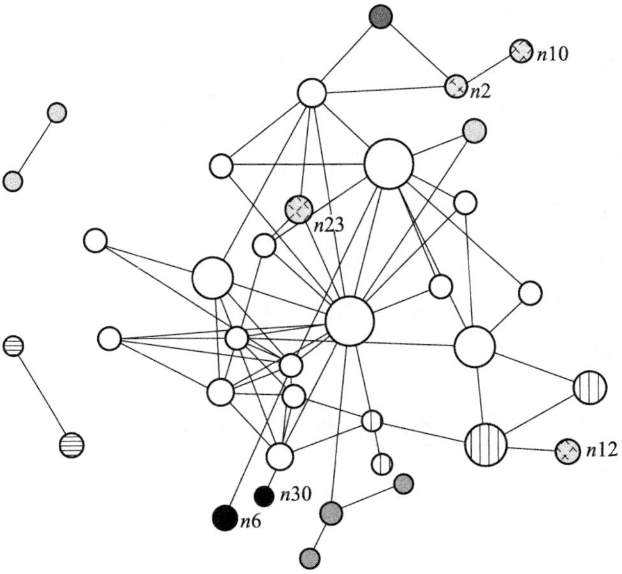

（b）SLM算法，分辨率=0.5

图 2-10　*Scientometrics* 期刊论文机构合作网络（1978 ～ 2010 年）
本图仅显示论文数量大于 10 的 40 个机构

塞尔大学）、n_2（乔治亚理工学院）］在 SLM 算法中被划分在同一个社团 1 当中。而 $n30$（伦敦城市大学）则从 Louvain 算法划分到的社团 2 划拨到 SLM 算法中的社团 10，与 $n6$（新南威尔士大学）在一个社团。需要说明的是，虽然表 2-3 中标出了许多社团序号变化的节点，但实际上多数社团结构并未发生变化，仅是社团的序号变化了而已，仅星号标注的点存在社团划分上的变化。

上述比较分析表明，SLM 算法与 Louvain 算法及其多级细分算法相比，其改进并非在于增加或合并社团，从表象来看，既有社团的合并也有社团的拆分。

（二）引文网络社团划分研究

本节以文献［70］采用的 2014 年以前 WOS 数据库收录的有关“引文网络演化”研究相关的文献作为引文网络社团划分的研究数据，检索策略：“TS=((citation* and (evolv* OR evolut* OR "knowledge flow" OR path OR trajector* OR backbone)) NOT "citation classic")”，包括研究论文、读者来信、会议论文和综述四种类型的论文，总计 2046 篇，数据下载日期为 2015 年 7 月 14 日。

删除仅作为参考文献出现的节点，以及没有参考文献的节点，总计获得拥有 2036 个节点（文章）的网络，其中 1174 个孤立点、1349 条边、1 个自循环引用。删除孤立点和自循环点后，网络还有 862 个节点、1348 条边，网络密度为 0.0018（不考虑权重）。为了开展社团划分算法的比较研究，我们选择其最大主成分进行分析，包括连接在一起的 525 个节点、1118 条边，网络密度为 0.0041。由于引文网络为无权有向网络，本节从不考虑权重角度开展比较，同时测试设定不同分辨率（分辨率越低，划分获得的社团数量越少）值对引文网络社团划分的影响，开展三种社团划分算法比较研究。可视化图仅呈现被引频次大于等于 10 的前 26 个节点。表 2-4 统计了在不同算法及不同分辨率情况下引文网络的社团划分情况。

表 2-4　三种算法及不同分辨率下引文网络的社团划分结果比较

分类	社团数统计			
	分辨率	0.1	0.5	1.0
无权引文网络	Louvain 算法	2	7	13
	Louvain 多级细分算法	2	7	14
	SLM 算法	2	7	13

比较分析发现，在分辨率设定为 0.1 时，三种社团划分算法得到的社团数均为 2 个，且每个节点所属社团情况均相同。可见，在分辨率设定较低时，几种算法的未表现出差异，针对无权引文网络的社团划分效果完全相同。SLM 算法作为基于 Louvain 算法及其多级细分算法的优化，尚未体现出其改良效果。为此，需要根据需要提高分辨率。

当把分辨率提高到 0.5 时，Louvain 算法及其多级细分算法的社团划分结果仍完全相同，得到 7 个社团，而 SLM 算法也得到 7 个社团，但此时 SLM 算法体现出了不同，即某些节点被划分的社团发生了变化。

当把分辨率提高到 1 时，社团划分的数量均有所增加，利用不同的算法，其被划分的社团归属情况也出现了较多的变化。

表 2-5 统计了被引频次大于等于 10 的前 26 篇论文利用不同社团划分算法及不同分辨率获得的社团划分结果情况。

表 2-5　前 26 篇被引频次大于等于 10 的论文利用三种算法及不同分辨率获得的社团划分结果比较

标签 n	被引频次	分辨率 =0.5			分辨率 =1.0		
		L	LM	SLM	L	LM	SLM
131	42	1*	1*	1*	0	0	1
469	29	2	2	4	3	3	3
59	27	3	3	3	4	4	4
125	27	5	5	5	5	6	5
341	26	1	1	2	2	2	2
79	20	3	3	3	4	4	4
318	20	1	1	2	2	2	2
207	18	1*	1*	1*	0	0	1
303	18	2	2	4	3	3	3
150	17	2*	2*	2*	2	3	2
194	17	0	0	0	1	1	0
364	16	3	3	3	4	4	4
522	16	1	1	2	2	2	2
210	15	4	4	1	0	0	1
315	15	4	4	1	0	0	1
268	14	2	2	4	3	3	3
304	13	5	5	5	5	6	5
72	12	0	0	0	1	1	0
383	12	0	0	0	1	1	0
492	12	0	0	0	1	1	0

续表

标签 n	被引频次	分辨率 =0.5			分辨率 =1.0		
		L	LM	SLM	L	LM	SLM
29	11	0	0	0	1	1	0
130	11	5	5	5	5	6	5
180	11	0	0	0	1	1	0
259	11	3	3	3	4	4	4
444	11	6	6	6	6	5	6
447	10	2	2	4	3	3	3

* 标注了社团划分存在变化的节点

图 2-11 呈现了在分辨率为 0.5 的情况下，SLM 算法的社团划分结果与 Louvain 算法的不同。仅考察前 26 个机构的社团划分结果可见，星号标注的点存在社团划分上的变化，即 *n*150、*n*207 和 *n*131。需要说明的是，虽然表 2-5 中标出了许多社团序号变化的节点，但实际上多数社团结构并未发生变化，仅是社团的序号变化了而已。例如，在 Louvain 算法的社团 1 在 SLM 算法中序号标为 2，而前者社团 2 在后者中标为 4，前者社团 4 在后者中标为 1。

比较 *n*150、*n*207 和 *n*131 在 Louvain 算法、SLM 算法被划分社团的内容发现：

论文 *n*131（*Visualizing a Discipline*：*An Author Co-citation Analysis of Information Science*）、*n*207（*Pathfinder Networks and Author Cocitation Analysis*：*A Remapping of Paradigmatic Information Scientists*），作者都是怀特，均是有关作者共引分析及相应可视化研究的工作，重点在共引分析方面的研究。在 Louvain 算法中，这两篇论文与陈超美的两篇论文（*CiteSpace II*：*Detecting and Visualizing Emerging Trends and Transient Patterns in Scientific Literature* 和 *Searching for Intellectual Turning Points*：*Progressive Knowledge Domain Visualization*）及博亚克（Boyack）的一篇论文（*Mapping the Backbone of Science*）划分在同一个社团。这 3 篇论文均是关于学科领域可视化研究的代表性论文，重点在于可视化算法和技术及其表现能力的研究。

而在 SLM 算法中，怀特的这两篇论文 *n*131 和 *n*207 则与 *The Evolution of the Intellectual Structure of Operations Management—1980—2006*：*A Citation/co-citation Analysis* 和 *The Intellectual Structure of the Strategic Management Field*：*An Author Co-citation Analysis* 划分在同一个社团，这 2 篇论文主题极为相近，均是关于共引分析方法方面的研究。因此，从社团划分结果角度分析，SLM 算法的

划分结果与论文的研究主题分布情况相对更吻合。

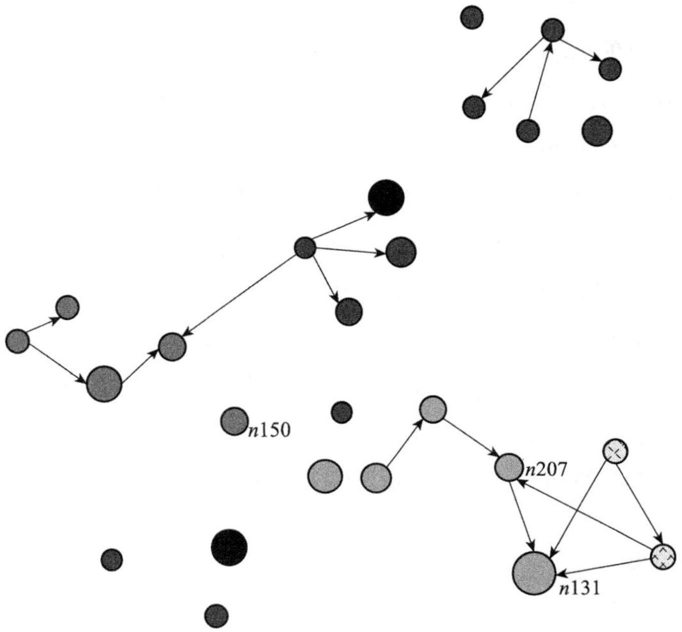

（a）Louvain算法，分辨率=0.5

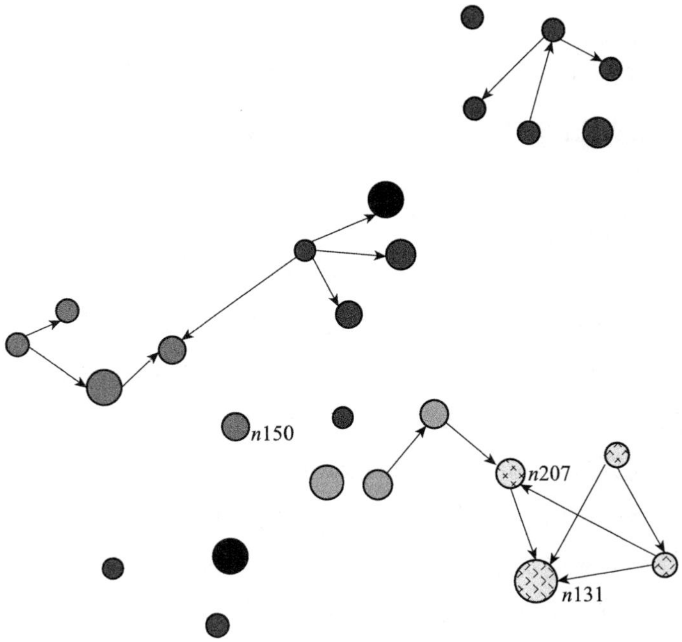

（b）SLM算法，分辨率=0.5

图 2-11　“引文网络演化”研究相关论文的引文网络（1978 ～ 2010 年）

本图仅显示论文数大于 10 的 26 个机构

再看 *n*150（*The Simultaneous Evolution of Author and Paper Networks*）是伯尔纳的一篇有关作者和论文网络同步演化的文章，在 Louvain 算法中与 *Citation Statistics from 110 years of Physical Review*、*Measuring Preferential Attachment in Evolving Networks*、*Effect of Aging on Network Structure*、*Modelling Aging Characteristics in Citation Networks* 4 篇网络结构演化研究的论文划分在同一社团。而在 SLM 算法中，则与陈超美和博亚克的有关学科领域可视化研究的论文划分在同一社团。比较发现，*n*150 在 Louvain 算法中被划分在一起的另外 4 篇论文主要是研究网络结构共性问题，如优先链接问题；而在 SLM 算法被划分在一起的则主要是侧重学科领域可视化算法和技术的研究。可见，*n*150 在 SLM 算法中的社团划分结果更优。事实上，伯尔纳、陈超美和博亚克的研究方向相对更接近，是美国图书情报领域从事可视化研究的三位代表性科学家。从这个角度而言，SLM 算法的划分结果与实际情况更相符。

三、小结

通过前文比较研究发现，Louvain 算法、Louvain 多级细分算法、SLM 算法切实可用于划分拥有大量节点和边的合作网络与引文网络。通过设定不同的分辨率值，也可以获得不同精细水平的社团结果，分辨率设定得越高，获得的社团数越多。根据实证比较分析结果可见，分辨率值设定在 0.5 左右即可获得较好的社团划分效果。对合作网络而言，还可以考虑权重（即合作论文数量）的影响，可以获得不同的社团划分结果。

通过针对引文网络的实证分析比较发现，SLM 算法的社团划分效果优于 Louvain 算法及其多级细分算法，鉴于这三种算法的理论基础都是局域启发式移除算法，也都是采用 Q 函数来衡量社团划分结果的好坏，因此，建议研究人员在开展相关社团划分工作中优先选用 SLM 算法，分辨率建议设定在 0.5 左右。

然而，当前开展的引文网络社团划分并没有考虑每条引用边权重和方向的影响，也就是说将所有的引用关系都视为等同的，事实上，引用目的、引用行为和习惯等都会对引文的重要性产生影响，甚至有些引用是负面的批判性引用。在引文网络中，文献之间的引用关系隐藏了大量知识与信息流动信息，而节点本身也蕴含了丰富的信息。将所有引文都不加以区分，划分的社团在反映真实结构属性时的效力就会下降。因此，有必要考虑文本相似度、论文节点属性（如作者、机构和主题）、引用动机等对引文网络社团结构的影响，需要在开展引文网络的社团划分时，全方面考虑这些因素对引文网络进行加权，再进行加权后的引文网络的社团划分。加权的引文网络社团划分方法，将有利于提高引文网络社团划分的精准性，更能真实反映学科结构和演化脉络，对分析学科结构及其相关研究将具有十分重要的意义。本书在第五章第三节将会介绍加权引文网络的社团划分。

同理，合作网络虽然考虑了基于合作论文数量权重，但并未考虑合作机构对论文贡献度的差异，也没有考虑单篇论文中合作机构数量对合作边权重的影响，因此，也还需对基于合作论文数量的权重加以进一步优化和改良，提高合作网络社团划分的准确性。笔者当前正在开展有关此方面的研究，预期在 2018 年就会有相应成果发表。

第三章 3

合作网络研究

第一节　合作网络分析基础理论与方法

一、合作网络的类型

（一）全球规模的合作网络

在社会网络分析中，最典型的例子是巴恩斯对挪威一个渔村的考察研究，关注社区整合的生产过程中亲属、朋友或邻里所起的作用[4]。在社会网络分析发展的数十年内，更多的研究都是针对特定范围内的关系的研究，很少见到在全球范围内以某类事物为节点的研究，因为在全球范围内多数事物的节点数量巨大，很难对庞大的数据进行加工和分析，即使采用超级计算的方法获得了分析结果，面对庞大的网络，受地理、文化、风俗等诸多因素的影响，也很难针对这样的结果总结和归纳出一般性的规律。因此，社会网络分析更倾向于对有限的、相对封闭的小群体进行分析，归纳出广泛适用的规律，然后在其他群体中进行验证。然而，随着网络分析的一步步发展，面对复杂性网络的研究和一些特定的问题，为了理解网络的复杂性，了解网络背后的组织原则，我们需要构建完整的网络。例如，在互联网领域，绘制完整的互联网图谱具有重要的现实意义，如果不知道互联网的拓扑结构，就不可能设计出更好的工具和服务；在医学领域，p53 网络（与 p53 细胞周期调控因子相互作用的分子和基因的集合，50% 的人类癌症都和 p53 基因有关）的研究具有重大意义，人们需要破解这个网络的拓扑结构，彻底了解其中所有的相互作用，最终找到修复 p53 细胞周期调控因子的药物；在经济领域，随着经济全球化的一步步增强，研究全球范围的完整企业关系网络，对挖掘企业的竞争合作行为、能力及发展潜力是不可或缺的[71]。

可喜的是，在图书情报领域，论文和专利数据与地球上的大多数其他事物相比，相对“单一化”，具有数据易获取、易处理的特点。因此，基于现有数据库，我们可以获取特定时间段内的全球所有（数据库收录范围内）的论文或专利数据，进而对其进行分析。

然而，虽然美国已有学者基于全球规模的自然科学论文数据，对整个自然科学的关联网络进行了全面的描绘和分析[72]，但毕竟面向全球规模的合作网络研究太大了，就社会网络分析所关注的问题焦点而言，其更关心的是节点之间的关系，以及这些关系深处所隐含的内在动力。因此，可以采用抽样的方法在全球规模的论文或专利数据中抽取样本，构建一个小群体，进行社会网络分析。抽样的方法可以采取随机抽样，也可以基于一定的标准有选择性地抽样。本书的实证研究均采取后者的方法，进行有选择地抽样研究，重点阐述特定小群体的作者或专利权人合作网络，包括依据期刊的学科领域划分或以国家和专利权人的性质为群体划分依据，开展合作网络的社会网络分析。以学科领域为划分依据在论文研究中已较为常见，并获得了相当多的成果，近年来颇具代表性的一份研究成果是文献［73］，它对化学学科的发展进行了详尽的网络分析。

（二）特定学科领域（技术主题）的局部合作网络

1. 局部合作网络的构建方法

（1）基于数据库自身的分类体系，下载并分析某特定领域的数据。例如，笔者在 2008 年基于 SSCI 收录的 Information Science & Library Science（情报学及图书馆学）64 种期刊，对其收录的 2001 ～ 2007 年的 70 022 篇论文进行科学计量分析[74]。研究世界图书情报学科的年度发展趋势、国家和机构布局，以及图书情报学科与其他学科的交叉布局。雷蒂斯托夫（Leydesdorff）与来福斯（Rafols）在 2009 年基于 ISI 的学科分类构建了全球科学地图[75]。

（2）以某个期刊或会议为基础，对一定时期内的论文进行作图研究。例如，波尔那等在 2006 年采用科学地图的方法描绘了 1982 ～ 2001 年在《美国科学院院报》（*PNAS*）论文被引最多的 500 个研究机构的信息[76]。陈超美等[77]、侯海燕等[78]、达特（Dutt）等[79]分别基于 *Scientometrics* 期刊进行了作者共引、机构合作和国家分布等科学地图研究。

（3）以关键词进行检索。例如，巴伊兰（Bar-Ilan）在 2008 年采用关键词检索的策略，对计量情报学在 21 世纪的发展进行了综述研究[80]。

（4）利用 IPC 或美国专利分类号（USPC）进行专利检索，用于构建专利数据集。例如，经济合作与发展组织（OECD）[81]采用 IPC 对生物技术发明专利进行了定义，英国苏赛克斯大学科学政策研究所（SPRU）[82]采用 USPC 对生物技术及其所涵盖的8个主要方向进行了定义，林顿（Linton）[83]等采用USPC对工业生物技术专利进行了定义。本书在开展有关纤维素酶发明专利试验分析时，也采用IPC对纤维素酶的发明专利进行了定义，在实证分析章节，借鉴林顿的定义，构建了用于工业生物技术实证分析的专利数据基础。

2. 数据特点与采集方案

从学科出发获取的论文或专利，一般并非相应机构（专利权人）或作者（发明人）的所有专利，因此，此时的合作网络规模小于实际合作网络，而且会“漏”掉跨学科的合作关系。但是，这种方法对分析某学科内部的合作网络而言是非常有效的。此时的网络是一个“局部网”（partial network），是在全网中基于所分析的学科而形成的一部分网络。同时，为了弥补“漏”掉的关系，可以对群体的构建方法进行改良。具体方法可以是，基于领域获取机构（专利权人）或作者（发明人）列表后，再以此列表重新检索，获得与出发学科领域相关的所有数据（包含非出发学科领域的数据），再基于新获得的数据进行社会网络分析。然而此时的群体节点数会增加，新增加的机构（专利权人）或作者（发明人）恰好为与出发领域相关的机构（专利权人）或作者（发明人），那些带来这种新增的领域内机构（专利权人）或作者（发明人），则起到了重要的中介作用，一般拥有跨领域的研究主题。

3. 分析指标

网络研究，特别是复杂网络研究正在经历从发现不同网络共性到深入挖掘具有代表性的典型网络的特性这一过程，在开展复杂网络研究的最初几年，推动研究的主要力量是隐藏在各种网络中的统计共性，如小世界现象、无标度效应、社团结构等；进入21世纪后，大量的研究开始关注一些有代表性的网络具有的不同于其他网络的独特的性质，如公路网的强几何约束条件[45]、计算机互联网独特的外围增长激励机制[46]、科学家合作网的富者俱乐部[19]现象等。正是受这种从一般到特殊、从共性到个性的研究趋势的影响，本书也将针对合作网络特征进行研究。具体分析指标包括以下三个方面。

（1）网络分布特征分析：分析网络的分布特性、节点是否符合幂律分布还是钟形分布或其他分布特征、中心节点和中介点的数量与分布情况。

（2）网络规模分析：分析网络密度大小、网络直径。

（3）动力学分析：分析不同网络动力学的共性和特性。

（三）特定机构（专利权人）的合作网络

现有的合作网络研究，无论是基于论文的作者合著网络还是基于专利的专利权人合作网络，多数研究都集中在针对特定主题领域的研究。然而，除了从学科领域出发外，还可以分析包括不同性质的机构或专利权人（如高校、企业、科研院所）之间的合作关系。

（1）以行政地区为依据，分析全球、大洲、国家或省市的机构（专利权人）合作网络，可以对特定国家进行比较研究。

（2）以机构或专利权人的性质为划分依据，如分析高校、科研院所或企业的合作网络。

（四）自我社会关系合作网络

1. 自我社会关系网络的构建方法

最近几年，有大量的文献已经开始分析关于个人所镶嵌的社会网络对个人行为的影响。自我社会关系网络的不同部分或许会有不同的密度。一个人与之“互动非常紧密又相当固定”的朋友，以及由此关系而互相认识所形成的网络称为“有效网络”（effective network），其余则构成延伸性网络（extended network）。目前有一个论点一直未获得普遍的认同，即自我社会关系网络是否只包括那些与自身有直接链接的人即可，或是应该包括与他有链接的人的朋友，或者是其他人。强调简化个人网络的，倾向于采用前者，而后者则强调网络的实际运作。鉴于此，本书自我社会关系网络的实证分析中，仅考虑与中国科学院有直接链接的专利权人与中国科学院的合作关系。

2. 分析实例

本实例将整个中国科学院作为一个整体单元（节点），研究其与国内外专利权人（大学、企业、科研院所等）的合作网络。以 DII 数据库收录的最早优先权年（priority years earliest）为 2005 ～ 2008 年的 99 件合作专利申请数据为基础，构建专利权人合作网络。DII 数据下载日期为 2009 年 10 月 30 日。

经统计，除中国科学院院属研究机构外，2005 ～ 2008 年，中国科学院共有

67 个院外合作专利权人，合作专利数总计 99 件（表 3-1）。

表 3-1　2005 ～ 2008 年中国科学院专利合作网络参数

网络参数（统计信息）	数量
节点数（专利权人数）	68
边数（合作关系数）	72
边的最大权重值（最大合作次数）	7
边的平均权重值（平均合作次数）	1.54
平均度数（各机构的平均合作关系数）	2.12
网络密度	0.03
网络直径	2
网络平均最短路径	1.97

表 3-1 统计了 2005 ～ 2008 年 99 件合作专利的合作网络参数，结果反映，2005 ～ 2008 年仅占中国科学院发明专利申请总数不到 1% 的合作专利，其最大合作次数为 7 次，99 件专利的平均合作次数仅为 1.54 次，主要贡献来自合作数量排在前 5 位的上海特化医药科技有限公司、英国石油公司、新源动力股份有限公司、韩国三星电子有限公司和国家食品药品监督管理总局（表 3-2）。每个机构平均只与 2.12 个机构存在合作关系，而且该平均值的主要贡献是中国科学院作为网络的中心，其度数为 67。

表 3-2　2005 ～ 2008 年中国科学院专利 TOP5 合作专利权人

TOP	合作专利权人	专利数 / 件
1	上海特化医药科技有限公司	7
2	英国石油公司	6
3	新源动力股份有限公司	5
4	韩国三星电子有限公司	4
5	国家食品药品监督管理总局	3

从图 3-1 可见，67 个合作专利权人中，中国科学院仅与一家机构合作的专利权人有 58 个，与两家机构以上合作的专利权人有 9 个，其中上海特化医药科

技有限公司分别与河南天方药业股份有限公司（1件）和齐齐哈尔大学（2件）一起作为中国科学院的专利合作者，中国药科大学与扬子江药业集团（1件）、蓝钻国际有限公司和福意国际有限公司（1件）、上海奥博生物医药技术有限公司与浙江华海药业股份有限公司（1件）分别一起作为中国科学院的专利合作者。

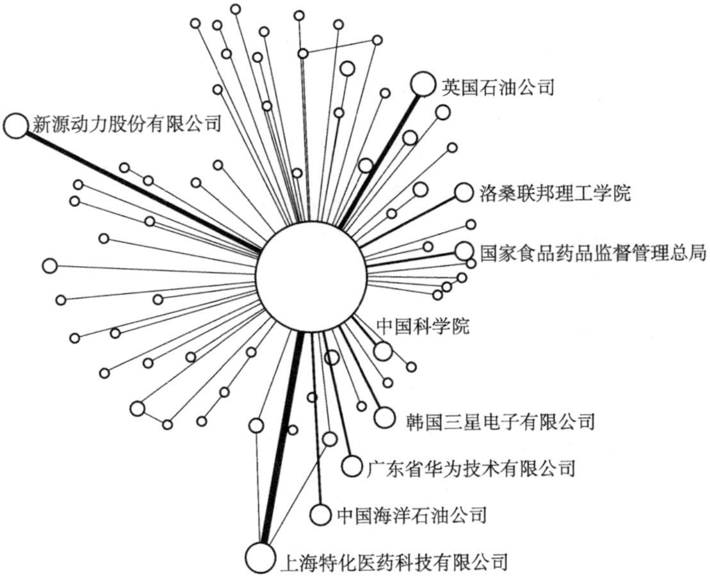

图 3-1 2005 ~ 2008 年中国科学院 99 件合作专利的合作网络图

数据显示，中国科学院在专利合作行为上，与国内外机构的合作力度还相对较弱，虽然这在一定程度上能反映出中国科学院研发拥有相对较强的独立性，但也应看到，中国科学院还有与国内外相关机构加强合作的空间，尤其是在加强与国内外一流研发机构和企业开展相关合作研究的同时，更应重视专利技术向企业等产业应用的转移转化工作。

通过上述专利权人自我中心合作网络实证分析发现，一般意义而言，构建特定专利权人自我中心合作网络可以揭示所选分析对象的竞争合作格局，发现其合作伙伴与竞争对手，这些发现对剖析专利权人的研发和竞争行为具有重要意义。专利权人通过分析自身的自我中心合作网络，可以发现自身的研发合作状况；通过分析其他专利权人的自我中心合作网络，可以分析竞争对手的合作行为，为制定研发战略、寻求研发合作伙伴，以及专利转移或购买等竞争行为提供参考。

二、合作网络分析指标与方法

本书除了研究合作网络的静态结构外，重点是针对合作网络的演化特征进行研究，网络动力学性质的基本研究对象是动力学模型在不同网络上的性质与相应网络的静态统计性质的联系，包括已知和未知的静态几何量。如果我们发现了某个模型在某一网络上有某种特殊的表现，那么可以认为是这一网络的某种特征影响了这个模型的表现。这种特征有可能是已经得到研究的这种网络的几何特性，也有可能是没有被发现的几何特征，那么前者将印证网络上这些几何量的重要性，而后者将会推动网络本身研究的发展。本书在开展合作网络分析时，主要利用下面几个指标。

（一）标度指数

贝当古等指出，随着学科领域的发展，其研发合作网络也会变得越来越稠密，这意味着随着时间的发展，平均每个节点（作者，nodes）拥有的链接（边，edges）数逐渐增加，节点数与边的关系符合下面简单的标度律，其中标度指数 $\alpha>1$ [84]。

$$\text{edges}=A(\text{nodes})^{\alpha}$$

式中，A 和 α 是常数，标度指数 α 与网络规模（节点数目）无关。

（二）网络规模演化

网络直径演化：莱斯科韦茨（Leskovec）等的研究发现[85]，随着网络的增长，网络直径倾向于降低，这意味着合作网络越来越稠密。贝当古等发现，科技领域的合作网络在初期直径快速增长，然后稳定在 12 ～ 14。

网络密度演化：网络密度是反映网络连通性的一个指标，即网络的链接数占所有可能链接数的比例，如果网络中所有节点都直接相连，则这种网络是一个完全图。针对有 N 个节点的无向网络 G 而言，其网络密度 D 的计算公式如下：

$$D=\frac{2*[\#L(\mathrm{G})]}{N(N-1)}$$

式中，$\#L$（G）代表无向网络 G 的链接数。

（三）网络分布特征分析

分析网络的分布特性，节点是否符合幂律分布［$P(k) \sim k^{-\gamma}$］还是钟形分布，或其他分布特征，是否存在中心节点和中介点的数量与分布情况。

（四）中心性节点分析

已有研究发现，发明人合作网络中，一个完整的合作网络一般会含有超过一个中心发明人，围绕多个中心发明人形成多个簇，簇与簇之间一般通过少数几个发明人进行链接。这种位于不同发明人合作团队之间或研发部门与机构之间的界面处的中间发明人具有更好的专利产出数及被引频次，说明处于中间位置的发明人受益于信息流，并对他们的专利数量和质量有正面影响，网络的中心发明人也有类似的特征。

1. 度数中心性

度数中心性（degree centrality）[86]，指网络中的一个节点所拥有的链接的数量，即直接与该节点相连的节点的数量，在数学上，节点 i 的度数中心性 $d(i)$ 定义如下：

$$d(i) = \sum_{i} m_{ij}$$

如果网络中除 i 以外的其他节点 j 与 i 有链接，则 $m_{ij}=1$，反之 $m_{ij}=0$。

2. 中介中心性

中介中心性（betweenness centrality）[87]，一个节点的中介中心性表示所有的节点对之间通过该节点的最短路径的条数，在数学上，节点 i 的中介中心性 $b(i)$ 定义如下：

$$b(i) = \sum_{j,k} \frac{g_{jik}}{g_{jk}}$$

式中，g_{jk} 代表从节点 j 到节点 k 最短路径的数量，g_{jik} 代表节点 j 到节点 k 且通过节点 i 的最短路径的数量。

在上述分析指标中，标度指数 α 值和直径的变化情况可反映合作网络的拓扑学转型，衡量学科领域的发展水平。网络密度反映网络中节点的连通性，与标度指数不同，即使网络的标度指数大于 1，但随着节点数目的增加，网络密度演化也可能逐步减少。因此，如果某网络的密度随着时间的演化不断增加，则反映出该网络拥有更高的合作水平，对特定学科领域而言，是走向成熟的一种体现。网络分布特征分析可以揭示网络演化是否满足增长和优先链接原则。中心性节点分析是针对网络中的关键节点的深入分析，包括度数中心性较高的节点及中介中心性较高的节点等，它们对网络演化起到重要的引领和促进作用。

第二节　基于合作网络的科学家评价

一、相关工作

（一）科学家评价工作有引入新方法的需求

目前，在科学家的科研表现评价领域，除了传统基于论文数、引文数等定量方法外，许多新方法已被大量研究并用于评价实践。根据评价所关注的对象可将这些评价方法分为三类：基于内容的方法、基于链接结构的方法及二者的整合方法[88]。基于内容的方法主要专注于评估某特定主题的对象和用户查询之间的相关性，却忽略了对象之间的社会关系；基于链接结构的方法，如PageRank和HITS等，存在的一个普遍不足是无法处理主题漂移问题；为了克服这两种方法的不足，又有许多学者对上述两种方法进行了整合。下面重点介绍与本节研究相关的基于合作的，特别是作者合作网络的科学家的科研评价工作。

（1）基于作者合作论文数量的文献计量分析是合作分析的一种传统方法，梅林（Melin）和皮尔森（Persson）在1996年就曾指出，作者合作论文的文献计量分析是用于研究和揭示合作网络的结构和变化等合作问题的有效工具，他们对合作与作者合作的关系进行了讨论[89]。

（2）作者合作网络分析在情报研究领域已经得到了广泛研究，奥特和鲁索在2002年阐述了社会网络分析的基础及其对情报学领域的影响，他们指出核心科学家奠定了作者合作网络的基础[2]。伯尔纳等在2005年基于论文数及被引频次数据研究了加权作者合作网络，利用四种不同的中心度测度指标鉴别了作者的影响力并对加权作者合作网络进行了可视化分析[90]。阿巴西（Abbasi）等在2011年指出，研究人员的社会网络可被用来预测他们未来的科研表现，他们发现学者的科研表现与标准化的度数中心度、效率和平均合作强度成正比[91]。麦卡蒂（McCarty）等在2013年对作者的合作网络与 h 指数的比较发现，作者获得最高的 h 指数需要与许多合作者合作，其中一些合作者本身也拥有较高的 h 指数[92]。笔者在2013年基于 *Scientometrics* 期刊1978～2010年发表的所有论文的作者合作演化网络挖掘出了科学计量学领域的重要学者[69]。

（3）许多研究致力于利用诸如PageRank等新指标来对学者进行排名，以克服传统指数的局限性。例如，Liu等在2005年开发了一个名为AuthorRank的PageRank改良算法，以作者合作网络中链接的权重来测量作者的影响力[93]。晏尔伽和丁颖设计了一个考虑引用和共引网络拓扑结构的加权PageRank指数用来评估作者的影响力[94]。

通过上述研究工作可见，当前围绕合作行为的科学家评价工作普遍还是基于传统的计量方法和科学家合作网络的方法。虽然也有一些工作考虑了基于论文数量或被引频次等参数对合作关系进行加权分析，也有利用诸如PageRank或其改良形式等基于链接的方法进行科学家排名研究，但这些工作大多都是在作者层面或整合论文数和引文数层面的研究，很少有考虑到合作者的地区或机构分布情况，也很少考虑科学家的合作者和合作机构在其论文中的分布特征。事实上，即使两个科学家在计量或作者合作网络方面拥有相同的特征，他们的科研表现也可能因合作者在论文中的分布结构，以及合作机构的结构和分布特征的不同而不同。目前，从基于合作者及合作机构的组成结构，以及在论文中的分布特征角度开展科学家科研表现评价的工作还鲜有报道，有必要构建整合上述多种因素的复合评价指标，更加深入地揭示科学家的科研合作水平，克服以往仅基于合作论文数量和作者合作网络度数开展科研表现评价的不足，作为现有科学家科研表现评价手段的有益补充，进而用于相对更加准确和全面地评价科学家的科研表现。

为此，笔者基于现有科研评价工作的基础，构建了一个用于评价科学家科研表现的复合合作强度（CCS）指数，其特点在于除了考虑作者合作网络因素外，还考虑合作者和合作机构在论文中的分布特征，将在第三章第二节小结部分详细介绍CCS指数。

（二）科学家的合作结构与其科研表现间存在正相关关系

当前国际范围内的科研合作越来越广泛，科研人员对合作的重视程度也日益提高。构建一个合作团队的目的是集合一群拥有不同思想、技能或资源的个体，进而激发创造力、促进旧问题的解决并鼓舞新思想的诞生[95]。科研合作行为可以通过多种形式来揭示，如合作申请项目、合作开展科学研究等。在定量角度，科研合作的强弱可以通过合作撰写或申请的论文或专利数量来表征，这也是当前图书情报领域开展合作研究的重要手段之一。惠特菲尔德（Whitfield）在2008年指出，在科学研究领域已经呈现出科研合作日益增加的态势，而这种特征将决定一个团队的成功[96]。他指出，最近几十年里，单作者论文的比例呈现出下降的趋势，几乎所有原创性研究论文都有多个作者。那么，合作是否能反映作者的科研表现呢？近年来已有一些研究工作对合作与科学家的科研表现之间的关系进行了研究，主要的研究工作和发现简介如下。

乌可迪等（Wuchty）在2007年通过研究1975～2005年发表的420万篇论文发现，学院间的合作与产出更高水平的科研成果有关[97]。潘扎拉萨（Panzarasa）和奥普萨尔（Opsahl）通过分析商业与管理领域8360位作者发表的9325篇论文发现，来自机构间合作的论文比机构内合作的论文平均拥有更高的篇均被引频次[98]。阿布拉莫（Abramo）等在2011年研究了来自意大利大学的学者在2001～2005年的国际合作关系，发现了学者的科研表现与国际化水平的正相关关系[99]，加藤（Kato）和安多（Ando）在2013年针对化学领域学者的研究也得到了相近的结果，他们指出近年来国际合作论文数量显著增长，与本国内部工作相比，跨国合作论文获得了更多的被引频次[100]。

在动态水平，帕拉（Palla）等在2007年通过分析物理学领域的作者合作网络发现，大的团队如果可以动态地更新团队成员，该团队将维持得更加长久[101]。吉梅拉（Guimerà）等在2005年对艺术和科学两个领域的研究均发现，团队的组织机制同时决定了合作网络的结构及团队的科研表现[95]。

以上研究表明，科学家的合作结构与其科研表现间存在正相关关系，科学家合作水平的高低在一定程度上可以反映其科研表现的强弱。本节将在此基础上构建一个基于科学家合作水平的指数并用于评价科学家的科研表现，该指数对挖掘及评价特定领域内的领军科学家具有非常重要的参考价值[88]。

二、复合合作强度指数理论模型

（一）科学家合作结构解析

从论文的著录信息中不难发现，某一作者的合作者信息中还包括合作者所在机构，以及这些合作机构在论文中的分布情况，这些信息间至少蕴含三个偶联的无权二分网络，分别是作者—机构网络、论文—机构网络及作者—论文网络。二分网络已在一些研究工作中被用于链接预测工作且展现出了更好的效果[102，103]，因此，笔者借鉴二分网络的思想构建了一个基于三维偶联二分网络的 CCS 指数来评估作者的科研合作水平，进而用于评估科学家的科研表现。

例如，图 3-2 中演示的两个作者 A 和 B 的论文及合作信息，作者 A 和 B 都有 10 篇论文和 5 位合作者，因此基于传统的定量及作者合作网络中心度（图 3-3）分析，他们拥有相同的得分。然而，图 3-3 却清晰显示出 A 的合作网络比 B 更稠密，看似 A 的科研合作水平强于 B，但该如何测度呢？真实情况确实如此吗？

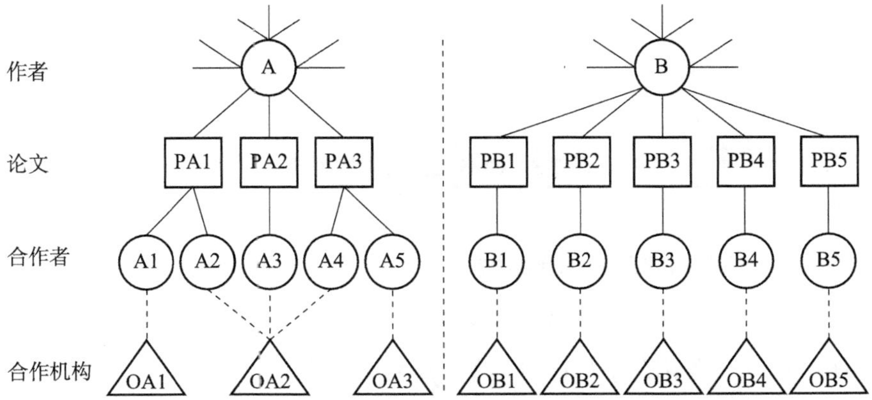

图 3-2　作者 A 和 B 的耦合合作网络

图 3-3　作者 A 和 B 的自我社会关系合作网络

事实上，尽管A和B都拥有5位合作者，但在评价二者的科研合作水平时，他们的合作者对其科研合作水平的贡献度却不同。A的5位合作者来自3家不同的机构且总计合作发表了3篇论文，而B的5位合作者来自5家不同机构且总计发表了5篇合作论文。从这个角度来看，B的合作者更具多元性。除此之外，A仅有30%的论文有合作者，而B有50%的论文都有合作者。

（二）理论假设与模型

通过上述科学家合作结构分析发现，两个拥有相同数量合作者的作者在科研合作水平上也可能是不同的，还需从合作者来源机构、合作论文所占比例及合作机构在论文中的分布等多个角度进行全面分析。那么，科学家的科研合作水平的评估可以表述为如公式（3-1）所示的数学问题，表3-3对公式中各参数的含义进行了说明。

$$\mathrm{CCS}(i) \sim \begin{matrix} \mathrm{NCA}(c) \\ \mathrm{NCO}(o) \\ \mathrm{CDCA}(pc/n) \\ \mathrm{CDCO}(po/n) \\ \mathrm{COH}(e) \\ \mathrm{CD}(d) \end{matrix} \tag{3-1}$$

表3-3　CCS指数各参数说明

参数	含义
NCA (*c*)	指某科学家拥有的合作作者数量
NCO (*o*)	指某科学家拥有的合作机构数量
CDCA (*pc*/*n*)	合作作者深度，指某科学家论文的篇均合作作者数
CDCO (*po*/*n*)	合作机构深度，指某科学家论文的篇均合作机构数
COH (*e*)	合作机构均度，用方差衡量某科学家所有论文的合作机构数量是否均匀分布，Ce指某科学家每篇论文所拥有的合作机构数量的STDEV.S标准差
CD (*d*)	合作机构密度，指拥有合作机构的文章数量占该科学家所有文章总数的比例

表3-4列举了作者A和B的各个参数得分，详细呈现了作者A和B合作的差异，然而，为了回答是作者A还是B拥有更高的科研合作水平，公式（3-1）

还无法给出量化的数值。因此，需要设计一个可计算的公式来对公式（3-1）中的各个参数进行计算并整合。为此，本书提出以下假设，作为量化科学家 CCS 得分的理论基础。

表 3-4 作者 A 和 B 各参数得分

i	*n*	NCA (*c*)	NCO (*o*)	CDCA (*pc*/*n*)	CDCO (*po*/*n*)	COH (*e*)	CD (*d*)	CCS_1	CCS_2	CCS_3
A	10	5	3	0.5	0.5	0.85	0.3	0.34	0.16	0.39
B	10	5	5	0.5	0.5	0.53	0.5	1.18	0.61	0.78

假设：

（1）科学家拥有的合作作者数量越多，即 c 值越高，其合作强度越强；

（2）科学家拥有的合作机构数量越多，即 o 值越高，其合作强度越强；

（3）科学家的论文篇均合作作者数越多，即 pc/n 值越高，其合作强度越强；

（4）科学家的论文篇均合作机构数越多，即 po/n 值越高，其合作强度越强；

（5）科学家的合作机构数量在所有论文中的分布越均匀，即 e 值越低，其合作强度越强；

（6）科学家拥有合作机构的文章数量占其所有文章总数的比例越高，即 d 值越高，其合作强度越强。

在假定上述假设成立的前提下，本书构建了三种形式的 CCS 计算公式来用于计算科学家的 CCS 得分，分别是公式（3−2）、（3−3）和（3−4）。

$$\mathrm{CCS}_1=\sqrt{c}\times\sqrt{o}\times\frac{pc}{n}\times\frac{po}{n}\times\frac{1}{e}\times d \tag{3-2}$$

$$\mathrm{CCS}_2=\ln c\times\ln o\times\frac{pc}{n}\times\frac{po}{n}\times\frac{1}{e}\times d \tag{3-3}$$

$$\mathrm{CCS}_3=\sqrt{\ln c\times\ln o\times\frac{pc}{n}\times\frac{po}{n}\times\frac{1}{e}\times d} \tag{3-4}$$

实际上，上述三个 CCS 计算公式也是历经多次实证分析试验得出来的，其中基于 CCS_3 的科学家表现评价结果得到专家的普遍认可，揭示了差距，又没有过大地放大差距。作者 A 和 B 通过三个公式计算获得的 CCS 得分列在表 3-4 中，可见，基于 CCS_1 和 CCS_2 两个公式计算获得的科学家间的差异较大，而基于 CCS_3 计算的科学家的得分差异相对较小。在实际应用中，可以根据具体分析需要，审慎选取上述公式或进一步对公式进行优化。

（三）CCS 指数的特点、应用潜力与不足

CSS 指数的主要特点是其在评价科学家的科研合作水平时，不仅考虑了传统方法所采用的合作者的数量及比例等参数，还考虑了合作机构这一影响因素，把合作机构的数量和比例、拥有合作机构的论文所占比例，以及合作机构在论文中的分布特征等都作为参数纳入 CCS 指数中。与仅基于合作者进行科研合作水平评价相比，纳入合作机构有关参数后的 CCS 指数所能揭示的信息更多，可以更加突出科学家与机构外部合作者的合作情况。

在应用方面，CCS 指数中的六个参数均可以基于 ISI-WOS 等数据库下载的原始论文数据通过常用的文献计量和统计软件计算获得，如 TDA、EXCEL 等，再根据 CCS 公式整合起来即可计算获得 CCS 得分。为了便于读者开展基于 CCS 的科研合作水平分析，笔者开发了 CCS+ 软件来实现对 CCS 指数得分的自动计算。此外，除了对基于论文的分析外，理论上 CCS 指数还可以拓展到基于专利的分析，用于评估发明人或专利权人的科研合作表现，甚至进一步用于评估专利转移的水平和预测专利转移潜力。

尽管如此，当前 CCS 指数所考虑的因素还仅仅是能反映科学家科研合作水平的众多因素中的有限几个，本书的目标是希望能通过有限的参数来尽最大可能揭示科研合作表现。本书构建的 CCS 指数依旧有较为明显的改进空间，如合作机构还可以区分本国机构和他国机构的不同，还可以考虑机构科研水平的差异。

三、CCS 指数实证研究

（一）数据来源

本书选择中国科学院从事工业生物技术研究且在 2007 ～ 2011 年发表论文在 30 篇以上的科学家为实证分析对象，论文数据来自汤森路透的 WOS 数据库，涵盖研究论文、会议论文、读者来信和综述四种文献类型，数据下载日期为 2013 年 5 月。所有数据下载后利用 TDA 工具进行清洗，以确保每位科学家论文数据的准确性，最终获得 40 位科学家的数据。

（二）结果与分析

40 位科学家来自中国科学院的 13 个研究所，他们总体上拥有相近的科研环境，因此，不同的合作特征或许可以反映他们科研合作水平的不同，也进而可以用于评估他们科研表现的差异。表 3-5 统计了 40 位科学家的 CCS 得分及指标中各个参数的得分情况。

表 3-5　40 位科学家的 CCS 得分

科学家	*N*	*c*	*pc/n*	*o*	*po/n*	*e*	*d*	CCS_1	CCS_2	CCS_3
1	38	68	3.4	30	1.7	1.8	0.7	97.4	30.9	5.6
2	37	65	5.2	14	0.9	1.2	0.5	64.3	23.5	4.8
3	48	43	1.5	8	0.2	0.5	0.1	1.6	0.7	0.8
4	42	93	3.5	54	1.9	6.4	0.7	49.1	12.5	3.5
5	50	131	5.2	21	0.7	0.7	0.6	169.0	47.8	6.9
6	39	52	4.7	15	0.5	0.8	0.3	28.3	10.8	3.3
7	40	113	4.9	42	1.6	2.7	0.6	115.4	29.6	5.4
8	32	43	2.8	11	0.4	0.8	0.3	11.1	4.6	2.1
9	32	100	6.5	16	1.1	0.8	0.8	256.9	82.0	9.1
10	36	135	5.6	24	1.4	1.1	0.8	336.9	92.3	9.6
11	32	44	3.2	15	0.6	1.2	0.4	15.7	6.3	2.5
12	99	374	7.1	78	2.5	1.4	1.0	2110.1	318.9	17.9
13	32	140	7.2	30	1.2	1.4	0.7	282.1	73.2	8.6
14	43	65	3.1	17	1.0	1.2	0.5	41.2	14.7	3.8
15	57	130	4.8	26	0.9	1.0	0.5	128.4	35.0	5.9
16	54	132	4.3	33	1.2	0.9	0.8	274.5	71.0	8.4
17	31	102	7.0	14	0.6	1.1	0.4	59.8	19.3	4.4
18	85	153	4.9	42	0.8	0.9	0.6	197.7	46.4	6.8
19	32	59	4.7	7	0.3	0.5	0.3	12.9	5.0	2.2
20	34	84	5.9	11	0.6	0.6	0.5	94.5	33.0	5.7
21	68	209	6.8	44	1.8	1.7	0.8	548.8	115.7	10.8

续表

科学家	N	c	pc/n	o	po/n	e	d	CCS_1	CCS_2	CCS_3
22	32	98	5.0	19	0.9	1.0	0.6	120.9	37.8	6.2
23	111	192	4.6	45	0.8	0.9	0.6	226.1	48.7	7.0
24	30	64	5.1	5	0.3	0.6	0.2	7.6	2.8	1.7
25	46	103	4.8	19	0.9	0.9	0.6	114.8	35.4	6.0
26	31	53	4.4	10	0.5	0.6	0.5	43.5	17.3	4.2
27	35	39	4.9	11	0.5	0.6	0.4	30.5	12.9	3.6
28	31	46	4.4	8	0.7	0.6	0.6	64.4	26.7	5.2
29	58	71	4.7	13	0.4	0.7	0.3	31.0	11.2	3.3
30	85	263	7.2	66	1.7	1.3	0.8	1009.4	178.9	13.4
31	30	79	3.7	11	0.5	1.0	0.4	19.8	7.0	2.7
32	30	56	4.5	11	0.4	0.6	0.3	20.3	7.9	2.8
33	58	73	6.0	16	0.4	0.7	0.3	38.3	13.3	3.6
34	62	138	5.3	37	1.2	1.0	0.7	332.2	82.7	9.1
35	72	184	6.5	40	1.0	0.9	0.6	370.1	83.0	9.1
36	54	137	7.1	28	1.0	1.0	0.6	300.5	79.5	8.9
37	42	221	8.0	31	2.6	1.7	0.9	958.6	214.7	14.7
38	40	56	3.4	11	0.7	0.8	0.6	42.7	16.6	4.1
39	44	186	6.8	37	1.4	1.3	0.7	442.6	100.7	10.0
40	107	187	5.6	35	0.7	0.9	0.5	198.1	45.5	6.7

图 3-4 呈现了通过三种 CCS 算法计算获得的 40 位科学家 CCS 得分的分布情况，基于 CCS_1 算法的 40 位科学家的 CCS 值分布在 1.6 ～ 2110.1，最大值是最小值的 1318.8 倍，CCS_2 和 CCS_3 的最大值与最小值比分别为 455.6 倍和 22.4 倍。此外，本书采用标准差的方法来衡量三种算法得分的变化和离散程度，统计结果见表 3-6。CCS_1 和 CCS_2 得分的标准差均高于均值，只有 CCS_3 的标准差较小且低于相应均值，说明 CCS_3 算法获得的 CCS 值更趋向于总体期望值。这些分析表明，CCS_3 是基于合作行为来评价科学家科研合作水平的较优选择。

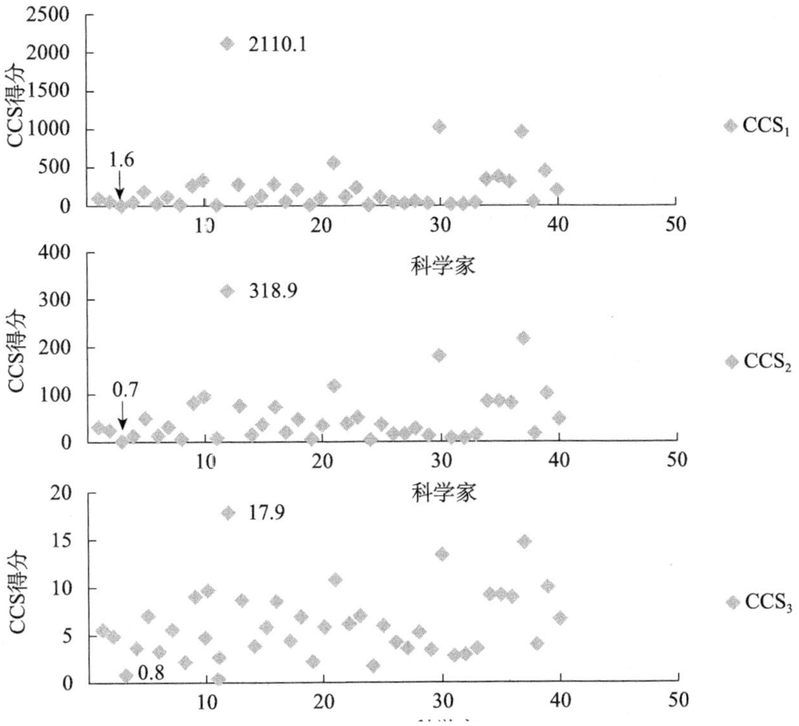

图 3-4 三种 CCS 算法的得分分布

表 3-6 三种 CCS 得分算法的标准差

项目	CCS_1	CCS_2	CCS_3
均值	231.7	52.4	6.3
标准差	381.3	63.7	3.7

为了揭示 CCS 指数的特点，我们将 CCS 指数与当前应用较为广泛的几个用于科学家评价的指标进行比较，包括合作网络度数、篇均被引频次和 *h* 指数。表 3-7 比较了 40 位科学家的 CCS_3、网络度数、篇均被引频次及 *h* 指数，表 3-8 计算了这四个指数的相关性。比较可见，CCS_3 指数与篇均被引频次和 *h* 指数均无显著相关性，显著性水平均高于 0.05，CCS 指数与度数具有较强的正相关性。图 3-5 对 CCS_3 与篇均被引频次、*h* 指数和度数的相关关系进行了可视化展示，随着 CCS_3 得分的增长，网络度数也总体呈现出线性增长，而篇均被引频次和 *h* 指数的得分未见明显的增长，没有发现较强的相关性。该结论与 CCS 指数的理论基础相符，即 CCS 指数揭示的是科研合作水平，因此与同样就

合作网络的度数呈现较高的正相关性。以上分析表明，在评价科学家的科研表现方面，CCS 指数与篇均被引及 h 指数拥有显著不同的功能，而与网络度数的功能则相近。

表 3-7　CCS_3 与篇均被引频次和 h 指数比较（按照 CCS_3 值大小排序）

科学家	CCS_3	篇均被引	h 指数	度数	科学家	CCS_3	篇均被引	h 指数	度数
1	17.9	17.2	21	374	21	5.6	8.0	10	68
2	14.7	12.4	11	221	22	5.4	15.3	16	113
3	13.4	15.0	23	263	23	5.2	4.6	6	46
4	10.8	6.1	12	209	24	4.8	16.2	15	65
5	10.0	20.6	18	186	25	4.4	17.3	13	102
6	9.6	4.6	7	135	26	4.2	9.2	11	53
7	9.1	7.6	14	184	27	4.1	22.0	14	56
8	9.1	7.5	11	138	28	3.8	13.4	15	65
9	9.1	9.5	10	100	29	3.6	9.1	12	73
10	8.9	8.4	13	137	30	3.6	7.9	9	39
11	8.6	12.5	11	140	31	3.5	21.0	10	93
12	8.4	5.5	10	132	32	3.3	8.6	13	71
13	7.0	7.9	15	192	33	3.3	18.3	16	52
14	6.9	9.5	12	131	34	2.8	11.2	10	56
15	6.8	8.5	14	153	35	2.7	16.4	13	79
16	6.7	20.8	25	187	36	2.5	8.5	9	44
17	6.2	9.1	11	98	37	2.2	7.6	8	59
18	6.0	5.0	8	103	38	2.1	5.7	7	43
19	5.9	7.4	11	130	39	1.7	6.0	9	64
20	5.7	6.6	9	84	40	0.8	11.2	14	43

注：度数为科学家合作网络中每位科学家拥有的合作者数

表 3-8　CCS_3 与篇均被引、h 指数和度数的 spearman 相关性

	相关性	显著性（双侧）
CCS_3（篇均被引）	−0.044	0.788
CCS_3（h 指数）	0.264	0.100
CCS_3（度数）	0.875	0.000

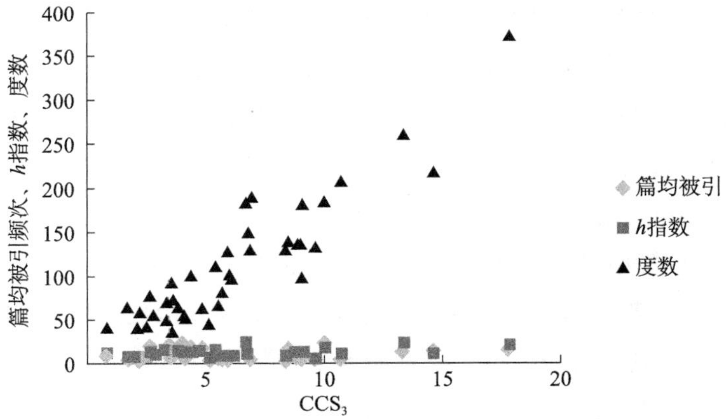

图 3-5　CCS_3 与篇均被引频次、h 指数和度数的相关性比较

四、小结

本节通过系统的文献调研发现，科学家的科研表现与其合作行为之间存在显著的正相关性，相关研究成果已经在引言部分进行了介绍和说明。基于此理论基础，笔者构建了一个基于合作行为来评价科学家科研合作水平的 CCS 指数，进而用于评估科学家的科研表现。CCS 指数整合了与科学家合作行为相关的六个参数，包括合作作者数量、合作机构数量、篇均合作作者数量、篇均合作机构数量、以样本 STDEV.S 标准差表征的每篇论文合作机构分布的异质性，以及拥有合作机构论文所占比例。CCS 指数从作者合作网络、合作机构及分布的角度来表征科学家的合作行为。基于 CCS 指数的算法，在本书的研究框架下，科学家的 CCS 得分越高，其科研表现越强，但尚不能基于 CCS 得分的差距来量化科研表现的差距，仅作为揭示科学家科研表现存在差异。

在 CCS 指数的理论框架部分，本书的一个重大挑战在于如何有效地整合这六个参数以实现较优地反映科学家科研合作水平的差异。为此，实证研究部分对来自中国科学院工业生物技术领域的 40 位科学家进行了比较分析，通过比较发现，CCS_3 与另外两个公式相比，利用其计算的科学家得分相对更为集中，差异较小，总体在一个量级水平，可能是较优选择。不过，如何选择不同的 CCS 计算公式还需根据实际工作进行选择。事实上，即使是目前看似为较优选择的 CCS_3，仍还可以根据需要及专家的意见进行修正和调整，以提升其揭示科学家科研合作水平的效果，增强其在评估科学家的科研表现方面的功效。

此外，CCS 指数还可以去除合作作者数量及篇均合作作者数量这两个参数而升级为用于评价科研机构的 CCS 指数，来表征科研机构的科研合作水平，进而用于评价科研机构的科研表现。基于此，在本书的基础上，我们开发了一款名为 CCS+ 的软件，专门用于计算科研机构和科学家的 CCS 指数，读者可以在网址 http：//resource.clas.ac.cn/ccs/ccs.html 免费下载使用，包括安装程序、说明文件和本节理论模型研究部分采用的作者 A 和 B 试用文件。

从 CCS 与作者合作网络度数、篇均被引频次及 h 指数的相关性分析结果分析，CCS 指数可以作为当前科学家科研评价指数的有益补充，丰富了当前科研评价的手段，对提高专家发现及评价的效率和效果、促进科研合作、提升科研水平及影响力、知识共享等具有重要价值。需要指出的是，篇均被引频次和 h 指数均未区分自引和他引，在后续工作中，可以开展 CCS 与基于他引的篇均被引频次和 h 指数的比较分析工作，以进一步观察 CCS 指数与它们的关系及差异。

最后，需要指出的是，在构建 CCS 指数时，除了本书所考虑的合作机构外，合作者的学科、国家 / 地区等因素也是不同科研合作水平的体现，合作机构的科研水平差异也会影响科学家的科研合作水平。因此，CCS 指数还有改进的空间，在未来的工作中，还可以将学科、区域的多样性等因素加以考虑并转化成参数整合到 CCS 指数中。

第三节　基于合作网络的学科结构与演化

本节利用合作网络分析方法，以 1978 ～ 2010 年 *Scientometrics* 期刊论文为例，开展学科领域的学科结构与演化特征研究。

一、相关工作

科学计量学利用数学、统计学和数据分析方法与技术，收集、处理、解释和预测科技领域的大量特征，进而对科技领域开展定量研究，在实践工作中，还常常利用信息计量学的方法及科学地图方法来完成特定的研究目的[104]。

本节选择 *Scientometrics* 期刊论文为数据基础，用于分析科学计量学领域的学科结构与演化，理由在于，首先，普赖斯（de Solla Price）[105] 认为期刊是合适的分析单元；其次，*Scientometrics* 期刊是科学计量学领域的旗舰刊物[77]；最后，*Scientometrics* 期刊是科学计量学和信息计量学领域最常见的期刊[106]。事实上，早已有一些研究以 *Scientometrics* 期刊的论文数据为基础开展科学计量学领域的研究工作，例如，舍普夫林（Schoepflin）和格兰泽（Glänzel）[107]基于1980 年、1989 年和 1997 年 *Scientometrics* 期刊的文章分析发现，与科学政策和科学社会学研究相关的论文比例呈现下降趋势；佩里茨（Peritz）和巴伊兰（Bar-Ilan）[108]通过分析 *Scientometrics* 期刊 1990 年和 2000 年的文章发现，研究政策和科学的社会学研究在 *Scientometrics* 期刊论文的参考文献中分列第三和第四位；陈超美、麦凯恩（McCain）和怀特等[77]利用 *Scientometrics* 期刊 1981 ～ 2001 年的论文数据做了引文和共引图谱分析；侯海燕、克雷奇默（Kretschmer）和刘则渊[78]利用 *Scientometrics* 期刊 1978 ～ 2004 年的文献数据在微观水平（个人）研究了科学计量学的科技合作网络；达特、加尔格（Garg）和巴利（Bali）[79]分析了 *Scientometrics* 期刊 1978 ～ 2001 年的论文，对科学计量学在国家和主题分布进行了评估，比较了机构和作者合作关系。

二、数据与方法

本节分析的 *Scientometrics* 期刊论文数据涵盖 1978 ～ 2010 年 WOS 收录的该刊发表的研究论文、会议论文和综述三种类型总计 2541 篇文献，数据下载日期为 2010 年 12 月。我们利用 TDA 软件抽取国家、机构和作者的信息，并对其进行清洗，以保证每个名称的唯一性，然后利用 SCI^2 工具构建国家、机构和作者的合作网络并分析相关网络指标。

三、结果与分析

（一）国家、机构和作者数量的增长

2541 篇论文总计拥有 2697 位作者，来自 1275 个机构、78 个国家 / 地区，图 3-6 分别统计了论文、国家、机构和作者数量的年度变化趋势，包括各年数量和逐年累计数量，各年论文、国家、机构和作者数量年均复合增长率分别为20.4%、9.4%、19.6% 和 20.1%。

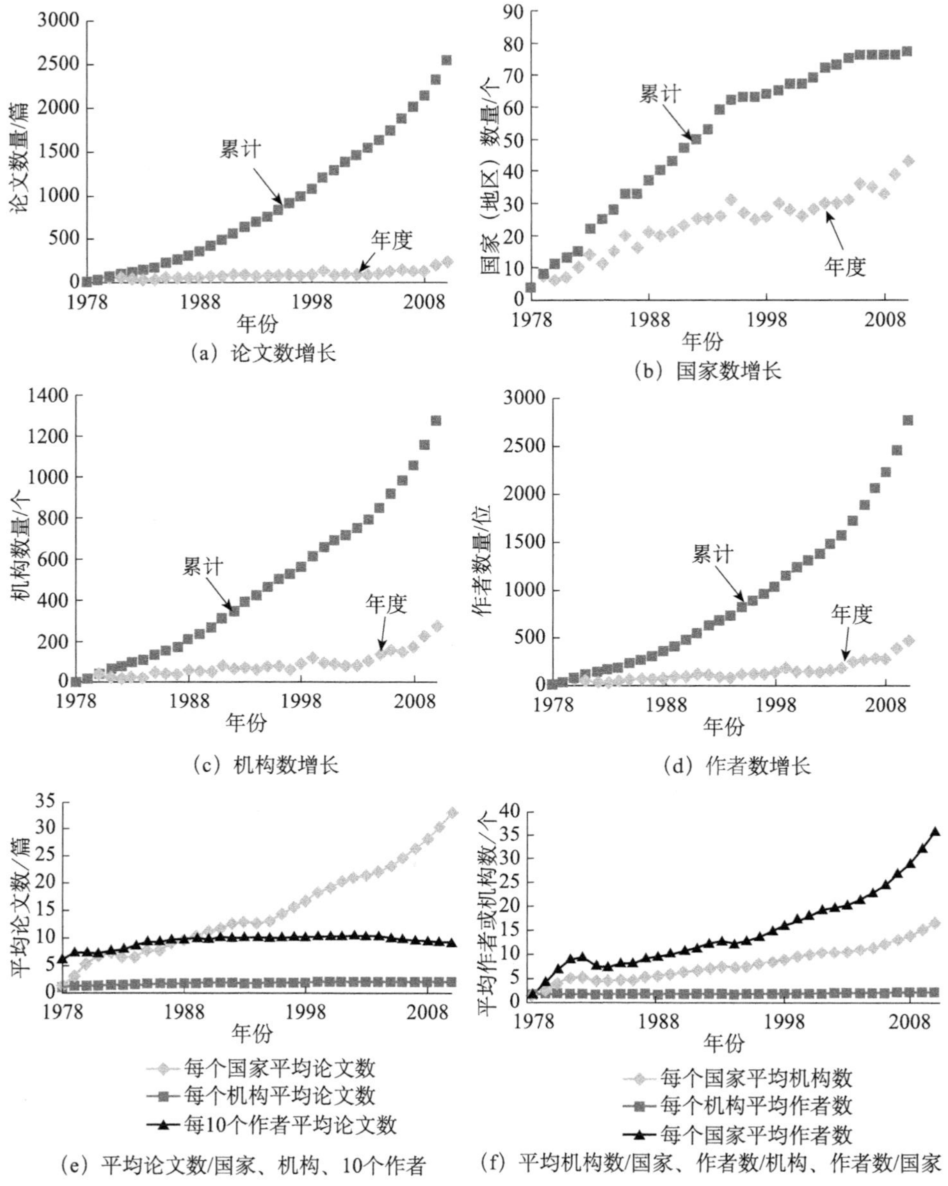

图 3-6 论文、国家、机构和作者数增长趋势（1978 ～ 2010 年）

从图 3-6 可见，国家、机构和作者的演化特征与论文数的增长特征之间存在显著的不同，每个国家平均论文数逐年快速递增；每个作者平均论文数则呈现出先增后减的态势；每个机构平均论文数逐年增加；每篇论文的作者数、机构数和国家数均逐年增加。数据表明：科学计量学研究队伍逐年壮大，越来越多的机构和作者开始发表相关研究论文，国家之间、机构之间、作者之间的合作行为也逐年增强。

（二）合作网络的稠化与增长

贝当古等指出，随着学科领域的发展，其研发合作网络也会变得越来越稠密，这意味着随着时间的发展，每个节点（作者）平均拥有的链接数逐渐增加，节点数与边的关系符合下面简单的标度律，其中标度指数 $\alpha>1$ [84]。

$$\text{edges} = A\ (\text{nodes})^{\alpha}$$

其中，A 和 α 是常数，标度指数 α 与网络规模（节点数目）无关。

在本节研究中，我们从三个角度来分析合作网络的稠化与增长情况，分别是宏观（国家）、中观（机构）和微观（作者）角度，其标度指数 α 的值分别是 2.9533、1.5222 和 1.2353（图 3-7）。其中，国家合作网络的标度指数值最高，也就是说，国家合作网络稠化的速率最快。

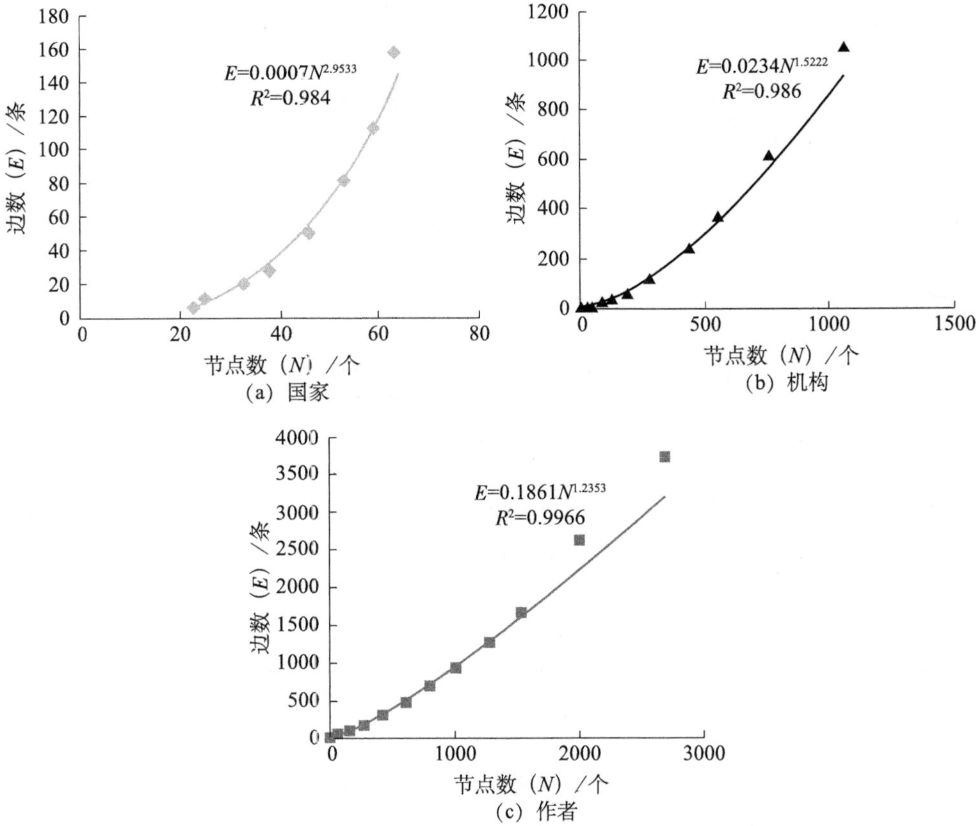

图 3-7　合作网络的稠化

（三）网络直径、平均度数与密度

莱斯科韦茨等的研究发现[85]，随着网络的增长，网络直径倾向于降低，这意味着合作网络越来越稠密。贝当古等发现科技领域的合作网络在初期直径快速增长，然后稳定在 12 ～ 14[84]。这或许是因为在一个新的领域出现时，作者之间的工作相关度还不够高，随着领域逐渐走向成熟，重要的合作不断涌现。

表 3-9 的统计显示出，1989 年以前，从论文合作角度分析，国家之间尚没有合作行为，网络的直径在 1998 年达到最大值，随后各年国家合作网络直径逐步下降，原因可能在于早期从事科学计量学研究的国家不多。机构合作网络和作者合作网络的直径在 1978 ～ 2010 年总体呈现出逐步增长的特征，且在 2010 年均达到最大值 15，这两种网络的直径均未体现出稳定在一定水平的状态。机构合作网络和作者合作网络的密度均呈现出逐年递减的趋势，而国家合作网络的密度逐年递增。数据表明，科学计量学领域可能尚未步入成熟阶段，还处于快速发展阶段。

表 3-9　国家网络直径、平均度数和密度演化

年份	1978	1980	1983	1986	1989	1992	1995	1998	2001	2004	2007	2010
网络直径	1	1	1	1	3	4	5	7	5	5	4	4
平均度数	0	0	0	0	0.5217	0.96	1.2121	1.4737	2.1739	3.0566	3.7966	5.0159
密度	0	0	0	0	0.0237	0.0400	0.0379	0.0398	0.0483	0.0588	0.0655	0.0809

表 3-10　机构网络直径、平均度数和密度演化

年份	1978	1980	1983	1986	1989	1992	1995	1998	2001	2004	2007	2010
网络直径	1	1	1	1	2	2	2	7	8	13	12	15
平均度数	0	0.2857	0.2667	0.1961	0.5682	0.5669	0.6344	0.8571	1.1182	1.3382	1.6153	1.9981
密度	0	0.0220	0.0092	0.0039	0.0065	0.0045	0.0034	0.0031	0.0025	0.0024	0.0021	0.0019

表 3-11　作者网络直径、平均度数和密度演化

年份	1978	1980	1983	1986	1989	1992	1995	1998	2001	2004	2007	2010
网络直径	1		4	4	4	6	7	7	8	15	14	15
平均度数	0.75	0.9487	1.0778	1.2119	1.4757	1.5631	1.7065	1.861	1.967	2.1826	2.6198	2.7814
密度	0.1071	0.0123	0.0065	0.0045	0.0036	0.0025	0.0021	0.0018	0.0013	0.0014	0.0013	0.0010

注：表 3-9 ～表 3-11 中数据均是基于从 1978 年开始的累计值计算而得的

（四）中心度分布

图 3-8 呈现了国家、机构和作者三种合作网络节点中心度分布情况 $p(k)$，数据表明三种合作网络均呈现出幂律分布特征。

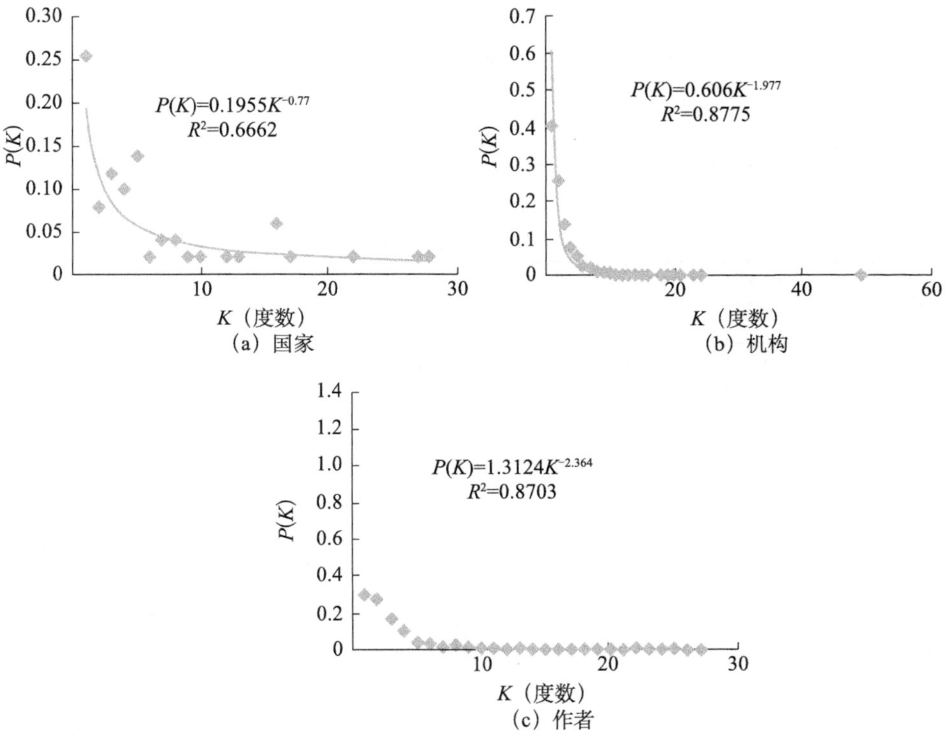

图 3-8　节点中心度分布特征

那么，为了了解哪些国家、机构或作者在这三种合作网络中处于关键位置，表 3-12 ～表 3-15 分别基于度数中心性和中介中心性，统计了关键的国家、机构和作者。从统计的数据结果可见：美国、比利时和英国始终是科学计量学领域处于领先地位的国家，无论是度数中心性还是中介中心性，它们始终位于前 5 名以内，其次依次是荷兰、西班牙、德国、法国、中国和印度。1992 ～ 1998 年，中国和法国位于度数中心性前 5 名以内，然而，在 1998 年以后，这两个国家再也没有出现在度数中心性前 5 名中，取而代之的是荷兰、德国（或西班牙）。在中介中心性方面，中国也同样在早期的领先优势被荷兰、法国（或西班牙）所取代。有趣的一点是，法国在 1998 年和 2010 年的中介中心性具有优势，但同期的度数中心性却不具优势。

表 3-12　度数中心性 TOP5 国家

排名	1978～1992 年 国家		1978～1998 年 国家		1978～2004 年 国家		1978～2010 年 国家		2001～2010 年 国家	
1	英国	5	美国	7	荷兰	15	美国	28	美国	24
2	美国	5	英国	6	英国	14	英国	27	英国	23
3	比利时	3	比利时	5	美国	13	荷兰	22	荷兰	19
4	中国	3	荷兰	5	德国	11	西班牙	17	西班牙	17
5	法国	2	德国	4	比利时	10	比利时	16	比利时	15

表 3-13　度数中心性 TOP10 机构

排名	1978～1992 年 机构		1978～1998 年 机构		1978～2004 年 机构		1978～2010 年 机构		2001～2010 年 机构	
1	安特卫普研究大学	10	安特卫普研究大学	16	国家科技发展研究所	19	鲁汶大学	51	鲁汶大学	51
2	地平线公司	5	国家科技发展研究所	11	匈牙利科学院	18	西班牙国家研究委员会	31	匈牙利科学院	22
3	匈牙利科学院	4	于默奥大学	8	鲁汶大学	18	匈牙利科学院	30	布鲁日－奥斯坦德天主教学院	21
4	皇家图书馆与信息科学学院	4	莱顿大学	7	安特卫普研究大学	17	苏赛克斯大学	26	格拉纳达大学	20
5	圣路克斯国际医院医学图书馆	4	法国国家科研中心	7	莱顿大学	16	莱顿大学	24	河南师范大学	18
6	慈惠大学	4	鲁汶大学	6	西班牙国家研究委员会	16	布鲁日－奥斯坦德天主教学院	23	苏赛克斯大学	17
7	东京大学	4	伦敦城市大学	5	布鲁日－奥斯坦德天主教学院	13	河南师范大学	21	西班牙国家研究委员会	16
8	苏赛克斯大学	4	国立巴黎高等矿业学校	5	苏赛克斯大学	12	国家科技发展研究所	21	印度国立科技与发展研究所	15
9	斯特拉思克莱德大学	3	布鲁日－奥斯坦德天主教学院	4	法国国家科研中心	9	格拉纳达大学	20	莱顿大学	14
10	伦敦城市大学	3	法国农科院	4	马德里卡洛斯三世大学	9	法国国家科研中心	19	哈瑟尔特大学	14

表 3-14　中介中心性 TOP5 国家

排名	1978 ～ 1992 年		1978 ～ 1998 年		1978 ～ 2004 年		1978 ～ 2010 年		2001 ～ 2010 年	
	国家		国家		国家		国家		国家	
1	美国	63	美国	280	荷兰	595	美国	870	美国	620
2	英国	56	比利时	248	英国	504	英国	832	英国	529
3	比利时	47	英国	229	美国	381	西班牙	442	西班牙	396
4	中国	26	荷兰	216	西班牙	269	法国	366	法国	382
5	印度	21	法国	198	比利时	199	比利时	357	荷兰	308

表 3-15　中介中心性 TOP10 机构

排名	1978 ～ 1992 年		1978 ～ 1998 年		1978 ～ 2004 年		1978 ～ 2010 年		2001 ～ 2010 年	
	机构		机构		机构		机构		机构	
1	安特卫普研究大学	146	安特卫普研究大学	1802	国家科技发展研究所	17 513	鲁汶大学	202 980	鲁汶大学	63 264
2	地平线公司	130	鲁汶大学	1680	河南师范大学	14 981	苏赛克斯大学	122 265	苏赛克斯大学	42 139
3	印度文献研究培训中心	47	莱顿大学	1623	新南威尔士大学	13 801	莱顿大学	117 145	匈牙利科学院	33 523
4	中国水稻研究所	47	布鲁日－奥斯坦德天主教学院	1124	俄罗斯科学院	12 764	西班牙国家研究委员会	83 574	阿姆斯特丹大学	28 075
5	社会学创新中心	46	于默奥大学	1063	法国农科院	12 697	匈牙利科学院	79 030	莱顿大学	24 494
6	斯特拉思克莱德大学	44	国家科技发展研究所	1056	鲁汶大学	10 656	法国农科院	75 524	中国船舶重工集团	22 947
7	苏赛克斯大学	44	林堡大学	687	科技观察	8150	美国科学信息研究所	69 422	河南师范大学	19 281
8	微软研究员工业研究所	44	法国农科院	544	布鲁日－奥斯坦德天主教学院	7884	国家学位与大学评估研究所	64 197	印度国立科技与发展研究所	17 544
9	巴利阿里群岛大学	40	地平线公司	448	苏赛克斯大学	6926	河南师范大学	59 082	南京大学	16 352
10	布鲁克海文国家实验室	38	科技观察	440	安特卫普研究大学	6720	南京大学	58 880	伍尔弗汉普顿大学	15 077

查看机构合作网络的度数中心性和中介中心性 TOP 10 列表可见，少数的几个关键机构始终处于机构合作网络的关键位置，包括英国苏赛克斯大学、鲁汶大学、匈牙利科学院、莱顿大学等。其他一些主要机构则徘徊于 TOP 10 名单边缘，时而进入 TOP 10，时而被挤出。

此外，在作者合作网络角度，在合作网络中发挥关键作用的早期作者正被当前作者所取代，1980 ～ 1986 年的关键作者在以后的时间内正逐步失去核心地位，例如，F.W.Lancaster 在 1986 年和 1992 年高居第 2 位，而在 1998 年则下降到第 3 位，2004 年下降到第 10 位，2010 年则跌落到 10 名以外，相似特征的作者还包括布朗（T.Braun）、库蒂亚尔（J.P.Courtial）、纳（F.Narin）、范朗（A.F.J.van Raan）等。另外，在 2004 年和 2010 年均排在前列的鲁索（R.Rousseau）和穆德（H.F.Moed）等作者，在之前的时间内则从未出现在 TOP 10 名单中。

（五）网络可视化分析

图 3-9 ～图 3-11 分别对国家 / 地区、机构和作者的合作网络进行了可视化分析，节点大小与论文数成正比，边的粗细与合作论文数正相关。

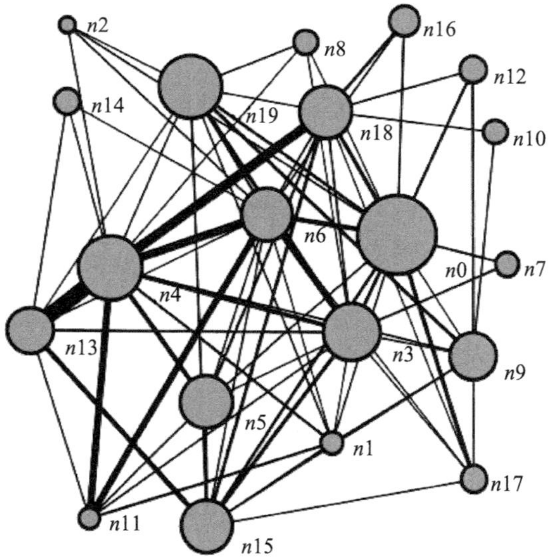

图 3-9　国家 / 地区合作网络（1978 ～ 2010 年）

仅显示论文数最多的前 20 个国家 / 地区。*n*0 为美国；*n*1 为瑞典；*n*2 为以色列；*n*3 为荷兰；*n*4 为比利时；*n*5 为印度；*n*6 为英国；*n*7 为韩国；*n*8 为意大利；*n*9 为法国；*n*10 为日本；*n*11 为芬兰；*n*12 为澳大利亚；*n*13 为匈牙利；*n*14 为巴西；*n*15 为德国；*n*16 为中国台湾；*n*17 为加拿大；*n*18 为中国（不含港、澳、台）；*n*19 为西班牙

图 3-9 呈现了截至 2010 年科学计量学领域的国家 / 地区合作网络，比利时、美国、英国、德国、荷兰、中国和法国处于合作网络的中心，且拥有较多的论文产出数量。这 7 个国家 / 地区不仅相互之间存在紧密的合作关系，而且还和其他国家 / 地区保持着大量的合作，例如，比利时和德国均与匈牙利存在紧密合作关系，比利时和英国均与芬兰存在紧密合作关系。

图 3-10 呈现了截至 2010 年科学计量学领域的机构合作网络情况。

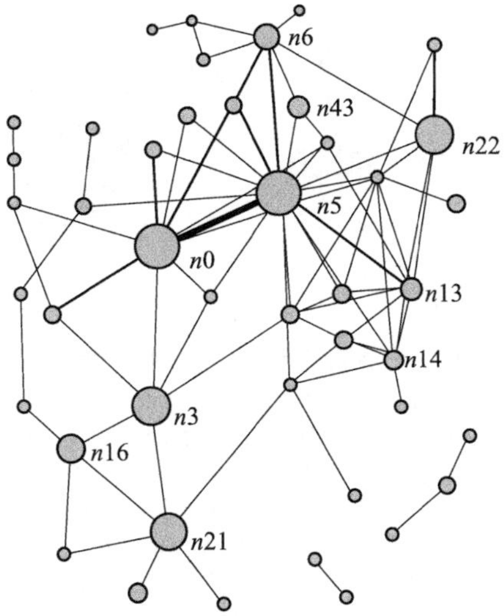

图 3-10　机构合作网络（1978 ～ 2010 年）

仅呈现论文数最多的前 50 个机构，前 10 个机构标记了节点序号。n0 为匈牙利科学院；n3 为莱顿大学；n5 为鲁汶大学；n6 为苏赛克斯大学；n13 为布鲁日－奥斯坦德天主教学院；n14 为安特卫普研究大学；n16 为格拉纳达大学；n21 为西班牙国家研究委员会；n22 为印度国立科技与发展研究所；n43 为阿姆斯特丹大学

图 3-11 呈现了截至 2010 年科学计量学领域的作者合作网络，其中仅显示出合作数量最多，即网络度数最大的前 50 位作者，多数 TOP 10 作者都位于图 3-11（a）最大的主成分中，如鲁索（n0）、格兰泽（n4）等。而图 3-11（b）的一个完整子图则是群体作者仅因共同署名发表一篇论文而赢得了较高的网络度数。

四、小结

本节利用合作网络分析方法，以 *Scientometrics* 期刊 1978 ～ 2010 年发表的 2541 篇论文为基础，揭示了科学计量学领域的学科结构及演化情况。在

1978～2010年的33年时间里，从事科学计量学研究的国家数量稳步增长，各国之间合作日益紧密，美国、比利时和英国始终处于领先地位。科学计量学领域吸引了越来越多的机构和作者加入该领域的研究工作中，机构和作者数量均逐年以超20%的增速递增，每个机构的论文数量也逐年增加。通过合作网络的标度指数分析表明，随着新机构和新作者的加入，合作关系增加的速率更快，即科学计量学领域的合作关系日益紧密。

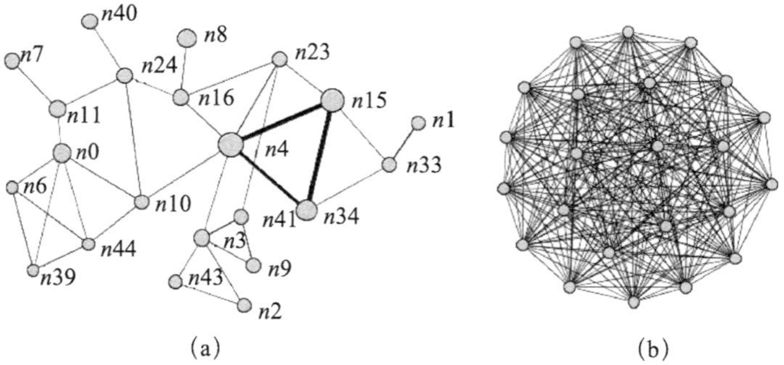

图3-11　作者合作网络（1978～2010年）

仅显示合作数最多即网络度数最大的前50位作者。*n*0为鲁索（R. Rousseau）；*n*1为费尔南德斯（M. Fernandez）；*n*2为诺英思（E. Noyons）；*n*3为穆德（H. F. Moed）；*n*4为格兰泽（W. Glanzel）；*n*6为马（Z. Ma）；*n*7为加尔格（K. C. Garg）；*n*8为雷蒂斯托夫（L. Leydesdorff）；*n*9为蒂森（R. J. W. Tijssen）；*n*10为梁立明（L.M.Liang）；*n*11为古普塔（B. M. Gupta）；*n*15为舒伯特（A. Schubert）；*n*16为迈尔（M. Meyer）；*n*23为德班科勒（K. Debackere）；*n*24为克雷奇默（H. Kretschmer）；*n*33为戈麦斯（I. Gomez）；*n*34为布劳恩（T. Braun）；*n*39为潘（Y. T. Pan）；*n*40为塞沃尔（M. Thelwall）；*n*41为万列文（T. V. Van Leeuwen）；*n*43为得莫亚安娜根（F. de Moya-anegon）；*n*44为武夷山（Y.S.Wu）

第四节　基于合作网络的技术预见

一、技术预见的基本知识

（一）技术预见的概念

技术预见（technology foresight）是指对未来提出合理陈述或说明，并采用广泛的行动对这些陈述和说明进行解释的一种行为，是为应对未来挑战而开展的共同学习过程，技术预见的研究范围不仅包含技术本身及其应用，还包括公共政策和社会挑战[109]。阿马纳蒂托（Amanatidou）在2014年指出，技术预见的主要影响包括知识、网络创造和促进公众在政策制定过程中的参与[110]。联合国工业发展组织对技术预见的定义为："技术预见是技术发展过程中的最上游元素，为规划和制定指导特定技术基础结构的政策和战略提供决策支持。技术预见在技术管理和技术转移领域为创新、鼓励和扶持企业提供支持，最终带来增强的竞争力和增长。"[111]技术预见的主要目标包括：探求未来机会以设定科学与创新活动的优先投资领域；再定位创新系统；验证创新系统的活力；为战略决策制定活动引入新的参与者；构建跨领域、跨部分和市场的，或围绕特定问题的新的网络和链接[112]。

"technology foresight"这个专有词组由英国苏塞克斯大学的欧文（Irvine）和马丁（Martin）两位学者明确提出，并在20世纪90年代开始在欧洲得到广泛应用，并快速传播到其他国家[113]。

当前有多个概念与技术预见在发展及影响方面具有相似性或部分重叠性，主要包括技术监测（technology monitoring）、技术情报（technology intelligence）、技术预测（technology forecasting）、技术路线图（technology roadmapping）和技术评估（technology assessment）等，这些方法常常利用相似的工具并且得到相似的结果[114]，所有这些相似的方法同时又都可以被用于技术未来分析（technology futures analysis，TFA）[115]。这几个相似概念的界定与区别列举如下。

（1）技术监测，也称为技术观察（watch）或技术预警（alerts），主要是收集信息并对信息加以解释和说明。

（2）技术情报，也称为竞争情报（competitive intelligence），主要是将信息转化为有用的情报。

（3）技术预测，预判变化的方向和步骤。

（4）技术路线图，与预期的技术和产品发展相关的计划制订。

（5）技术评估，主要是技术的影响力评估，也包括战略环境评估。

（6）技术预见，也称为国际和区域预见，如预见有效的发展战略，常包括参与机制。

在上述几个相近的TFA技术中，技术预测与技术预见这两个概念最易混淆，也常常被混用或错用。事实上，这两个概念在应用时有较为明确的界定，技术预测分析常常聚焦于特定技术本身，是描绘未来某个时间某个技术的产生、表现特征及影响的系统过程；而技术预见则通常是指鉴别未来技术发展及其与社会和环境相互作用的系统过程，目的是指导实际行动以创造更加美好的未来[115]。从应用区域角度分析，受到社会期望与市场和政府的差异的影响，这些 TFA 概念的应用还具有区域差异性，工业路线图的研究主要由私有部门牵头，在美国尤为流行；而预见研究则常常由政府主导，目前已成为欧洲国家的优先选项。从使用者的角度分析，政府机构通常倾向于利用区分想法和行动的概念，如“评估”和“预见”；而企业界倾向于利用链接想法和行动的概念，如“路线图”和“竞争情报”[114]。

（二）技术预见的功能

技术预见的产品通常包括战略建议和指导意见、特定技术或其成果、市场价格或趋势、产品产量等。早期的技术预见研究通常受到修改科技政策的驱动，特别是为设定科技资助优先领域提供决策依据，例如，英国在 1993 年组织了英国技术预见项目，重点对那些可对经济和（或）社会众多部门带来显著益处和贡献的通用技术开展预见研究[116]。匈牙利在 1997 年组织开展了大规模的基于德尔菲法的技术预见项目，重点为满足经济转型时期的社会经济学的需求[117]。

而 20 世纪末到 21 世纪初期以来，相当多的研究则关注于研究与分析教育、环境、健康和环境等领域所面临的挑战等问题[109]，特别是商业、管理与政策研究则日益受到关注。例如，卡尔森（Carlson）在 2004 年开展了利用技术预见创造商业价值的研究[118]，桑资 - 梅内德兹（Sanz-Menendez）等在 2001 年利用技术预见作为制定政策的一个有用的工具[119]。哈瓦斯（Havas）在 2010 年分析了预见对创新政策制定的影响，指出技术预见可以在政策的制定、咨询和促进三大方面发挥作用，技术预见有助于减少技术、经济和社会不确定性，通过凝聚多领域和团体的参与者而使政策更具操作性，有利于获得更为广泛的公众支持[120]。韦甘德（Weigand）等在 2014 年采用联合预见的方法作为长期战略计划的补充，联合预见通过改进长期战略的构思过程、问题定义和获得一致同意，增强了编制长期战略的弹性，在方案设计过程中增加了观点的种类，提高战略选择性。在此项研究中，结构性对话设计（structured dialogic design，SDD）方法被用作传统的基于能力的计划制订过程（capabilities-based planning，CBP）的战略计划制订方法的补充[121]。

（三）技术预见的应用领域

众多自然科学领域已经成为技术预见研究的应用对象，例如，林斯顿（Linstone）在2011年分析了在工业社会、信息社会和未来的分子社会三个时代中影响技术预见的特定因素，并讨论了未来分子社会（主要包含纳米技术、生物技术和材料科学）技术预见的应用及方法所面临的挑战与机会，指出信息技术与分子技术的融合将变革创新过程，将不仅转变技术预测的调控作用，还将转变技术预见与计划的过程[122]。温伯格（Weinberger）等在2012年对环境技术领域开展了一项技术预见研究，目的是为识别未来研究资助的优先领域提供支持[124]。库克（Cook）等在2014年指出，技术预见或将在环境决策中发挥更重要的调控作用，主要参与途径包括检测现有问题、识别新兴威胁、鉴别有前景的机会、测试政策的弹性及定义研究日程[124]。

信息技术的飞速发展促使人们更多地讨论在未来社会中信息技术的角色和作用，例如，马库斯（Markus）和门策（Mentzer）在2014年利用技术预见工具讨论了信息通信技术（ICT）领域未来的正面和负面结果[125]。张希等在2014年对全球虚拟世界市场的前景和挑战进行了预见，指出全球虚拟世界所面临的普遍挑战是如何留住用户的，新兴市场（如中国）面临的关键挑战是实现虚拟世界的本土化，对信息技术研究人员来说，基于虚拟世界的在线学习及商业创新预计将是未来发展的重要方向[126]。巴蒂斯泰拉（Battistella）在2014年对电信企业开展了一次多实证对象的企业预见研究，以八家电信企业为实证对象研究了企业预见工作的组织与实施问题[127]。此外，技术预见研究也用于教育研究[128，129]和药物发现等领域[130]。

（四）技术预见的方法

目前已有许多方法用于技术预见分析，主要包括同行评议与德尔菲法、文献计量学方法、科学地图方法、系统与建模等。

1. 同行评议与德尔菲法

同行评议与德尔菲法常被用于技术预见与技术预测分析，其特点在于在技术预见过程中汇集专家群体的智慧和经验。1973年以来，日本采用德尔菲法开展了多次技术预见活动，其他诸如英国、德国、芬兰等欧洲国家也在技术预见中采用了德尔菲法。例如，德国联邦教研部（BMBF）2001年在研讨组形式的基础上提出了名为Futur的“德国研究对话”方法，其核心思想是以工作组面对面的讨论作为讨论的中心媒介，而互联网则用于提供信息和交流平台，同时保证整个预见过程的透明度[131]。林托宁（Lintonen）等在2014年以芬兰的欧盟国家网络中的43名药物专家组建成一个德尔菲专家小组，对芬兰2020年的药物形势的变化趋势开展了预见研究，专家主要来自公共部门，领域涉及社会科学、医学、化学、政策研究、行政事务和法律等[130]。

在德尔菲法在技术预见工作中得以广泛应用的同时，该方法的缺陷也日益获得关注。张冬梅和曾忠禄指出，德尔菲法用于技术预见存在有参考点效应和证实性偏差两大缺陷，如果专家的信息源和分析信息的方法存在缺陷，将导致专家的知识参考点不够全面，而专家一旦在预见工作开始时产生了错误的观点、预期或假设，在随后的预见过程中也很容易将焦点置于支持其最初观点、预期或假设上，进而忽略更多的其他反证信息，因此很可能会导致错误的预见结果[132]。因此，在技术预见实施过程中，需要优化专家队伍的学科结构，同时还需为专家群体提供必要的辅助信息。当前在技术预见的方法研究层面，已有学者开始针对德尔菲法的优化进行研究。例如，福特斯（Forster）和格拉赫特（Gracht）在2014年对基于公司内外部参与者对战略预见研究的德尔菲专家小组组成结构进行了评估，发现基于内部和外部两类专家小组的德尔菲法技术预见结果有显著的不同，对战略决策也会提出不同的咨询建议[133]。因此，企业在开展德尔菲技术预见活动中，需根据目的与目标构建适当的专家小组。徐磊提出了将德尔菲法和技术路线图进行对接的方法，实现将德尔菲调查得出的基于专家智慧的权威数据对技术路线图中所涉及的技术、产品进行有效的说明和补充，通过融合德尔菲法和技术路线图的优点，一定程度上弥补了现有预见方法的不足。有效地将需求分析、德尔菲调查和技术路线图的绘制结合在一起，不仅起到了对未来技术发展的预测作用，而且囊括了对未来社会发展愿景的描绘[134]。

2. 文献计量学方法

技术预见的一个典型方法就是文献计量学方法，早在1996年，范兰恩（van Raan）就已经对文献计量学方法用于评估研究表现和监测科学发展的应用潜力与不足进行了概述与分析，指出研究表现评估是基于论文数与引文数据的高级分析[135]。近年来开展了多个基于科学计量学方法的技术预见研究工作，事实上，计量学方法在技术预见研究中的应用涵盖文献计量学分析、科学计量学分析、引文分析、专利分析等广泛的领域。

王金鹏在 2011 年研究了在技术预见的实施过程中，在组建专家团队、确定课题、提高专家预见能力等环节引入科学计量方法的必要性，并通过实证分析，论证了科学计量方法在技术预见中应用的可行性，证实了一套新的基于“专家智慧 + 定量数据 + 科学方法”的技术预见优化模型框架的有效性[136]。

引文分析法可以通过分析引文网络中的关键节点，挖掘技术发展的主路径，能更好地揭示研究主流，发现新兴领域，为技术预见获得提供学科研究基础结构的保障。例如，韩毅等利用基于引文的主路径方法分析了富勒烯领域的领域演化结构，揭示了主路径组分析方法与高被引方法的不同，证明了主路径分析方法的独特性[137]。

张冬梅和曾忠禄在 2010 年指出，专利分析可作为德尔菲法专家技术预见的参考点，克服参考点效应和证实性偏差，例如，他们构建了一个将专利分析与技术环境监测整合在一起的技术预见模型，有效减少专家在预见过程中的认知偏差，增强了技术预见工作的系统性，还可及时确认或修正预见结果[138]。

3. 科学地图方法

科学地图（science map）是一种采用可视化图形来描述科学问题的研究方法，其目的是探究某一特定科学领域的研究前沿[139]。科学地图方法早已被广泛应用于技术预见工作中，在监测科学发展过程中，科学地图方法是一个必需的工具。例如，尹等在 2010 年开发了一个基于关键词的科学地图，用于制定支持有前景的研发领域的政策和长期研究计划[140]。

叶继涛对技术预见与专利地图进行了关联分析，提出了构建基于专利地图基础上的技术预见法，指出将专利地图方法用于技术预见可以用来分析发展态势、研发态势和研发优势，有助于提高技术预见工作中提高知识产权布局的水平，提高预见成果的质量，丰富和完善技术预见方法[141]。

王伟军和王金鹏在 2010 年探讨了将科学地图方法用于技术预见的必要性和可行性，指出将科学地图方法用于技术预见具有以下优势：有助于确定科学发展趋势和把握主流研究领域，有助于客观地选择专家队伍并构建高质量专家组，有助于通过揭示科技演化路径而提高预见能力，此外还可以为技术预见工作提供情报支撑乃至作为技术预见成果的表达形式[142]。

4. 系统与建模

从前文的介绍可见，虽然技术预见的概念和实践已有数十年的历史，然而受困于技术预见理论与实践之间的差距，已有多数研究工作对技术预见主要都是描述性的介绍，为此，安德森（Andersen）等在2014年构建了一个基于创新系统的技术预见理论基础结构和步骤[143]，如图3-12所示。基于此，他们对创新系统方法的理论元素如何在预见的设计与实施过程中发挥作用进行了讨论，并在北欧国家设施管理部门的技术预见工作中对创新系统方法的应用开展了应用研究[144]。巴蒂斯泰拉在2014年讨论了企业预见的设计及组织方案，分析了企业预见的组织结构、协作机制、决策过程和控制系统四个主要方面的关键问题，并围绕这四个方面系统地讨论了提高企业预见成效的方法[127]。

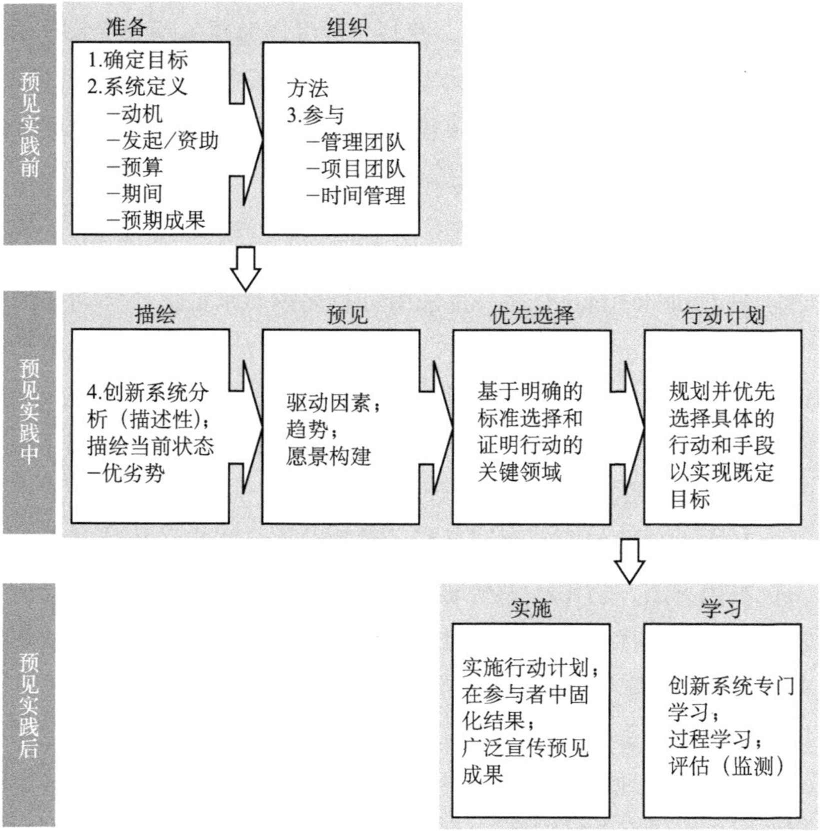

图3-12　技术预见的常规阶段和步骤[143]

建模与系统方法应用和技术预见研究的优势在于以客观的可计算的数据为依据进行预见，可以克服专家小组个人主观判断误差或偏差对预见结果的影响，提高技术预见结果的科学性及准确性。然而，目前在技术预见研究中依然是定性研究占据主流，即使是基于客观数据的计量分析与科学地图分析也仍旧是作为技术预见整个体系中的一个环节或部分，多数情况是作为定性分析的一种客观证据。虽然目前也有一些关于优化实施流程和步骤的研究，但仍停留在操作层面的规范化，还缺少基于模型的系统化、定量化的研究工作。典型的几项与系统和建模研究相关的工作包括：早在 2003 年，萨洛（Salo）等就提出了简单多属性评价方法（SMART）、层次分析法（AHP）、多属性评价中偏好率（PRIME）和数据包络分析（DEA）方法等多指标方法在技术预见领域的应用潜力，并对它们之间的异同及相关性进行了分析。他们指出，与德尔菲法相比，多指标分析的重点在于比较指导未来行动多个选项间的替代性，而德尔菲法强调的是对未来发展潜力的描绘[145]。薛（Shiue）等在 2011 年开发了一个 MASA 预见模型用于评估用于电动汽车工具的未来技术，该研究整合了想象、链接分析规划、马尔可夫链和情景分析方法，同时还对现有模型进行了改进[146]。陈超美在 2012 年提出了一个结构变异模型（structural variation model）用于回答哪种类型的信息能作为潜在的有价值想法的早期信号[147]。

（五）技术预见的发展展望

尽管技术预见已经取得了明显的成功，但其未来应用及影响仍然存在相当大的未知性与不确定性，其未来应用总体上可以从以下四个方面进行体现：①技术预见将成为一种精细的政策制定工具；②技术预见将作为政策制定过程中的内在成分，在政策制定、咨询和实施方面发挥重要的调控作用；③技术预见将成为构建政策制定系统的自反性的引领者；④技术预见还将作为影响力评估的重要工具[120]。

然而，仅依赖当前的方法还很难支撑技术预见实现上述功能，技术预见方法中如何提高基于客观数据的定量研究的比重，如何构建有效的系统化的技术预见模型将成为未来技术预见方法学研究的重点。特别是在当前大数据研究热潮的大背景下，如何从海量的信息中提取有价值的信息，并支撑面向未来的技术预见是当前急需关注并探索解决方案的重点。

同时，在我国，党的十八届三中全会通过的《中共中央关于全面深化改革若干重大问题的决定》明确提出加强中国特色新型智库建设，为各类智库发展提供了广阔的空间和难得的历史机遇。技术预见作为组织开展智库工作的重要方法和手段，随着我国智库建设的稳步推进，技术预见的理论方法研究及实践应用将在我国取得长足的发展。

因此，对于图书情报部门而言，利用自身拥有的数据资源与方法学优势，研究并构建基于大数据、面向技术预见的算法、模型和系统，积极参与到国家、机构和企业各个层面的技术预见实践中去，这将是新时期图书情报系统的一次重大历史机遇。在具体操作上：①建议拥有数据资源的图书情报机构加强特色型、专业型数据库开发与建设工作，特别要重视多源数据、多属性关联关系的构建，为开展基于大数据的技术预见工作提供数据基础；②建议拥有多学科背景人才的新型知识服务型图书情报机构，加强对科技政策、规划、项目、行动、科技史、科技前沿等知识和信息的跟踪和凝练，全面、及时地把握学科新动向；③发挥图书情报机构普遍拥有的信息技术优势和情报分析优势，加强技术与方法的融合，开发支撑技术预见的工具；④充分利用图书情报机构与科研一线人员直接交流的优势，如学科馆员与科研一线科学家的稳定互动关系，组建务实的、高水平的专家团队，有效开展德尔菲分析，针对国家学科布局、学科方向选择、重大项目设置等问题，提出有价值的技术预见建议。

二、生物经济引擎技术预见模型

人类社会的发展离不开技术的进步，未来社会的进步也只能通过更多新技术的出现及更好的管理才能得以实现[148]。然而，并非所有的技术进步都为社会的进步和发展做出实质性的贡献，仅有少数技术进步决定人类社会的突破性发展，可以促进、引领和推动科技发展和技术进步的技术，可以驱动产业快速发展并培育新兴产业的技术，例如，DNA 重组技术就是这种技术，在本书中，我们定义此类技术为引擎技术。然而，引擎技术的出现并非一开始就能为人所知，面对众多的新技术和新概念，人们很难判断哪些技术最终会演变成引擎技术。国家和机构在制订研发计划和重点领域投资时，均存在一定的不确定性和复杂性[121]。如何避免规划和投资的方向性错误，如何准确布局和投资引擎技术，是长期摆在政策和规划制定者面前的一道难题。

那么，对情报研究人员而言，如何预见那些潜在的引擎技术是个意义重大但尚未得以有效解决的问题。特别是对生命科学领域而言，该领域被认为是 21 世纪的主导技术，必将极大地推进社会进步[149]。然而，虽然人们普遍接受 21

世纪将是生物经济时代这一观点，但人们仍迫切地想知道具体哪些技术（特别是新技术）能成为引领21世纪生物经济发展的引擎技术。例如，合成生物学（Syn Bio）利用非天然分子实现自然生物学功能，其目标是创建人造生命[150]，被认为是一种可涉及工程化有机体的强有力技术，并将在未来改变我们的生活——提供廉价的药物、绿色燃料、疾病的靶向治疗[151]。如果这些确能实现，合成生物学或许可被认为是引擎技术。那么合成生物学到底有多大的可能性演变为引擎技术，技术预见分析为回答该问题提供了解决方案。

通过对已有相关研究工作的分析发现，尽管已有很多技术被用于回答众多问题，但有关引擎技术的技术预见的模型构建及应用研究均未见相关报道。因此，笔者在研究已有技术预见的理论和方法基础上，提出了引擎技术预见模型（ITFM），用于预见引擎技术。其主要贡献在于，如果一个引擎技术可以提前被预见，这对科学家、政策和规划制定者及利益相关方而言将具有重大意义——可以确保在制订研发计划和重点领域投资时，避免方向性错误，准确布局和投资引擎技术。

（一）引擎技术的定义与假设

如前文所言，引擎技术是指对该技术所在领域的科技发展和技术进步产生极大的支撑、引领和推进作用，能带动相关产业迅速发展或引领新兴产业诞生的技术。然而，该定义仅揭示了引擎技术的功能及影响，尚缺乏对其内在特征的定义，特别是对引擎技术发展早期阶段的特征更缺乏认识，而这些特征对于识别其是否有潜力演变为引擎技术而言又是至关重要的。为此，我们基于定义提出了以下可表征引擎技术内在特征的四个假设，作为构建引擎技术预见模型的理论基础。

假设1：就技术生命周期角度而言，技术发展过程可以被分为起步期、成长期、成熟期和衰退期四个阶段[152]，本研究提出假设认为，引擎技术一般会较快地从成长期演化到成熟期，并在所在学科领域发挥引领作用。目前，专利数据已经被广泛用于评估特定技术所处的发展阶段，利用专利分析来监测染料敏化太阳能电池这一新兴科技领域的发展阶段，并追踪其潜在的演化路径。其他利用专利分析来评估技术发展阶段的较有影响的研究还包括文献［153］～［155］的研究。受此方面研究的启发，本研究将利用专利数据来揭示引擎技术在不同发展阶段的特定特征。

假设 2：在引擎技术发展过程中，重大政策或计划通常会推动引擎技术的发展。例如，人类基因组计划的实施推动了一系列生物技术的飞速发展[156]，其中就包括 DNA 重组技术，DNA 重组技术在此期间获得了长足的发展，也被认为是生命科学领域的引擎技术。

假设 3：引擎技术拥有较高的合作水平，特别是在专利权人合作方面，得益于技术发展的活跃度高，研发合作和专利转移率高，导致专利权人合作网络更紧密。目前已有大量研究表明合作与科研表现之间存在正相关关系，例如，吉梅拉指出合作可激发创造力并有助于解决旧问题和鼓励新思考[95]；惠特菲尔德指出科学界的合作现象日益显著并决定了团队的成功[96]；乌切提（Wuchty）等发现跨院系的合作会产出更好的科研产出成果[97]；卡托（Kato）等发现了科研表现与国际化程度之间的正相关性[100]。

假设 4：引擎技术拥有更高的影响力。引文分析是用于开展影响力分析最常用的方法之一，最初利用引文进行评价的是汤森路透公司的期刊引征报告（JCR）系统利用引用数据来评价期刊的影响因子。加菲尔德（Garfield）早在 1979 年就指出，引文分析是一种低成本的且有效的测量方法[157]。当前，已有大量方法用于开展基于专利引文信息的未来技术影响力评估中，核心目的是在现有技术中识别哪些可以在未来发挥主导作用[158]。也有一些基于网络的方法用于开展技术影响力分析，例如，高（Ko）等提出了一种基于专利共类的技术影响力网络，用于识别在国家技术体系中特定技术的影响力[159]。本研究则利用专利的引文数据量来比较引擎技术与非引擎技术的影响力。

（二）ITFM 理论框架

为了验证上述假设，本研究选择了四类指标对上述假设进行验证，分别是以下几方面。

（1）技术生命周期指标：专利演化情况用于揭示引擎技术在四个不同发展阶段的演化特征。

（2）国际环境：采用政策、计划或项目作为指标来揭示国际科技环境。

（3）合作－专利权人合作网络：用于揭示特定技术的合作特征，G 代表一个技术的专利权人合作网络，一个无向图 N（G），由 n 个节点（专利权人）组成，用于分析网络特征的指标包括以下几点。

a. 孤立点比例，n_i/n，其中 n_i 表示网络 G 中没有合作者的节点的数量。

b. 最大簇中节点数所占比例，n_{ilc}/n，其中 n_{ilc} 代表最大簇中节点的数量。

c. 簇数与节点数比值，n_c/n，其中 n_c 表示网络 G 中簇的数量。

d. 平均度数，$N(i)$ 代表与专利权人 i 合作的专利权人，其总数就是 i 的度数 $\eta(i) = |N(i)|$，网络 G 的平均度数就是 $\eta(G) = \Sigma_{i \in N}\eta(i)/n$。

e. 直径，最短路径的长度，可用于通过论文数据[69, 84]或专利数据[160]评估技术发展阶段，有一种观点认为，合作网络在不断演化并筹划过程中，网络直径趋向稳定在一定的值或呈现下降趋势。已有研究表明，在一些科技领域的演化过程中，合作网络直径经历初期的快速增长后，趋向于稳定在 12 ～ 14[84]。工业生物技术领域专利权人合作网络的直径趋向于稳定在 12[161]。

（4）影响力：专利的件均被引频次用于表征技术的影响力。

基于上述指标，ITFM 的理论框架可以由表 3-16 表示。

表 3-16　ITFM 理论框架

指标		用于验证相应假设
技术生命周期	专利演化	假设 1
国际环境	政策	假设 2
	计划或项目	
合作－专利权人合作网络	孤立点比例 (n_i/n)	假设 3
	最大簇中节点数所占比例 (n_{ilc}/n)	
	簇数与节点数比值 (n_c/n)	
	平均度数 ($\eta(G)$)	
	直径	
影响力	专利的件均被引频次	假设 4

（三）ITFM 框架的验证与构建

1. 数据与方法

通过对生命科学领域科学家的咨询，本研究选择重组 DNA 技术（RbDNA）和单克隆抗体技术（mAb）作为引擎技术，酶联免疫吸附剂测定（ELISA）技术和发酵技术（FT）作为非引擎技术，用于开展比较研究，验证 ITFM 并对其进行赋值。利用 DII 收录的 20 世纪 70 年代至 2012 年（基本专利年，即 DII 数据库收录的某一专利家族成员中的最早公开年）美国专利作为专利分析数据基础，数据检索日期为 2013 年 5 月。TDA 用于数据清洗和基本统计，SCI^2 工具 (http：//cns.iu.indiana.edu) 用于开展网络分析。四个技术的检索策略见表 3-17。

表 3-17 专利检索策略

	专利检索策略
RbDNA	IPCs: from C12N-015/09 to C12N-015/90
mAb	IP=C12P-021/08
FT	IP=(C12C-011/* OR C12G* OR C12P* OR C12J*) AND TS=ferment*
ELISA	TS=Elisa

2. 结果与分析

1）专利演化分析

为了在同一标准下比较四个技术的专利公开数量，本研究对专利数量进行了标准化处理，将四个技术 2002 年的专利公开数量标准化为 1，其他各年数据与 2002 年数据的比值作为各年标准化数据的值。选择 2002 年的原因是引文 2002 年是除发酵技术外其他三个技术专利公开数量的一个分水岭，图 3-13 呈现了四个技术专利数量逐年演化趋势，两个引擎技术 RbDNA 和 mAb 的专利公开数量在 2002 年达到峰值后的各年总体稳定在一定水平，而两个非引擎技术的专利公开数量则没有稳定迹象，其中发酵技术的专利公开数量依旧呈现出逐年增加的态势，而 ELISA 技术专利公开数量则逐年减少。此时，必须要指出的是美国专利历年公开数量并没有出现激增或稳定态势，而是总体呈现稳步增长的态势，1980 ～ 2012 年，美国专利年均增长率为 4% 左右，由此表明，上述两个引擎技术的专利演化特征有其特殊性，即进入成熟期后专利总量相对维持稳定。

2）国际环境

通过分析两个引擎技术的发展历史可见，人类基因组计划极大地推进了两个引擎技术从成长期快速进入了成熟期，然而，两个非引擎技术虽然也受益于人类基因组计划的推动，但并未表现出进入成熟期的特征。事实上，除人类基因组计划外，还有很多重大计划推动了引擎技术的发展，例如，美国曾经发布了首个《重组 DNA 技术研究指南》用于规范相关研究。直到现在，美国政府仍旧不断出台激励政策来维持引擎技术的驱动功能，例如，美国联邦法院裁定合成 DNA 可被授予专利，这将再一次推进 RbDNA 技术的发展。

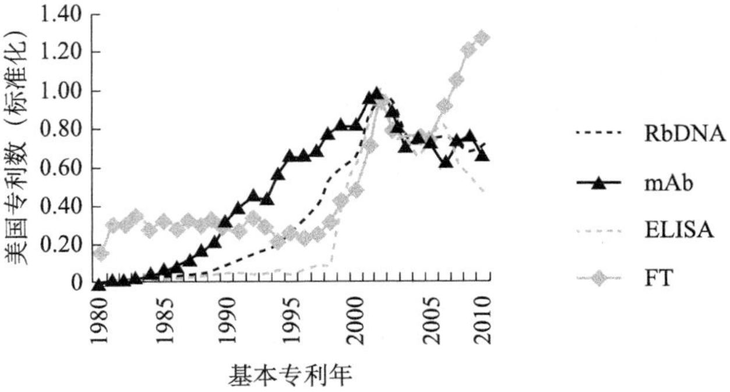

图 3-13　美国专利增长态势

基于 2002 年专利公开数量进行标准化，2002 年 RbDNA、mAb、ELISA 和 FT 技术美国专利公开数量分别为 5616、506、621 和 392

在工业领域的技术起步期，通常仅有少数几家专业公司，而在成长期和成熟期的早期阶段，专业公司的数量则呈现井喷式增长。例如，得益于 RbDNA 技术的发展，首家生物技术公司基因泰克（Genentech）在 1976 年成立。一旦引擎技术进入成熟期，相关工业领域也将快速扩张，例如，mAb 的市场额从 2002 年的 40 亿美元激增到 2006 年的 260 亿美元。

3）专利权人合作网络

图 3-14 和图 3-15 以可视化图形的方式呈现了四个技术的专利权人合作网络的演化特征。其中，图 3-14（c）表明，随着时间的演化，四个技术的孤立点比例逐年下降并趋向于稳定在一定的水平，然而，两种引擎技术的孤立点比例显著低于两个非引擎技术，后者的该比值是前者的 2 倍左右。随着孤立点的减少，越来越多的节点通过合作形成较大的簇，且许多小的簇也会合并为更大的簇，也会不断有小的簇和孤立点融入最大的簇当中。需要指出的是，在本节分析中，一个孤立点也被作为一个簇来统计，因此，拥有高合作水平的网络的簇数相对较少，原因在于有更多的孤立点和小的簇倾向于合并为更大的簇，这样，合作表现较好的网络通常拥有更大的读，簇数与节点数比值低［图 3-14（a）］。图 3-14（b）呈现了四个技术专利权人合作网络中最大簇中节点数所占比例的信息，两个引擎技术进入成长期以后，最大簇中拥有的节点数占全部节点数的一半左右，明显高于两个非引擎技术的该比值。

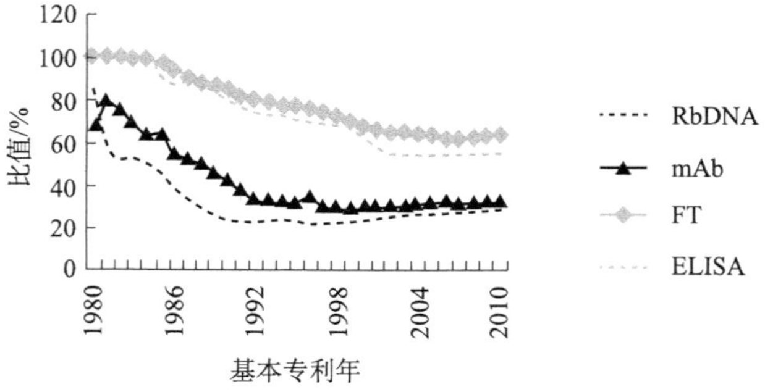

（a）簇数与节点数比值

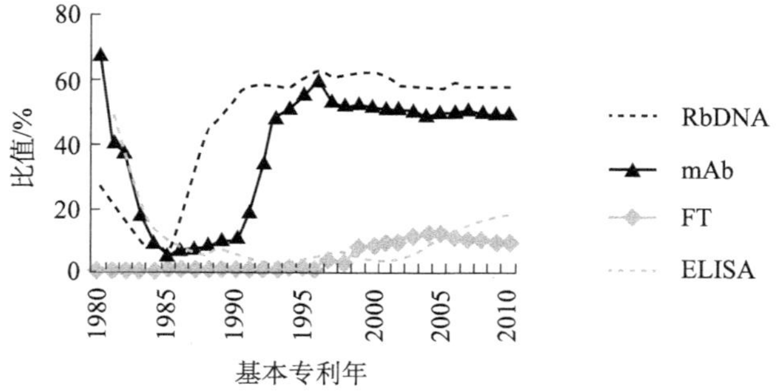

（b）最大簇中节点数所占比例

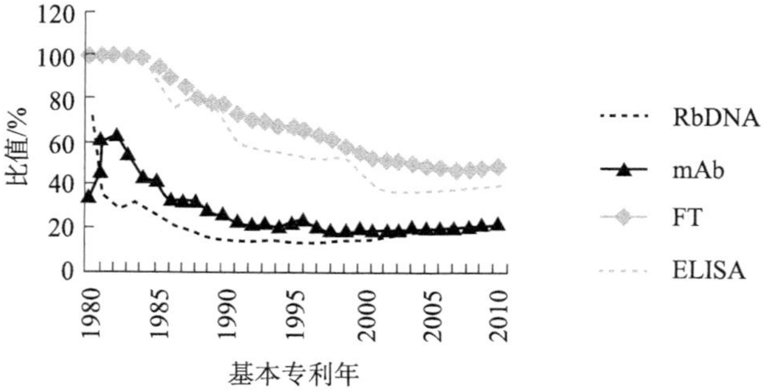

（c）孤立点比例

图 3-14　专利权人合作网络特征

得益于良好的合作表现，两个引擎技术专利权人合作网络的平均度数始终高于两个非引擎技术，在两个引擎技术的成熟期阶段，这种差异在 3 倍左右，在起步期和成长期的差距更大。两个引擎技术的网络直径在进入成熟期后稳定在 12 左右，而两个非引擎技术的网络直径则没有稳定的迹象。

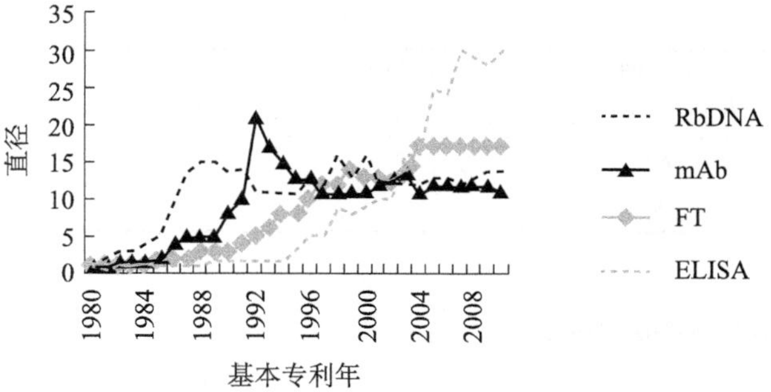

(a) 直径

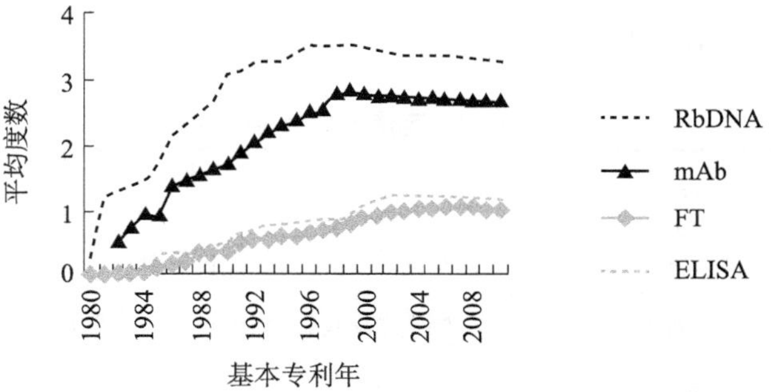

(b) 平均度数

图 3-15 专利权人合作网络直径和平均度数

4）影响力

图 3-16 和表 3-18 呈现了四个技术美国专利被引情况。数据表明，在整个生命周期范围内，两个引擎技术的美国专利件均被引频次是两个非引擎技术的 4 倍左右，特别是在起步期和成长期，引擎技术的影响力更高，随着时间的推移，这种影响力的优势则逐步减弱。

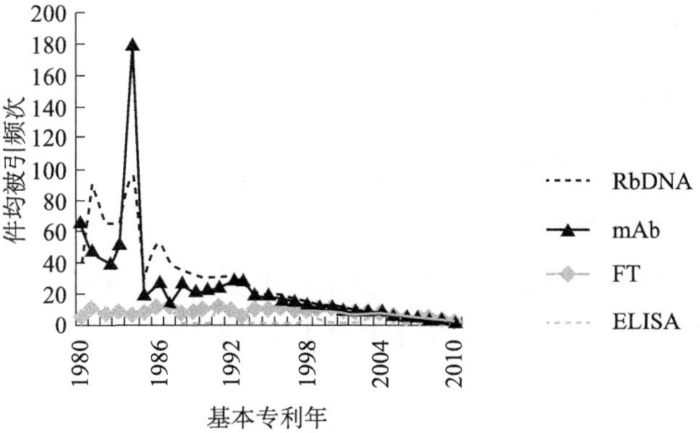

图 3-16 专利件均被引频次

表 3-18 专利件均被引

分类	起步期（1980～1986年）	成长期（1987～1993年）	成熟期（1994年至今）	1980～2010年
引擎技术	62	28	9	25
非引擎技术	8	7	5	6

（四）ITFM 定量模型

通过以上针对四个技术的比较分析，可以将引擎技术不同发展时期的特征进行定量归纳，见表 3-19。

表 3-19 定量 ITFM 模型

指标	内容	起步期（1980～1986年）	成长期（1987～1993年）	成熟期（1994年至今）
技术生命周期	专利演化	稳步增长	稳步增长	稳定（无稳定迹象）
国际环境	政策、计划或项目	新驱动，制定专项政策	重大计划显著驱动	依旧出台针对性的政策、计划
	产业	创业公司	公司数急剧增长	产业快速扩张
合作—专利权人合作网络	孤立点比例 (n_i/n)	40% (95%)	20% (70%)	20% (50%)
	最大簇中节点数所占比例 (n_{ilc}/n)	20% (10%)	35% (3%)	55% (10%)
	簇数与节点数比值 (n_c/n)	60% (97%)	35% (80%)	30% (65%)
	平均度数 (η(G))	1 (0.1)	2 (0.5)	3 (1)
	直径	3 (1)	12 (3)	稳定在 11～14（无稳定迹象）
影响力	专利的件均被引频次	62 (8)	28 (7)	

注：括号内为非引擎技术在相应发展阶段的值

（五）实证分析

为了检验上述构建的 ITFM 模型是否具有实用性，是否可用于判断一个技术演化为引擎技术的潜力，本研究以合成生物学技术为例，开展实证分析，判断该技术未来是否有潜力成长为引擎技术。本研究基于赖斯（Reiss）对合成生物学的定义中的Ⅰ和Ⅱ部分，从 DII 平台下载 20 世纪 70 年代到 2010 年的美国专利，下载日期为 2015 年 7 月。

下面从两个角度将合成生物学与 ITFM 模型进行对比。

首先，从专利演化角度比较。图 3-17 呈现了合成生物学与两个引擎技术和两个非引擎技术的演化情况。结果显示，虽然合成生物学概念在最近 10 年的时间里才获得极大的关注，但其也有较长的研究历史。图 3-17 显示出，如果按照

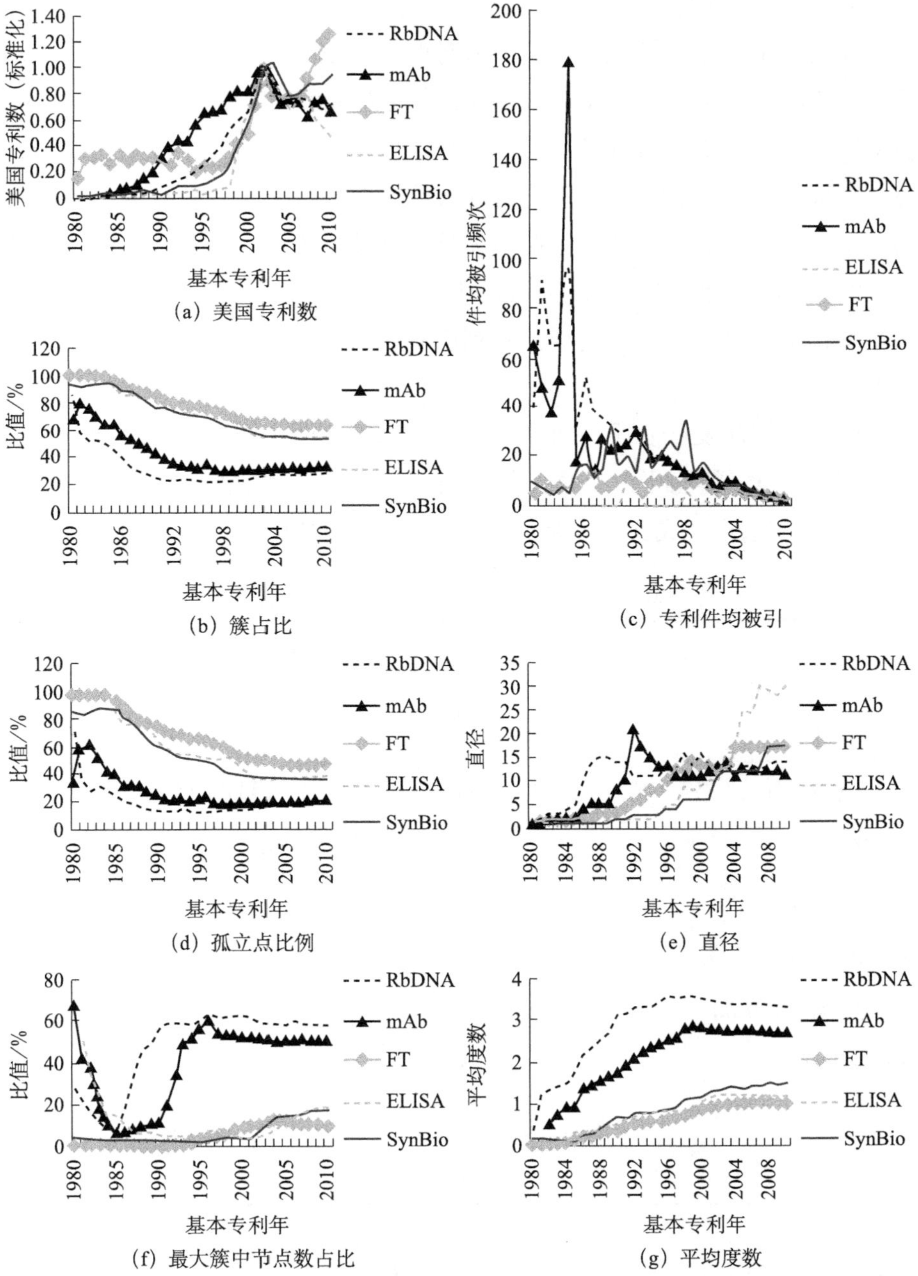

图 3-17　合成生物学演化特征与四个技术比较

2002 年合成生物学美国专利数为 325

自然时间统计，合成生物学的演化特征与两个非引擎技术的特征更为接近，因此，从这个角度来看，合成生物学或许仅是非引擎技术。

然而，合成生物学美国专利的件均被引频次却显著高于两个非引擎技术，特别是在两个引擎技术的成长期，该值与两个引擎技术相近。从网络直径图也可发现，合成生物学专利权人合作网络的直径尚未呈现出稳定在成熟期的迹象，且在多数年份中均低于其他四个技术，仅在 2008 ～ 2010 年呈现出急剧增长的态势。合成生物学所具有的这两个特征表明，合成生物学或许还处于发展的成长期。事实上，合成生物学的起源与另外四个技术不同，合成生物学并不是一个全新的技术，而是在包括 RbDNA 和 FT 在内的现有技术基础上衍生出的一个技术概念，也就是说，尽管其相关专利已有较久的发展历史，但作为一个技术概念尚处于发展的早期阶段。

为此，我们从发展阶段的角度将合成生物学与两个引擎技术和两个非引擎技术进行在 ITFM 模型中的定量比较。我们将合成生物学美国专利数开始快速增长的 1999 年选定为成长期的起始年。成长期定量比较结果见表 3-20。

表 3-20　合成生物学与 ITFM 定量比较

指标	成长期		
	引擎技术	SynBio (1999 ～ 2010 年)	非引擎技术
政策、计划或项目	重大计划显著驱动	重大计划显著驱动	
专利演化	稳步增长	快速增长	快速增长
孤立点比例 (n_i/n)	20%	38%	70%
最大簇中节点数所占比例 (n_{ilc}/n)	35%	12%	3%
簇数与节点数比值 (n_c/n)	35%	63%	80%
平均度数［η(G)］	2	1.4	0.5
直径	12	6 ～ 18	3
专利的件均被引频次	28	8	7

表 3-20 结果表明，合成生物学有 5 个指标的值与引擎技术相近，有 3 个指标的值与非引擎技术相近，合成生物学看似更倾向于作为一个引擎技术或有潜

力演变为引擎技术。

可见，上述两个角度的比较分析得到了相反的结论。有一点需要指出的是，不同技术通常拥有不同的发展历史，进入成熟期的时间也不尽相同。基于近年来对合成生物学的研究，合成生物学或许正处于发展的早期阶段——成长期，那么，合成生物学美国专利权人合作网络的相关指标还会发生变化——孤立点比例、簇与节点数比值还会下降；最大簇中节点数所占比例和专利件均被引频次还会上升。进而，合成生物学将更加趋近于引擎技术。

三、小结

本研究在定义了引擎技术、提出基本假设的前提下，研究了 ITFM 的构建、验证和实证分析，毫无疑问，本研究是对众多科学家、政策制定者和利益相关方均有吸引力的研究主题。本研究的理论基础是前文提出的四个假设与引擎技术表现之间的正相关性，并以生命科学领域的两个引擎技术（RbDNA 和 mAb）和两个非引擎技术（ELISA 和 FT）为对象开展了验证研究，最终构建了包含四大类指标的 ITFM 并用于针对合成生物学的实证分析。

本研究所构建的模型仍然还存在一些不足。① ITFM 模型仅能用于评价已有技术是否有潜力演化为引擎技术，而无法预见未来技术。②实证分析表明，ITFM 可以评价一个已有技术，并对其演化为引擎技术的潜力作出有效评估。然而，利用该模型对某技术作出判定时仍需慎重，该模型当前更加适用于生命科学领域的技术评估，尚未在其他学科领域进行试验和应用。目前，ITFM 的相关参数值均来自生命科学领域的四个技术，这些值或许在其他学科领域会有较大的不同，事实上，即使是在生命科学领域，不同引擎技术也可能会有不同的值，因此，当前 ITFM 中的值在用于其他技术的评估时，仅应作为参考值。③引擎技术预见是一项非常复杂的工作，很难仅通过有限的模型或算法就能作出准确的判断，势必还存在更多的、有效的指标可用于揭示引擎技术的特殊特征。因此，本研究仅仅是开展引擎技术预见工作的开始和初步尝试。最后，ITFM 是一个灵活的、可调整的模型，根据具体任务，模型中的参数可以进行取舍。

即使 ITFM 模型被严谨地、准确地在某一特定领域进行了应用，我们还需要特别指出，ITFM 的得分和表现并不是一个技术真正具有潜力演化为引擎技术的充分和必要条件，ITFM 仅能作为一个参考，并不能作为决策的唯一依据。

第五节 专利合作网络分析

社会网络分析在专利分析中应用的一个重要方向就是专利合作网络研究，可以将国家、专利权人和发明人作为节点，从专利合作的角度开展社会网络分析，用于发现他们之间的相互合作强度及竞合关系，挖掘研发团队成员之间关系和团队规模。

一、专利权人合作网络研究

专利权人合作网络分析主要用于发现专利权人之间的相互合作强度及竞争合作关系，包括研发合作、专利权转移所产生的关联关系，进而分析专利权人与外界在技术创新方面的合作与交流情况。

（1）通过分析共同申请人（如基于研发合作）而产生的专利权人合作网络，可以发现机构在技术研发阶段整合或利用外界技术优势或资金优势的力度，这种合作网络属于无向网络。

（2）通过分析基于专利权转移而产生的专利权人合作网络，可以发现机构专利的产业化价值与市场潜力，这种合作网络属于有向网络。

（3）将分别基于技术研发阶段的无向图和基于专利权转移的有向图进行整合，则可以分析两种网络图的中心节点是否存在重合或某种关联。

然而，由于专利的特殊性，其专利权人也会因专利权的转移而发生增加或变更，鉴于本节实证研究均以 DII 数据库作为主要数据来源，而该数据库在专利权人著录项中没有对专利权人的性质进行区分，因此，本节主要研究不区分研发合作和专利权转移的共同专利权人的整合网络（无向图）。

（一）专利权人合作网络研究进展

度数相关性（degree correlation）是研究网络结构的有效工具之一，井上（Inoue）等对日本专利权人的合作网络分析发现，专利权人合作网络的节点度数之间呈现零相关；此外，节点度数分布满足幂律分布特征，节点簇系数之间呈现负相关[161]。该项研究令条件概率 $p_c(k'|k)$ 代表度数为 k 的节点与度数为

k' 的节点之间的关系，节点度数零相关时，节点的度数不相关，即 $p_c(k'|k)=p_c(k')\,k'\propto p(k')$；相反，当 k' 明确依赖 k 时，此时的网络具有分层结构，节点度数存在关联，由于链接数量巨大，此时计算 $p_c(k'|k)$ 则尤为困难，最实用的算法是 $<k_{nn}>=\sum_k k' p_c(k'|k)$[161]。

在研究网络的节点度数分布特征时，通常情况下，研究人员采用最小二乘法用于拟合和估算幂律分布的斜率。该方法有两个致命的瑕疵：其一，无法确定节点度数分布是否真正满足幂律分布；其二，无法确定哪部分分布符合幂律分布特征。为此，克劳赛特（Clauset）等[162]提出了一种将最大似然法和基于K-S 检验的适合度测试方法整合在一起的方法，首次解决了上述两个难题。该方法的算法如下：

在节点度数不相关的情况下，幂律分布定义为 $P(x)=\dfrac{x^{-\alpha}}{\zeta(\alpha,x_{\min})}$，其中 $\zeta(\alpha,x_{\min})=\sum_{n=0}^{\infty}(n+x_{\min})^{-\alpha}$，$x_{\min}$ 是最小临界点，α 是标度参数。在累积分布里，方程定义为 $P(x)=\dfrac{\zeta(\alpha,x)}{(\alpha,x_{\min})}$，其中 α 是基于 $x_{\min}$ 通过以下方程估算获得：$\hat{\alpha}\backsimeq 1+\left[\sum_{i=1}^{n}\ln\dfrac{x_i}{x_{\min}-(1/2)}\right]^{-1}$，其中 $\hat{\alpha}$ 是 α 的估计值。$x_{\min}$ 是未知的，需要进行设定，当 $x_{\min}$ 设定后，可以计算拥有该值的模型与实际累积概率之间的距离，计算该距离的方法之一是 K-S 检验——$D=\max_{x\geqslant x_{\min}}|S(x)-P(x)|$，$S(x)$ 是实际数据的累计分布。

专利权人合作网络具有无标度网络的特征，在研究无标度网络的增长模型时，鲍劳巴希和艾伯特[7]在 1999 年提出的偏好依附模型（preferential attachment model）最为常用，新节点选择现有节点进行链接的概率是 $\Pi(k_i)=k_i/\sum k_i$，其中 k_i 是节点的度数。基于此模型得到的节点分布函数满足 $p(k)\propto k^{-3}$。然而，该增长模型并未考虑链接的距离因素，为此，井上等[163]在 2010 年又采用对偏好依附模型的改良增长模型（growth model）对日本专利权人的合作网络的发展进行了研究，他们采用的算法是：从一个拥有 m_0 个节点的完整网络出发不断增加节点，增加 m 个链接，链接增加的概率公式为 $\Pi(k_i,d_{ij})\propto k_j^{\alpha}/d_{ij}^{\sigma}$，其中 i 代表新增节点，j 代表已有节点，k_j 是节点 j 的度数，d_{ij} 是节点 i 和 j 之间的地理距离，α 和 σ 是常数。

（二）中国科学院专利权人自我社会关系合作网络演化特征分析

本研究以DII数据库为数据来源，首先，以中国科学院基本专利年为1985～2009年的发明专利数据为数据基础，将整个中国科学院作为一个节点，研究其与国内外专利权人（大学、企业、科研机构等，统称“院外合作者”）的自我社会关系合作网络；其次，以院属各研究所为节点，研究各研究所之间及与院外合作者的全球合作网络。中国科学院专利数据集构建日期为2010年11月，专利分析采用的主要分析工具包括TDA、NWB和SCI^2等。

中国科学院作为国家战略科技力量，致力解决关系国家全局和长远发展的基础性、战略性、前瞻性的重大科技问题，致力促进科技成果转移转化与规模产业化，致力提升中国科学技术国际竞争力，引领我国自主创新和科技进步，支撑我国科学发展与和谐发展。中国科学院是我国最大的国立科研机构，拥有百余家研究所，科研实力全国领先，专利研发活跃。自1985年我国专利法实施以来就始终有发明专利产出，且逐年递增。1985～2009年，中国科学院约总计申请发明专利2.6万件，数据规模适中，是作为特定专利权人关联网络演化分析的较好样本。

中国科学院自我社会关系合作网络以整个中国科学院为一个节点，研究其与院外专利权人之间的合作网络及演化情况。

1. 中国科学院发明专利申请数量增长趋势

图3-18（a）展示了中国科学院逐年发明专利申请数的发展情况，1985～2009年，中国科学院各年发明专利申请数量总体上呈现出逐年递增的态势，年均增长率达到23%，特别是进入1998年以后，增长态势更为显著，年均增长率达到28%，而1985～1997年的年均增长率仅为17%。1998年以后，中国科学院发明专利数量迅速增长的原因可能有三个：首先，我国机构近年来对专利申请的重视度逐渐提高；其次，受到国外机构在我国进行专利布局的竞争冲击，自身也必须作出反应，积极布局专利保护，以求在竞争中占据有利位置；最后，中国科学院在1998年开始实施的知识创新工程极大地推进了其创新能力的提升与科研产出的增加，这也许是1998年以后中国科学院发明专利申请数量快速增长的最重要的原因。

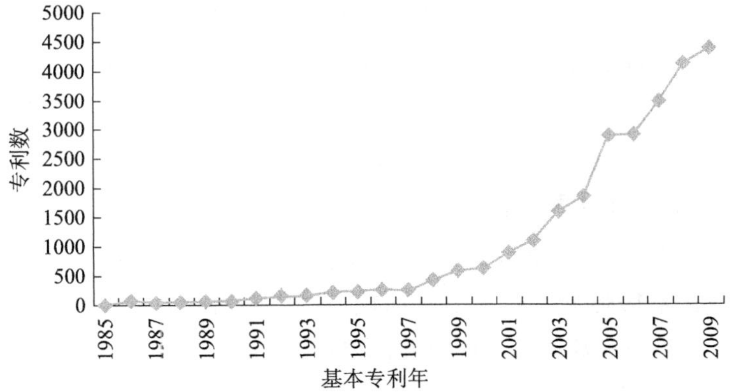

(a) 逐年增长趋势

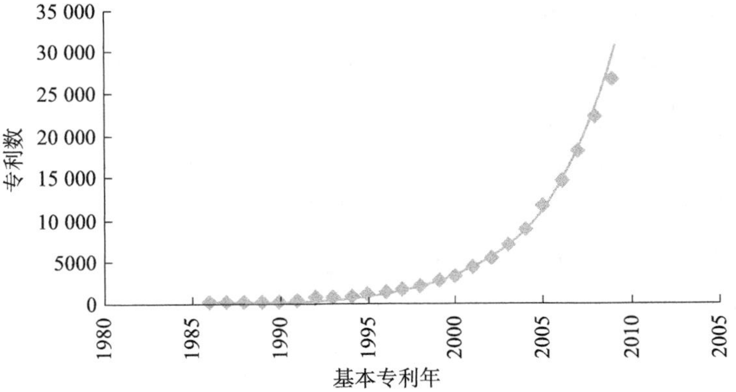

(b) 累积增长趋势

图 3-18　中国科学院专利申请数增长趋势（1985 ～ 2009 年）

图 3-18（b）显示了中国科学院逐年累积的发明专利数量，采用非线性回归得到其累积增长曲线的方程为

$$F\ (t)\ =67.7\mathrm{e}^{0.25t}$$

其中，$F\ (t)$ 代表中国科学院 1985 ～ 2009 年的发明专利累积数量，t=2 代表 1986 年（r^2=0.9942，t>1）。由于中国科学院在 1985 年没有专利公开，因此曲线中不含 1985 年，图 3-18（b）曲线表明中国科学院的发明专利逐年累积演化情况符合指数增长特征。

2. 合作者的增长

研究发现，发明专利数量的增长特征与合作者的增长特征不同，最典型的一个特点是，合作者可以在首次出现后的年份里再次出现，但在演化网络里则不重复计算。

图 3-19 演示了 1985 ～ 2009 年中国科学院专利合作者的年度（annual）数量及逐年累积（cumulative）数量的变化情况，利用非线性回归得到合作者累积增长曲线的方程为

$$C(t)=0.3847e^{0.27t}$$

其中，$C(t)$ 代表中国科学院 1985 ～ 2009 年的发明专利合作者逐年累积数量，t=2 代表 1986 年（r^2=0.9718，t>1）。由于中国科学院在 1985 年没有专利公开，因此曲线中不含 1985 年，逐年累积曲线表明中国科学院的发明专利合作者逐年累积演化情况符合指数增长。同时我们发现，2008 年和 2009 年合作者的数量呈现不规律地减少态势，并偏离了指数曲线。导致这种非正常偏离的最可能原因是一些潜在的合作者并非是参与到专利研发过程的合作者，而是接受中国科学院发明专利技术转移转化的权利受让人，理论上讲，只要专利权有效，就可能被转移或转化。然而，我们查阅了一些发生专利权转移的专利文献发现，专利权的转移大多发生在发明专利公开与授权之间或在授权后的最初几年内，这意味着 2008 年和 2009 年的一些发明专利由于尚未授权（截止数据集构建日期为 2010 年 11 月 1 日），一些潜在的权利受让人还未出现，进而导致这两年合作者数量的减少。

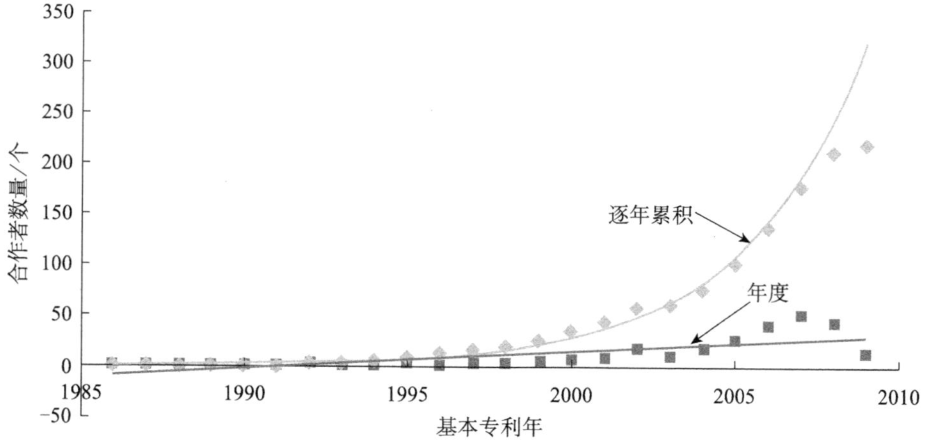

图 3-19　中国科学院发明专利合作者数量增长趋势图（1985 ～ 2009 年）

3. 合作网络的稠化与增长

贝当古等指出，随着学科领域的发展，其研发合作网络也会变得越来越稠密，这意味着随着时间的发展，平均每个节点（作者）拥有的链接数逐渐增加，

节点数与边的关系符合下面简单的标度律，其中标度指数 $\alpha>1$[84]。

$$\text{edges} = A\ (\text{nodes})^{\alpha}$$

其中，A 和 α 是常数，标度指数 α 与网络规模（节点数目）无关。

本节实例研究中的数据（图 3-20）显示，随着时间的发展，合作者的数目逐渐增加，那么，是否中国科学院专利权人自我社会关系合作网络也表现出类似的标度律（$\alpha>1$）。为了回答这问题，我们分析了中国科学院自我社会关系合作网络中节点数与边数的关系（图 3-20）。其中节点代表整个中国科学院及其合作者，标度指数 $\alpha=1.06$。该值较低，说明中国科学院自我社会关系合作网络稠化进程较为缓慢，即随着合作者加入自我社会关系合作网络，我们并未检测到边数的更快速增长。由于在 1991 年之前没有合作者，数据起始年份为 1992 年。

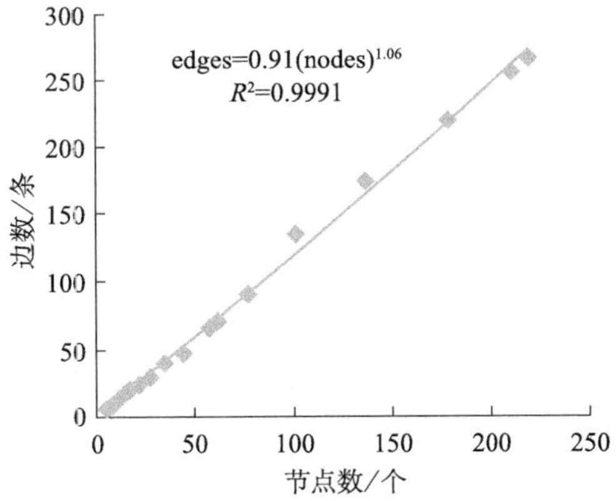

图 3-20　中国科学院自我社会关系合作网络的稠化标度律

4. 网络直径

莱斯科韦茨等的研究发现[85]，随着网络的增长网络直径倾向于降低，直径的降低意味着合作网络越来越稠密。贝当古等发现科技领域的合作网络在初期直径快速增长，然后稳定在 12 ～ 14 左右[84]。在自我社会关系合作网络中，中国科学院位于网络的中央并且与所有合作者都存在直接链接关系，网络没有孤立点，所以网络的直径（指任意两节点间的最长距离边数）始终为 2。

（三）中国科学院专利权人全球合作网络演化特征分析

中国科学院自 1949 年创建以来，历经 60 多年的发展，许多研究所发生过改名、重组或新建等情况，目前已拥有 120 余家研究所，本节为了分析研究所合作网络的演化情况，特对改名、重组的情况统一根据目前名称进行清洗，以使每个名称对应唯一一个机构，最终获得 125 个研究所。

1. 研究所与合作者的增长

图 3-21 显示了中国科学院发明专利全球合作网络中专利权人（包含院属研究所和院外合作者）数量增长趋势图，其与图 3-19 的中国科学院自我社会关系合作网络合作者数量增长特征总体一致。利用非线性回归得到专利权人累积增长曲线的方程为

$$C(t)=26.47\mathrm{e}^{0.11t}$$

其中，$C(t)$ 代表中国科学院 1985 ～ 2009 年的专利权人逐年累积数量，t=2 代表 1986 年（r^2=0.9803，t>1）。逐年累积曲线表明中国科学院发明专利的专利权人逐年累积演化情况符合指数增长。

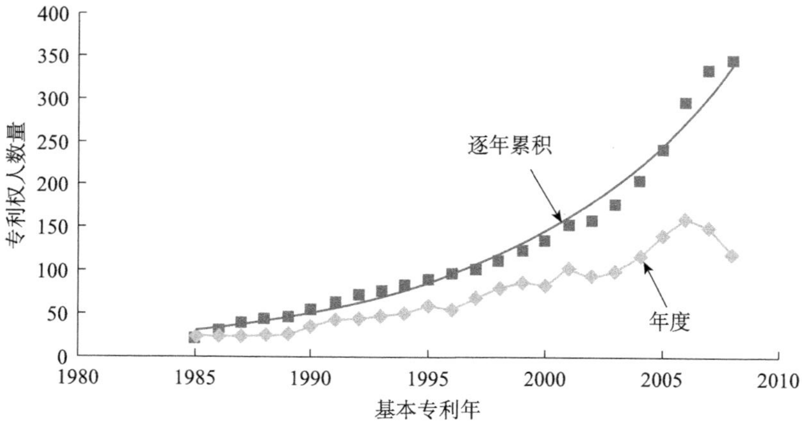

图 3-21　中国科学院发明专利专利权人数量增长趋势图（1985 ～ 2009 年）

然而，全球合作网络的专利权人数增长曲线与自我社会关系合作网络的合作者增长曲线相比则显得更加平缓，这种差异源自 1985 年以来有专利产出的研究所数量的增长的影响。通过分析院属研究所的数量增长曲线发现（图 3-22），院属研究所逐年累积数量增长曲线是非线性的对数增长曲线，方程为

$$C(t)=40.115\ln(t)-20.035 \tag{3-5}$$

其中 $C(t)$ 代表中国科学院 1985 ～ 2009 年的研究所逐年累积数量，t=2 代表 1986 年（r^2=0.9479，t>1）。这与合作者累积数增长曲线完全相反。

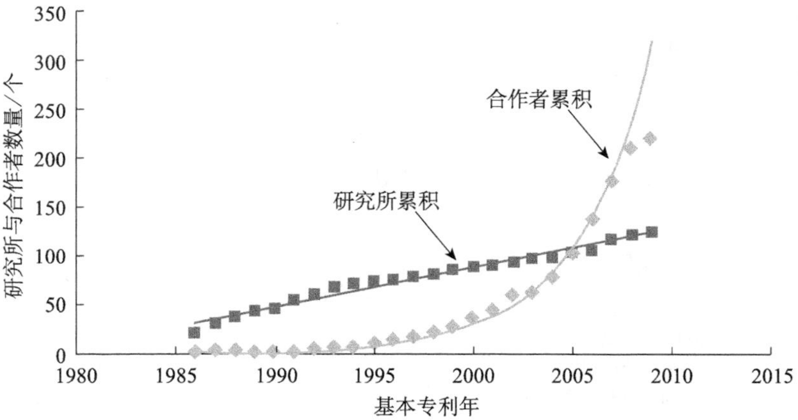

图 3-22　中国科学院发明专利院属研究所与合作者数量增长趋势比较图（1985 ～ 2009 年）

图 3-22 清晰显示，1986 年中国科学院仅有 20 家研究所有专利申请，这 20 家也是中国科学院最早申请专利的 20 家研究所，在随后的几年内这个数字迅速增加到 1991 年的 53 家。然而，1992 年以后，拥有专利产出的研究所的数量则呈现出缓慢增长的态势。事实上，研究所的数量也不可能保持始终增长，迄今为止，几乎中国科学院所有的研究所都有专利产出，以后这个数量的增长将完全依赖于新建研究所，例如，在 2007 ～ 2009 年，研究所累积数量均超过了对数曲线，主要原因都是新建研究所造成的，如中国科学院深圳先进技术研究院、中国科学院苏州纳米技术与纳米仿生研究所等。可以预见，新建研究所也不可能不停增长，因此，如果全球合作网络依旧想保持专利权人数量的累积增长曲线呈现指数增长态势，将依赖于不断有新的合作者的不断增加。

2. 全球合作网络的稠化与增长

利用标度指数测度中国科学院全球合作网络中节点与边的关系（图 3-23），节点代表研究所和合作者，数据起始年份为 1992 年。

图 3-23（a）显示全球合作网络的标度指数 α 值高达 2.73，说明在中国科学院发明专利全球合作网络中，随着有专利产出的研究所数量及合作者数量的不断增加，专利权人之间的合作行为增长得相对更为快速。全球合作网络的标度指数（α=2.73）显著高于自我社会关系合作网络的标度指数（α=1.06），这意味着研究所之间的合作增长速率高于研究所与合作者之间的合作增长速率。

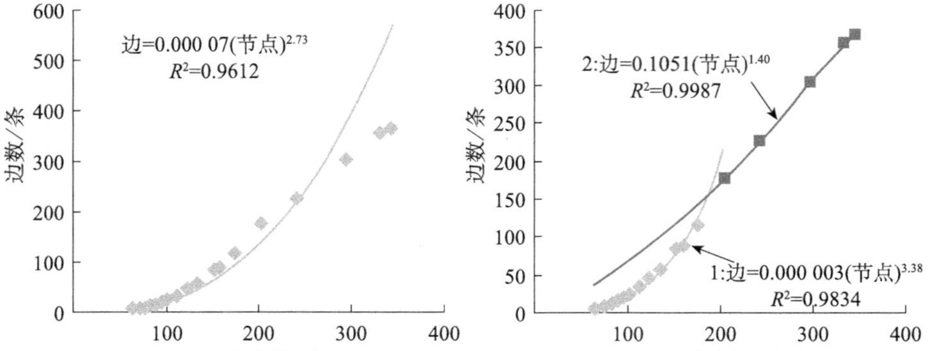

(a) 1992～2009年

(b) 1992～2005年

(其中1为1992～2005年，2为2005～2009年)

图 3-23　中国科学院全球合作网络的稠化标度律

然而，图 3-23（a）的指数回归曲线与真实数据拟合度较低（R^2=0.9612），分析发现在 2005 年存在一个明显的拐点，为了观察 2005 年前后的网络增长特征的差异，图 3-23（b）分别对 1992 ～ 2005 年与 2005 ～ 2009 年的标度律进行了分析，标度指数分别为 α=3.38 和 α=1.40。数据说明在 2005 年以前中国科学院全球合作网络稠化的速率非常快，而 2005 年以后这种稠化现象则明显放缓。原因可能包括：首先，研究所的数量只有 125 个，尽管某些边可以变得越来越强，但研究所之间的合作边数不可能总是持续增长；其次，最近几年节点数的增加主要依赖于新建研究所和新的合作者，因此在缺乏研究所之间合作增加的支撑下，主要由新建研究所和新合作者的增加所主导的节点的增加行为则相对抑制了 α 值。

3. 网络直径

在中国科学院全球发明专利合作网络中，网络直径从 1994 年的 1 增加到 2009 年的 16，迄今尚没有明显迹象表明直径是否会继续增长或保持在现有水平维持不动，或逐渐降低。基于网络直径保持稳定不变或降低将代表网络的转型这一理论假设，那么我们尚无法确定中国科学院的全球发明专利合作网络什么时候会发生网络转型。

4. 中国科学院全球合作网络的特征

历经 25 年的发展，中国科学院有越来越多的研究所与其他研究所或合作者建立了合作关系，截至 2009 年，总计有 125 家研究所拥有发明专利申请，总计有 219 个合作者。这 344 个专利权人构建了最终现有的中国科学院发明专利全球合作网络，其中包括一个主成分包含 252 个节点，2 个包含 6 个节点的弱成分，2 个包含 4 个节点的弱成分，7 个包含 3 个节点的弱成分，7 个包含 2 个节点的弱成分，以及 37 个孤立节点（均是研究所）。数据表明中国科学院有 30% 的研究所虽然申请了专利，但在专利活动中与院内其他研究所及院外研究机构均无合作关系。最终合作网络节点与度数分布满足幂律分布特征（图 3-24），各年网络演化情况如图 3-25 所示（仅列举部分年）。

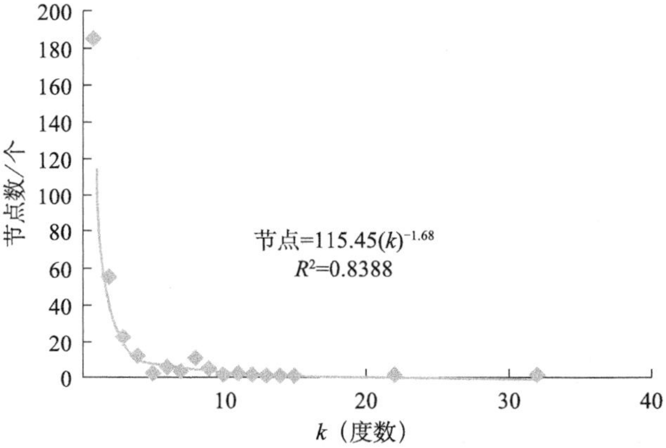

图 3-24　中国科学院全球合作网络节点度分布特征（1985 ～ 2009 年）

图 3-26 显示了全球合作网络的最大主成分，包含 252 个节点，其中 60 个节点（占 125 个研究所数量的 48%）是院属研究所，192 个节点为院外合作者。通过计算网络的中间中心度（betweenness），在网络中标注了中间中心度最大的 10 个节点 B1 ～ B10，其中有 3 个节点为院外合作者，它们分别是 B4、B7 和 B10，其他 7 个则是专利产出数量也位居前列的院属研究所。这些高中间中心度的节点对网络的演化起到了重要的调控作用，特别是院外的 3 个合作者对中国科学院发明专利合作网络的贡献不容忽视。在未来的工作中，我们将深入剖析这些节点在促进网络演化中所发挥的作用。

（四）工业生物技术专利权人合作网络演化特征实证分析

工业生物技术是以微生物或酶为催化剂进行物质转化以生产工业品的生产加工技术，因近年来人们对能源短缺、环境污染与气候变化问题关注度的日益提升，工业生物技术研究在进入 21 世纪以来获得了高度关注，在全球范围内研发处于活跃水平，专利合作和转移等行为活跃，对此时间区间的专利合作和转移行为进行分析更有利于获得专利权人合作网络演化的共性规律与特征。同时，2000 ～ 2010 年全球总计约有工业生物技术发明专利产出 13.5 万件，与生物技术、信息技术等其他学科相比，数据规模相对较小，是作为学科领域专利权人

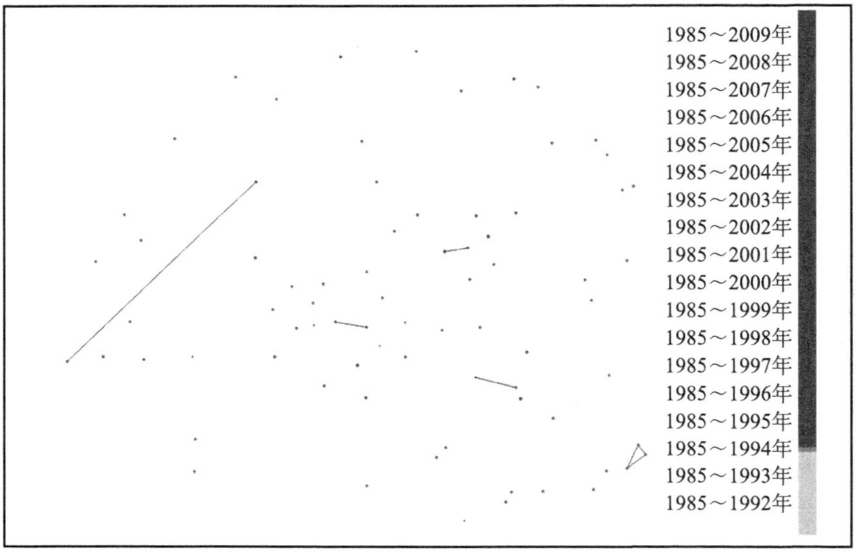

(a) 1985～1994年

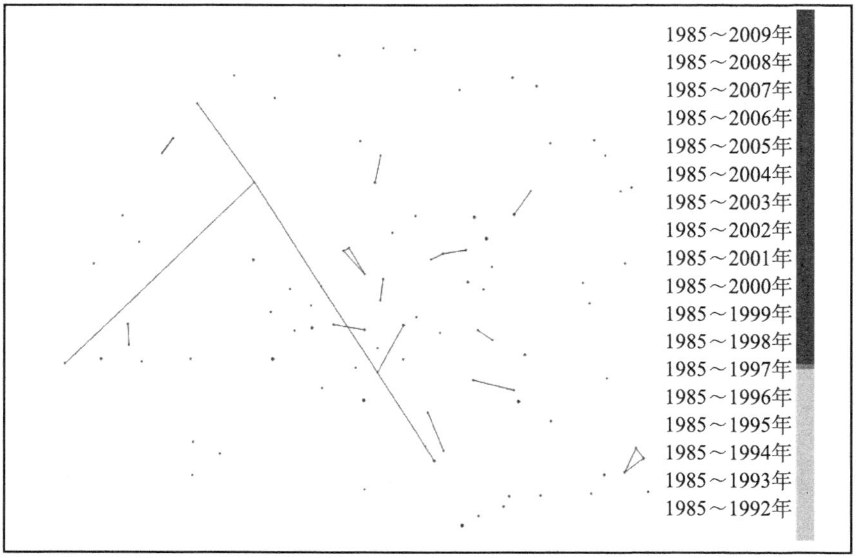

(b) 1985～1997年

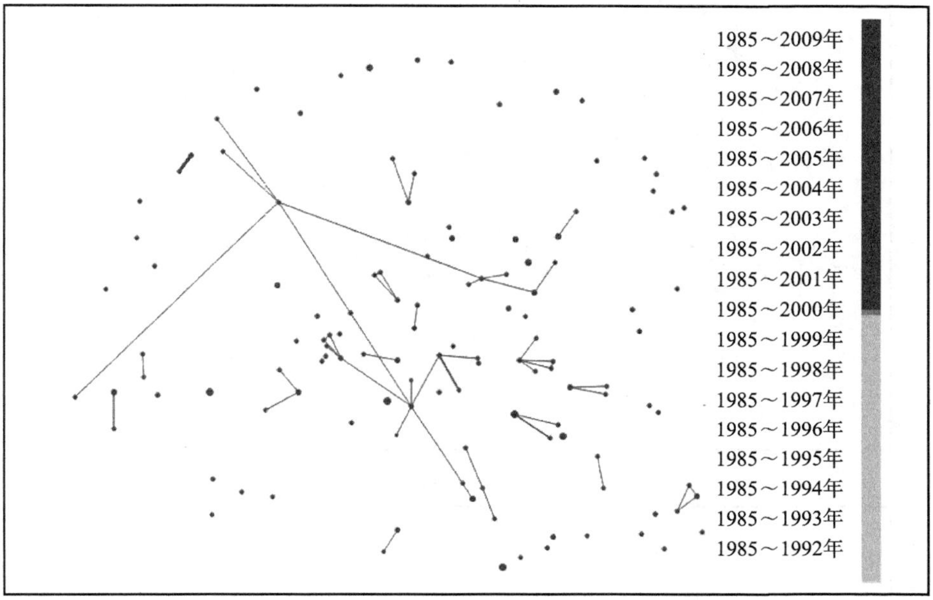

（c）1985～2000年

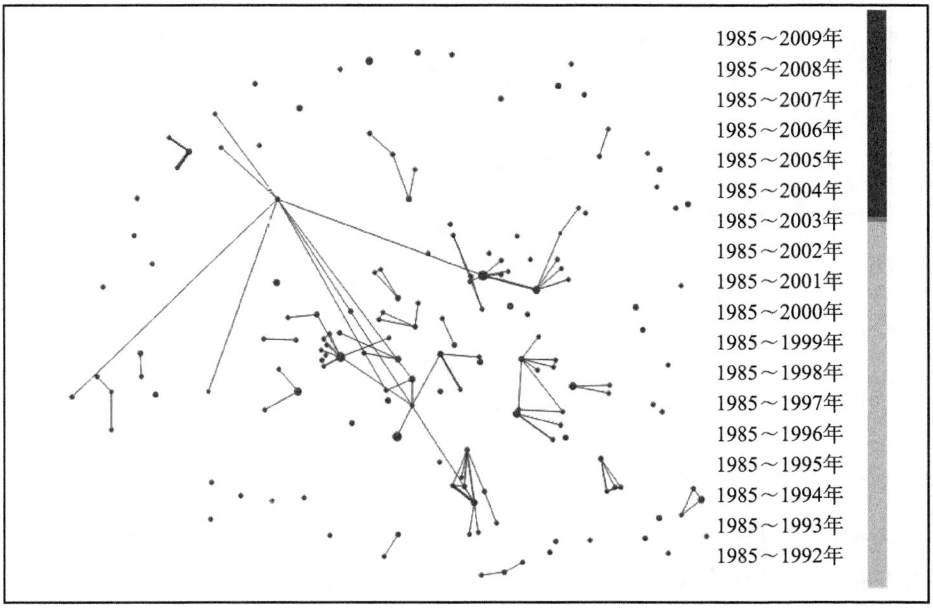

（d）1985～2003年

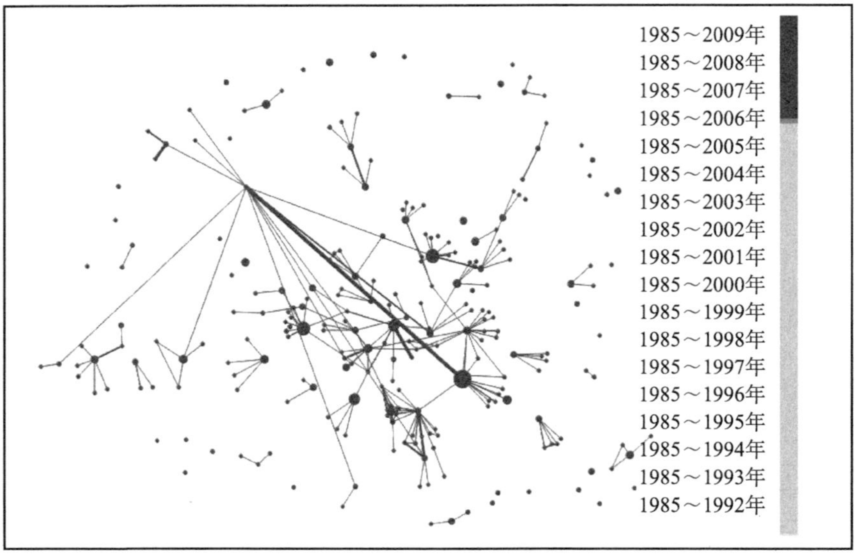

（e）1985～2006年

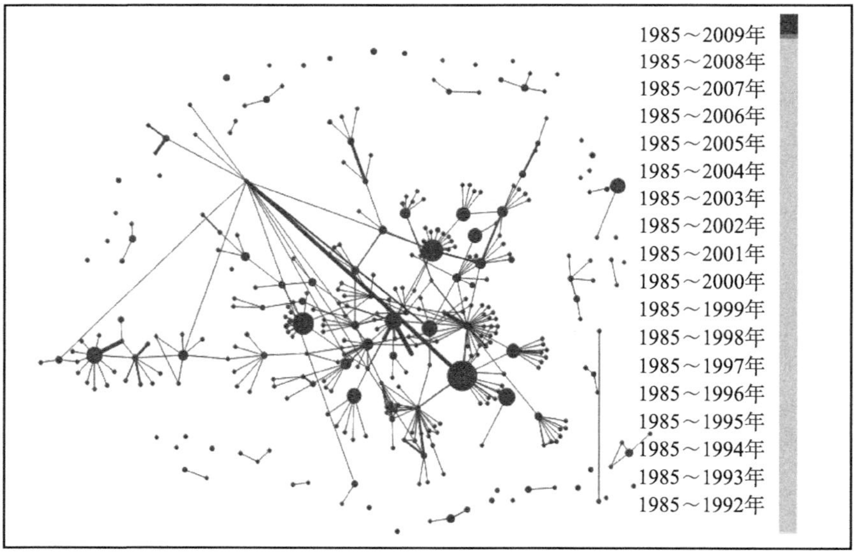

（f）1985～2009年

图 3-25　中国科学院全球合作网络主成分网络图（252 节点）

关联网络演化分析的较好样本。总之，数据规模适中，既避免因数据量太小而导致在揭示专利权人关联网络演化特征方面的普适性下降，也不会因数据量太大而影响实证分析的有效开展。

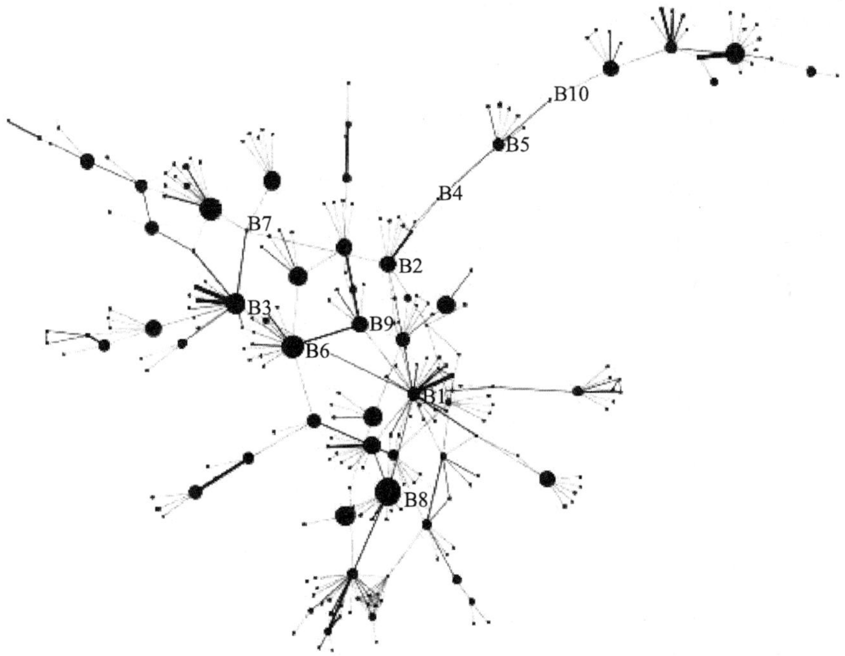

图 3-26　中国科学院全球合作网络主成分网络图（252 节点）

工业生物技术发明专利的定义：根据林顿等[83]在 2008 年给出的 USPC 列表，将其转化为 IPC 列表，检索并下载 DII 数据库中基本专利年为 2000 ～ 2010 年的发明专利，工业生物技术数据集构建的时间是 2012 年 7 月。

数据清洗规则与方法如下。

首先，逐年下载各年（DII 入藏年）的工业生物技术发明专利，构建基本专利年为 2000 ～ 2010 年的发明专利数据库；

其次，对专利权人进行清洗，合并不同著录格式的同一专利权人或属于同一公司的不同子公司，删除个人专利权人；

再次，筛选 2000 ～ 2010 年专利数在 50 件以上（含 50 件）的专利权人作为本节分析的基本数据，这些专利权人（450 家）在 2000 ～ 2010 年申请的工业生物技术发明专利总计 78 209 件，占同期所有工业生物技术发明专利数的 57.9%，涉及专利权人 5929 家。

最后，与上述 50 件以上专利的专利权人存在合作的且专利数量大于 5 件专利的专利权人构成核心数据，涉及专利权人 1038 家，用于分析决定合作潜力的相关因素统计分析数据，由于合作数量少且自身专利数量也少的专利权人对统计各指标与合作关系关联的效用降低，因此，本书在样本数据选择方面采取上述处理方法。

1. 专利数增长

图 3-27（a）展示了工业生物技术逐年发明专利申请数的发展情况，2000 ～ 2010 年，工业生物技术各年发明专利申请数量在 2002 ～ 2003 年达到峰值，之后各年呈现逐年缓慢递减的特征。

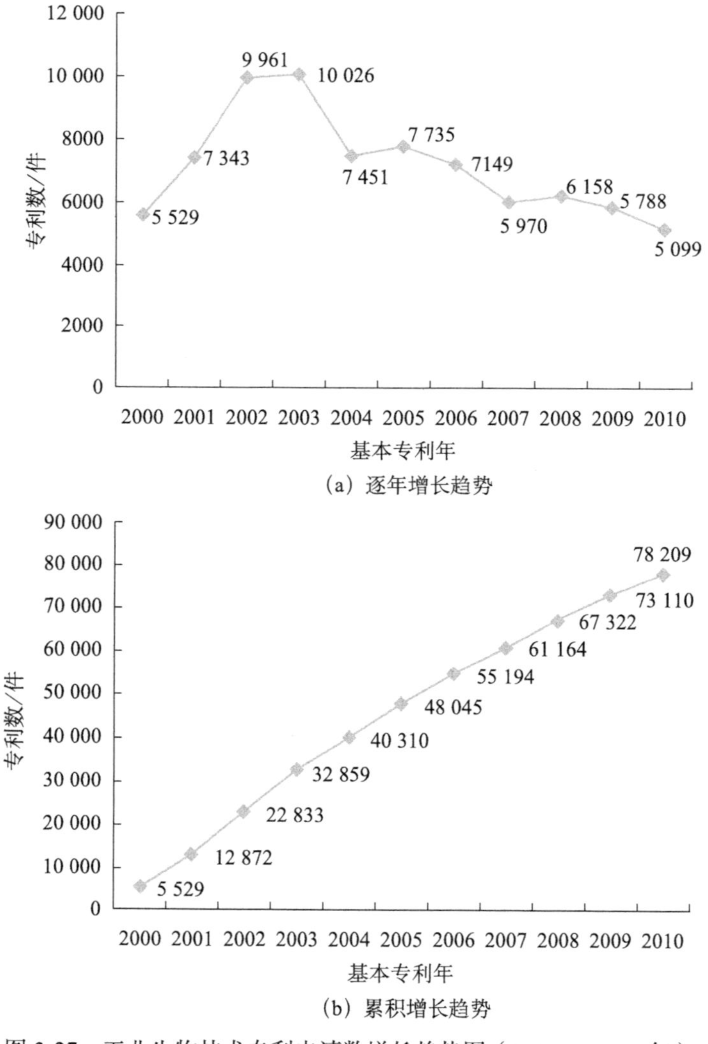

图 3-27　工业生物技术专利申请数增长趋势图（2000 ～ 2010 年）

图 3-27（b）显示了工业生物技术逐年累积的发明专利数量，增长态势略低

于线性增长曲线。从专利数量角度分析，本节选择的工业生物技术或许已经进入了稳步发展的成熟期，其专利数据适用于开展专利权人合作网络演化分析。

2. 合作者的增长

2000 ～ 2010 年，专利数在 50 件以上的专利权人及与其有合作的专利权人总计有 5929 家，这些专利权人数逐年增长情况见图 3-28。

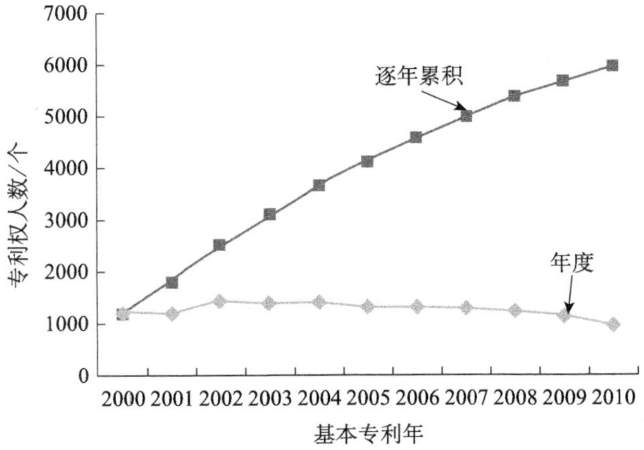

图 3-28　工业生物技术发明专利专利权人数量增长趋势图（2000 ～ 2010 年）

图 3-28 演示了 2000 ～ 2010 年工业生物技术专利权人年度数量及逐年累积数量的变化情况。数据显示，国际工业生物技术领域的专利权人数量变化态势与专利数变化态势相近，专利权人数增幅逐年减少。从另外一个角度分析，虽然每年的专利权人数量自 2002 年以后逐年减少，但累积专利权人数量却逐年增加，这说明每年都有大量专利权人进入工业生物技术研发领域。

3. 合作网络的稠化与增长

本小节采用前文所用的标度指数 α 来分析工业生物技术网络的稠化与增长情况，以期揭示网络的稠化和拓扑学转型特征，鉴别工业生物技术的成熟水平。

本节上述实例研究中的数据（图 3-28）显示，随着时间的推移，专利权人数目逐渐增加，那么，是否工业生物技术专利权人合作网络也表现出类似的标度律（$\alpha>1$）？为了回答这问题，本节分析了工业生物技术合作网络中节点数与边的关系，如图 3-29 所示。其中节点代表工业生物技术专利数大于 50 件的专利权人及专利数量大于 5 件的合作者，标度指数 $\alpha=2.46$。该值较高，说明工业生物技术专利权人合作网络稠化进程较快，即随着合作者加入合作网络，我们检测到边数增长速度加快。图 3-29 还显示出，在曲线末端，边的增速明显快于节点的增速，这说明网络中已有节点间不断产生新的链接，合作网络变得越来越稠密。

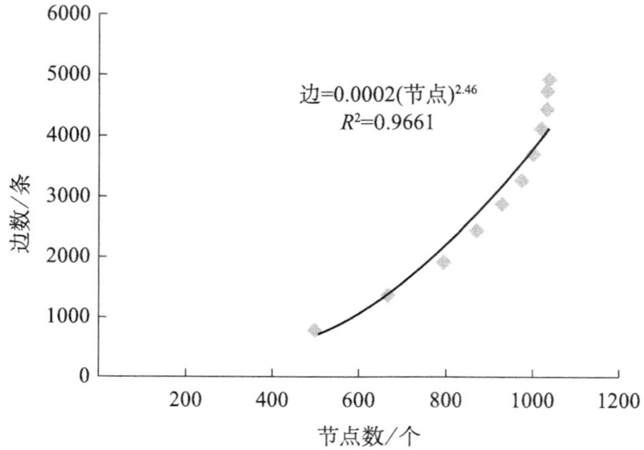

图 3-29　工业生物技术专利权人合作网络的稠化标度律

4. 网络指标

1）直径

在工业生物技术发明专利专利权人合作网络中，网络直径从 2000 年的 17 下降到 2001 年的 13，之后一直维持在 11 ～ 12。这表明直径具有保持在现有水平维持较小波动的现象，或许表明工业生物技术的发展已经处于较为成熟的发展阶段，拥有较为稳定的规模。基于网络直径保持稳定不变或降低将代表网络的转型这一理论假设，那么我们或许可以判断工业生物技术发明专利合作网络在 2001 年开始会发生了网络转型。

2）平均度数与密度

表 3-21 从定量的角度描述工业生物技术专利权人合作网络的演化情况，数据显示，网络的成分变得越来越少，网络趋于集中，随着合作网络的演化，工业生物技术发明专利合作网络的节点平均度数和密度均逐年增加。由此表明，合作日益增多仍是工业生物技术领域专利研发工作的重要特征，这也为本节后续基于合作关系开展主题关联网络演化、“合作潜力指数”模型构建奠定了客观基础。

表 3-21　工业生物技术专利权人合作网络指标统计

年份	2000	2001	2002	2003	2004	2005	2006	2007	2008	2009	2010
节点数 / 个	501	670	795	874	933	977	1003	1023	1033	1037	1038
边数 / 条	779	1364	1919	2440	2844	3247	3700	4099	4428	4701	4893
平均度数	3.12	4.07	4.83	5.58	6.10	6.65	7.38	8.01	8.57	9.07	9.43
网络密度 (×100)	0.62	0.61	0.61	0.64	0.65	0.68	0.74	0.78	0.83	0.88	0.91
簇数	36	26	21	21	16	16	12	14	10	10	9
网络直径	17	13	13	13	11	12	11	11	12	12	12

5. 工业生物技术合作网络的特征

通过分析 2000 ～ 2010 年工业生物技术发明专利合作网络节点度分布特征发现，工业生物技术发明专利合作网络的节点度分布总体上虽看似具有无标度曲线的特征，但无法采用幂律方程进行回归，原因在于高节点度区域分布着一些低概率的节点，这些节点的度数分布区间较大（50 ～ 120），然而它们的概率却很相近［图 3-30（a）］。去除这些节点后，度数在 45 以下的节点度的分布则可以采用幂律方程进行回归，说明在此度数区间内的节点满足幂律分布的特征［图 3-30（b）］。

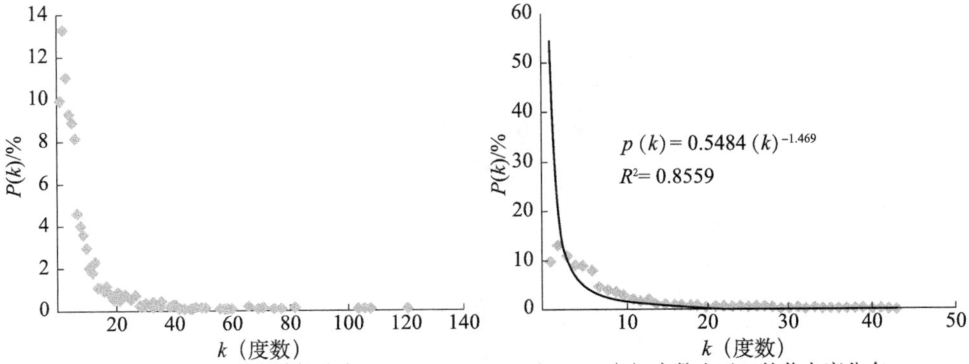

(a) 节点度总体分布　　(b) 度数小于45的节点度分布

图 3-30　工业生物技术发明专利合作网络节点度分布特征 (2000 ～ 2010 年）

这种分布特征表明，在工业生物技术领域，总体合作水平尚不够强，仍存在广泛的合作空间。虽然存在个别一些特别突出的机构在合作方面有出色的表现，但在总体上尚未形成连续性。与此同时，这些异常突出的机构的存在却又彰显了它们在合作网络中的重要地位。

2000～2010年，在工业生物技术领域有越来越多的机构与其他机构建立了合作关系，基于此，合作网络中成分的数量也逐年递减，从2000年的36个缩减至2010年的9个，其中最大的主成分含有1018个机构（网络中总计有机构1038家），合作网络呈现出由松散向紧密的演化特征（图3-31）。自2000年

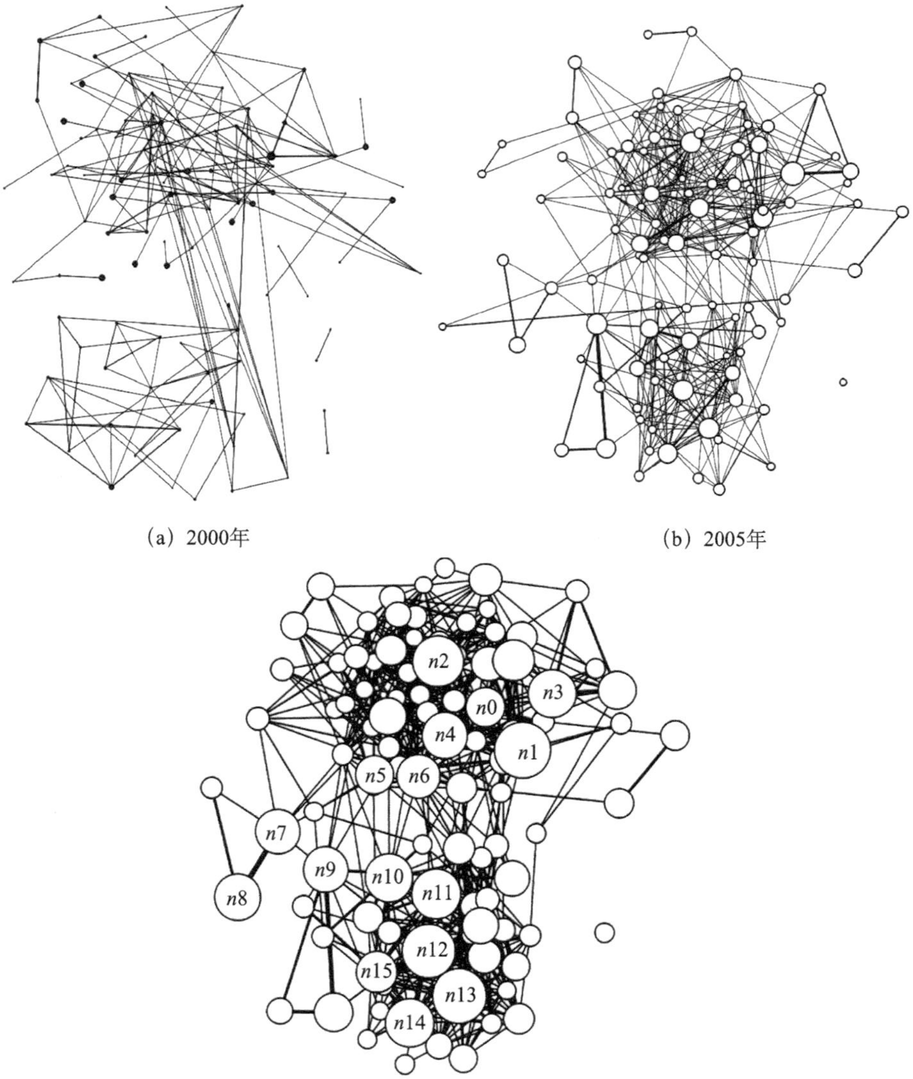

（a）2000年　　（b）2005年

（c）2010年

图3-31　工业生物技术专利权人合作网络演化图

*n*0为霍夫曼罗氏；*n*1为法国国家科研中心；*n*2为美国健康与人类服务部；*n*3为赛诺菲-安万特；*n*4为诺华；*n*5拜耳；*n*6为加利福尼亚大学系统；*n*7为孟山都；*n*8为美国斯汀（Stine）种业；*n*9为美国应用生物系统公司；*n*10为日本理化所；*n*11为日本产业技术综合研究所；*n*12为日本科技局；*n*13为日本农业生物资源研究所；*n*14为三菱化学；*n*15为东京大学

开始，整个工业生物技术专利权人合作网络已分为两个阵营，图中上面以美国和欧洲专利权人为主，下面则以日本专利权人为主，两个集团之间通过数个专利数量较少的专利权人（拥有较高中间中心度的专利权人）建立起链接。

（五）小结

本节针对中国科学院自我社会关系和全球专利权人合作网络及工业生物技术专利权人合作网络演化的分析结果表明，本研究构建的专利权人合作网络演化分析方法框架的适用性较强，能较好地反映不同网络的不同演化特征。例如，逐年及专利权人数的演化信息反映了专利产出主体构成的演化情况，包括各年新增的专利权人及已有专利权人信息；标度指数 α 可以反映网络稠化速率的不同；网络直径则用于衡量网络拓扑结构的转型及学科领域的成熟水平；而最终网络的节点度分布特征则反映了网络演化过程中遵循增长及优先链接原则。

二、发明人合作网络研究

发明人合作网络的研究是专利合作网络研究中关注比较多的领域，其中包括发明人在合作网络中所处的位置研究、发明人合作网络的小世界现象与创新的关系研究等。主要研究方向包括以下几个方面。

第一，发明人合作网络的小世界现象。弗莱明（Fleming）等采用多维分析（multi-dimensional analysis）的方法研究了发明人之间合作网络的小世界现象及其与创新的关系[164]，研究证明发明人合作的小世界现象促进了科技创新。Chen 等基于美国专利的发明人合作网络，研究了国家层面的发明人合作网络的小世界现象对国家创新的影响，通过对 1975 ～ 2006 年 16 个国家的美国专利的研究发现，主成分的规模越大，国家的创新生产力越强，发明人合作网络的小世界现象有助于国家创新，但这种正面作用仅限于一定范围内，超过这个范围则起到反作用，此时路径长度与创新产出能力成反比[165]。

第二，发明人合作网络的地理空间分布差异性及关系研究。威廉松（Wilhelmsson）对发明人合作网络的空间分布进行的分析发现，发明人合作网络的空间分布具有非均一性，其空间分布受就业密度和产业多样性影响，在人口密集、产业多样性丰富的区域更易形成发明人合作网络，然而，市场规模却对发明人合作网络有负面影响，在大都市地区发明人合作网络相对减弱，人口稠密区的研发人员不仅倾向于更多的合作，而且还会和空间距离更远的合作者进行合作[166]。

第三，有关发明人合作网络的研究被用于分析不同簇的拓扑学特征。例如，He 等则利用美国新泽西州和田纳西州电信企业的发明人合作网络来分析两个州合作网络簇的基本拓扑学结构和网络的演化情况[167]。他们的研究表明，地理区间簇的拓扑学特征直接决定了发明人合作网络的特征，同时，发明人合作网络的结构特征也会随着区域经济和社会条件的改变而变化。罗伯（Lobo）等采用社会网络分析方法对 1977 ～ 2002 年美国不同城市发明人之间的跨地区合作及城市内发明人凝聚现象进行的研究发现，城市内发明人的凝聚现象对专利产出的贡献要明显强于发明人合作网络的结构特征。同时还发现，孤立发明人的凝聚对专利产出有正面促进作用，而合作网络的密度对专利产出起负面作用[168]。

第四，在发明人合作网络分析中，更多的关注点集中在针对网络节点度数的研究上，特别是中心节点对知识传播所起到的关键作用，如中心节点对新的弱链接产生的影响等，反过来也可以通过发明人合作网络的社会网络分析，发现中心节点，包括度数中心节点、邻接中心性节点和中介中心性节点，位于中心节点位置的发明人多数都是优秀的工程师，他们位于内部交流网络的核心位置[169]。例如，有研究发现，位于不同发明人团队之间或研发部门之间的界面处的中间发明人具有更高的专利产出数[170]及被引频次[171]，说明处于不同研发背景团队之间中介地位的发明人受益于团队之间的信息流所带来的益处，对其专利产出的数量和质量起到正面影响。同时发明人合作网络的中心性节点也具有更高的被引频次的特征[171]。布雷斯基（Breschi）等通过对科学家与发明人合作网络的分析，也发现了那些链接科学家合作网络与发明人合作网络两个簇的桥点在科技创新中的重要作用[172]。

第五，基于发明人合作网络的演化分析也是当前的研究热点之一。弗莱明等以美国 1975 ～ 2002 年的发明专利数据为基础，研究了硅谷和波士顿地区发明人合作网络的演化情况发现，硅谷发明人合作网络在 1989 年出现了急剧聚集的现象，而在波士顿地区的聚集现象则晚于硅谷，且聚集程度不如硅谷剧烈[173]。经过对合作网络中的关键发明人进行面谈的方式，发现硅谷新建公司间的持续人员流动促进了网络的快速聚集现象。该项研究采用逆向时间序列方法，采取敲除每件专利来观察成分的分裂指数（D），进而分析发明人合作网络演化过程中起到决定性作用的专利。

分裂指数的算法是 $\sum_{c=1}^{k}(n/N)^2$ ，n 代表当原成分中某件专利被移除后所生成的 K 个子成分中的成分 c 中所包含的发明人数，K 代表生成的子成分的个数。D 值越小，说明敲除一件专利后获得许多个成分拥有数量均等的发明人；D 值越大，说明敲除某件专利所获得的子成分中发明人数量分布就更加不均匀[173]。利用该算法，可以快速筛选出对合作网络演化起到关键作用的专利。

第四章 4

主题关联网络研究

第一节 论文主题网络研究

人们对社会网络的分析源自社会学和商业领域，近年来，社会网络研究快速发展，在线社交网站、电子邮件、电话和短信系统等对社会网络分析与挖掘（Social Network Analysis and Mining，SNAM）的复杂技术的发展产生了重大影响，图论与机器学习技术被得以广泛应用[174]。人们已经注意到，越来越多的在线社交媒介正在促进人与人之间的交流、分享经历和知识、组织集体活动、群体形成和演化等方面发挥着越来越重要的作用，从而提升了社会网络分析与挖掘在开展针对学术界、政府机构、国家安全与商业研究方面的重要性。例如，Lin 等对博客群体的内部连接进行分析发现，博客人（blogger）的行为有助于评估博客的质量[175]；塞沃尔（Thelwall）等采用数据挖掘和内容分析的组合分析方法，对 MySpace 的评论所反映出的情感（emotion）进行情感分析（sentiment analysis）[176]；此外还包括对 Facebook[177]、美国政府烟草控制[178]、年轻人吸烟行为[179]等的社会网络分析。

鉴于社会网络分析与挖掘的重要地位，本节以第二届社会网络分析与挖掘进展国际会议（The 2010 International Conference on Advances in Social Networks Analysis and Mining，ASONAM 2010）的研究论文为数据基础，采用基于主题词共现的社会网络分析方法，对国际上开展社会网络分析与挖掘研究的最新进展与研究方向进行分析。本研究的可行性分析如下。

首先，前文已介绍过，基于会议或期刊文章研究会议或期刊所属主题领域的学科进展与发展方向已经成为一种重要的数据集构建方法[139]。ASONAM 国际会议是针对社会网络分析与挖掘领域而新创办的代表性国际会议，其主旨是为国际上各种从事社会网络分析与挖掘的研究人员提供一个国际交流平台，以促进学术交流与合作。关注的科学主题包括社会网络演进的不规则检测、社会网络分析的应用、社会网络挖掘的应用、大型在线和离线社会网络中社团的发现与分析、语境社会网络分析、犯罪数据的挖掘与分析、恐怖主义网络分析、社会网络发现的经济学作用、通过文献分析进行社团检测、社团内数据保护等。会议几乎涵盖了社会网络分析与挖掘的多数重要最新研究进展与方向。与会者来自美国、欧洲、亚太地区的众多国际领先研究机构。因此，选取

ASONAM 的会议论文为数据基础，在一定程度上代表了国际上该领域的研究成果，基于此开展的社会网络分析与挖掘的研究新进展与发展方向的分析是客观可行的。

其次，共词分析在文献计量学方法中占据重要地位。共词分析最初被用于特定目标检索，后来发展用于科研产出的评价，如今则更多地被用于信息可视化研究[180]，基于主题词共词分析来理解知识发展动力学，开展知识演进的研究[181]。

最后，基于主题词的社会网络分析也获得了高度的关注。莫特（Motter）等认为，连接在一起的两个词具有表达相似概念的功能特征[182]，这对认知科学而言，特别是分析知识演进具有特别重要的意义，主题词分析技术或许是监测科学演进的发展趋势、设计未来研发方向的颇具潜力的技术[180]。例如，Su 等采用共词分析方法以期刊文章为数据基础进行知识结构分析[183]；Lee 等采用共词分析方法对韩国机器人技术的研发领域进行了分析[184]。另外，近几年基于主题词共现而构建国家、机构或作者之间的关联网络在分析特定学科的科学机构方面的研究也逐步出现，例如，沃恩（Vaughan）等采用网页中词共现的网络计量学方法来分析机构之间的相关性[185]。

由此可见，采用社会网络分析的方法，基于主题词共现的关联网络及共词网络来分析社会网络分析与挖掘的研究结构与热点是可行的、有意义的，研究成果是有代表性和借鉴性的。

一、数据与方法

本节分析的数据基础是 ASONAM 2010 的会议全文论文，包括与会议联合举办的开源情报与网络挖掘国际研讨会 2010（The International Symposium on Open Source Intelligence and Web Mining 2010，OSINT-WM 2010），及第二届面向决策支持的社会网络挖掘国际研讨会（The 2nd International Workshop on Mining Social Networks for Decision Support，MSNDS 2010）的文章，该会议的报告论文还包括的主题发言、特邀发言及海报文章则不在本节分析范围内，总计获得全文论文 66 篇，作为本节分析的数据基础。论文的分类统计信息见表 4-1。

根据每篇论文的著录信息，对每篇论文进行发表国家、机构、作者和主题词描述，由于该会议论文没有主题词项，因此本节根据论文的标题和摘要，抽提表征研究方法和手段、研究对象的主题词，并对单复数形式、名词、形容词、动词等形式进行标准化处理，而对社会网络、挖掘、分析等社会网络分析与挖掘领域通用的动词则未列入主题词列表。此外，还根据文章所属主题（表 4-1）赋予相应的主题词，如社会网络的应用的 4 篇文章均赋予主题词 application（应用），社会网络分析模型的 7 篇文章均赋予主题词 model（模型）。

表 4-1　ASONAM2010 会议全文论文统计表

主题名称	文章数 / 篇
Algorithms for Social Networks（社会网络分析的算法）	9
Social Aspects（社会学方面）	8
Models for Social Networks（社会网络分析模型）	7
Clustering，Data Mining & Identification（聚类、数据挖掘与鉴定）	6
Detecting Various Aspects in Social Networks（社会网络的多方面检测）	5
Privacy and Security（隐私与安全）	5
Recommendation and Prediction（建议与预测）	5
Applications of Social Networks（社会网络的应用）	4
Social Network Analysis（社会网络分析）	4
Representation，Visualization，and Interaction（描述、可视化与相互作用）	4
MSNDS 2010（社会网络挖掘与决策支持专题研讨会）	5
OSINT-WM 2010（开源情报与网络挖掘国际研讨会）	4
总计	66

在基于主题词共现的网络分析方面，从两个大的角度进行分析。

第一，基于不同文章共用至少一个相同的主题词而构建国家、机构和作者的关联网络，在宏观（macro）、中观（meso）和微观（micro）三个层面对社会网络分析与挖掘的知识结构进行分析。

第二，基于不同主题词同时出现在一篇论文中，构建主题词共现网络，在微观水平上观察社会网络分析与挖掘技术的研究结构。

数据分析用到的一些算法定义如下：

合作强度（S）={与某节点存在主题词共现关系的所有节点与该节点共同拥有的主题词数量的累计值；或与某主题词存在共现关系的所有主题词与该主题词共现次数的累计值}

二、论文基本统计

通过对 66 篇 ASONAM 2010 全文论文篇名、作者、来源国家、机构、主题词的描述，构建出本节分析的数据基础，利用 TDA 软件对数据进行清洗最终获得的数据集显示，66 篇论文来自 25 个国家 / 地区（含国家 / 地区之间的合作情况统计），具体分布情况如表 4-2 所示。美国的文章数量最多（15 篇），其次是德国（8 篇）和法国（7 篇）。中国大陆地区有 2 篇，中国香港和中国台湾地区分别有 3 篇，其中各有 1 篇是与其他国家 / 地区合作的文章。数据说明，美国在社会网络分析与挖掘领域的研究处于全球领先的地位，其次是德国和法国，中国在此方面的研究也显示出了一定的地位。

表 4-2　ASONAM 2010 会议论文国家 / 地区分布统计表

排名	国家 / 地区	文章数 / 篇	排名	国家 / 地区	文章数 / 篇
1	美国	15	14	丹麦	2
2	德国	8	15	希腊	2
3	法国	7	16	印度	2
4	加拿大	3	17	黎巴嫩	2
5	中国香港	3	18	挪威	2
6	爱尔兰	3	19	波兰	2
7	意大利	3	20	瑞典	2
8	新加坡	3	21	捷克	1
9	中国台湾	3	22	芬兰	1
10	土耳其	3	23	日本	1
11	英国	3	24	韩国	1
12	澳大利亚	2	25	荷兰	1
13	中国	2			

从研究机构和作者角度统计，66 篇论文总计拥有 176 位作者，来自 86 个机构。其中都柏林大学的文章数最多，有 3 篇，另有 9 个机构拥有 2 篇文章，其他 76 个机构均只有 1 篇文章；有 9 位作者拥有 2 篇文章，其他作者均只有 1 篇

文章。前 10 名机构统计见表 4-3。

表 4-3　ASONAM 2010 会议论文机构和作者分布统计表 TOP10

排名	机构	文章数 / 篇
1	都柏林大学	3
2	国防科技研究院	2
3	加拉塔萨雷大学	2
4	德国人工智能研究中心	2
5	环球大学	2
6	电气与电子工程师协会	2
7	台湾高雄大学	2
8	卡尔加里大学	2
9	凯泽斯劳滕大学	2
10	南丹麦大学	2

三、基于关联网络的研究结构分析

同一个主题词同时出现在两篇或两篇以上的文章中，说明这两篇文章的研究具有较大的相关性，那么撰写文章的作者及其所属机构和国家 / 地区也因此而关联在一起，进而产生本节所要研究的关联网络。也就是，在宏观（国家）、中观（组织机构）和微观（个人）三个层面的关联网络，进而对社会网络分析与挖掘的科学结构进行分析。

（一）国家关联网络

通过基于主题词共现的国家 / 地区关联网络分析，在宏观层面上反映出不同国家 / 地区在社会网络分析与挖掘领域研究中所处的地位，以判断其在国际上的研究行为是否处于核心区域或边缘。图 4-1 揭示了国家 / 地区关联地区网络中节点涉及主题词数、度数和合作强度情况。

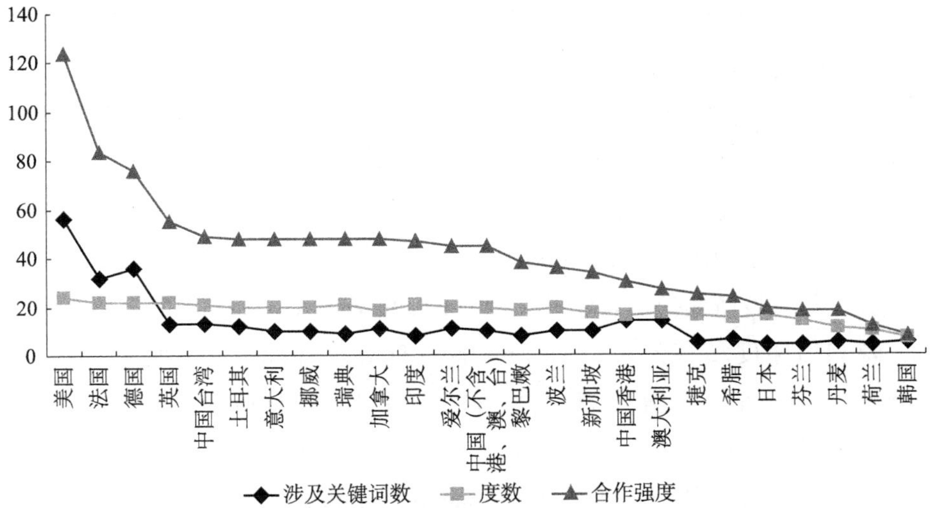

图 4-1　基于主题词共现的国家 / 地区关联网络国家 / 地区分布图

25个国家 / 地区之间的合作强度与国家 / 地区所涉及的关键词数量呈现明显正相关关系，相关系数为 0.91，而与度数的相关系数为 0.82。关联合作强度最高的国家是美国，合作强度为 124，最低的国家是韩国，合作强度为 8；美国同时涉及的关键词数也最多，达到 56 个。

综合分析可见，美国无论在涉及的主题词数、连接国家 / 地区数还是与其他国家 / 地区共现的主题词数都处于领先地位，美国、法国和德国处于关联网络的核心，在科学研究行为与研究主题上起到了引领作用。中国在合作强度方面位居第 13 名，与美国保持了较强的合作联系。英国、澳大利亚等 15 个国家 / 地区拥有的关键词数处于同一水平，然而在合作强度上却存在差异，英国明显高于其他 14 国家 / 地区，在所有国家中处于第四位，主要原因是得益于其与美国之间的高关联强度。而黎巴嫩、澳大利亚等 5 个国 / 地区的合作强度则低于其他 9 个国家 / 地区（处于同一水平）。从网络度数分布角度分析，前 15 个国家 / 地区的网络度数几乎都在 20 左右徘徊，其中美国最高达 24，说明从基于关键词共现的角度，美国与所有的国家都存在关联关系。而新加坡、荷兰等 9 个国家 / 地区则相对较弱，度数分布为 10 ～ 17，韩国最弱，度数仅为 7。

（二）机构关联网络

为了更加深入地解析上述宏观层面的科学结构关系的形成原因，下面研究中观水平的科研机构之间的关联网络。通过基于主题词共现的机构关联网络分析，在中观层面上反映出不同机构在社会网络分析与挖掘领域研究中所处的地位，以判断其在国际上的研究行为是否处于核心区域或边缘，同时也解答国家关联网络是由哪些科研机构的研究行为所决定的。图 4-2 揭示了机构关联网络中节点涉及主题词数、度数和合作强度情况。

其中合作强度位居前 10 位的机构分别是电气与电子工程师协会（IEEE，美国）、加拉塔萨雷大学（Galatasaray University，土耳其）、都柏林大学（爱尔兰）、斯里茨卡蒂斯瓦拉工程学院（Sri Venkateswara College of Engineering，印度）、爱立信印度私有公司（Ericsson India Private Limited，印度）、杜伦大学（Durham University，英国）、佛罗里达科技大学（Florida Institute of Technology，美国）、挪威科技和自然大学（Norwegian University of Science and Technology，挪威）、瑞典皇家理工学院（Royal Institute of Technology，瑞典）。

从 86 家机构的关联网络机构分布情况分析，机构之间的合作强度与机构所涉及的主题词数量的相关性较低，相关系数为 0.44，而与度数的相关性则高达 0.97。虽然 86 家机构在拥有文章数量方面差异性并不大，但在基于主题词的合作强度上却呈现出较大的差距，合作强度从最高的 80 到最低的 6，依次递减。关联网络度数最高的机构度数为 58，最低的机构度数为 6。

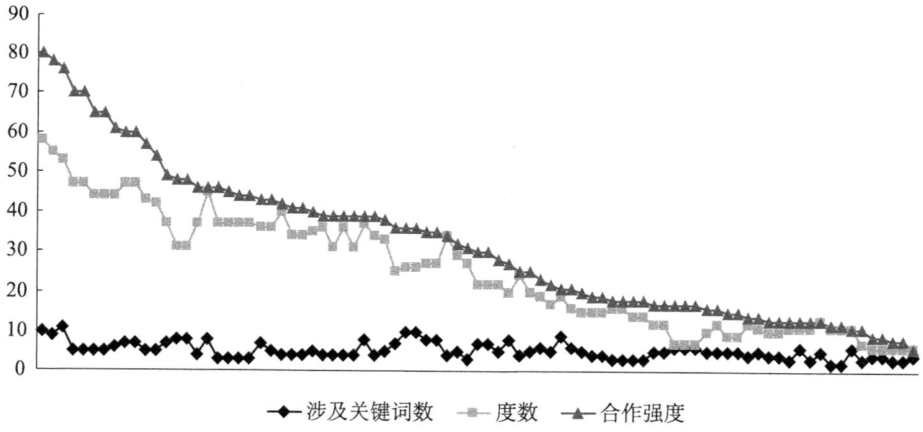

图 4-2　基于主题词共现的机构关联网络机构分布图

横轴代表机构（名称略），按照合作强度依次排列

（三）作者关联网络

通过基于主题词共现的作者关联网络分析，可以在微观层面上反映出不同

研究人员在社会网络分析与挖掘领域研究中所处的地位，以判断其在国际上的研究行为的重要性。本次研究选择作者没有重名现象。

从177位作者的关联网络机构分布情况（图4-3）分析，作者之间的合作强度与作者所涉及的关键词数量的相关性较低，相关系数为0.44，而与作者的网络节点度数的相关系数则高达0.96。177位作者在拥有文章数量以及涉及关键词数量方面差异性并不大，但合作强度却从最高的191到最低的10依次递减。关联网络度数最高的作者度数为119，最低的作者度数为7。

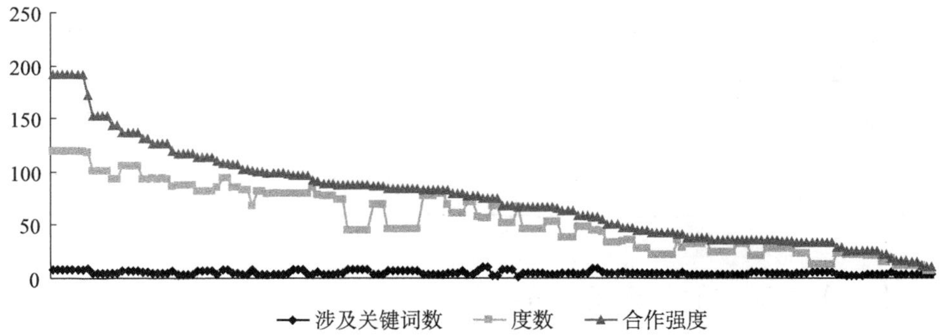

图4-3　基于主题词共现的作者关联网络作者分布图
横轴代表作者（名称略），按照合作强度依次排列

四、基于共词网络的研究热点研究

（一）热点主题词分析

根据文章的主题特征、研究领域、采用的技术和分析对象等信息，本节为66篇ASONAM 2010的文章总计赋予了149个主题词，其中排在前10位的主题词见表4-4。通过对主题词及其来源文章进行解读的分析发现，有关算法（algorithm）、社群（community)、检测(detecting）、聚类（cluster）、建模（model）分析、可视化（visualization）已经成为社会网络分析与发掘领域研究的主要技术手段；网站和网页（webpage）、博客（blog）等已经发展成为如今社会网络分析与挖掘的首要研究对象；研究的主要功能则针对社会方面的问题、支持决策的制定、安全领域及进行相关预测研究。

表 4-4 TOP10 主题词及 TOP10 中介中心性主题词统计表

	主题词	文章数 / 篇	主题词	中介中心性
1	algorithm	25	algorithm	8710.3
2	community	14	community	2488.3
3	cluster	10	cluster	2381.6
4	webpage	10	detecting	2092.3
5	model	8	model	1955.1
6	social aspects	8	webpage	1622.6
7	blog	6	visualization	1490.9
8	decision Support	6	social aspects	1480.6
9	prediction	6	security	1419.1
10	detecting、dynamic、security visualization	5	decision support	1270.5

（二）主题词的共词网络分析

主题词统计表揭示了社会网络分析与挖掘当前研究的热点主题、主要研究对象、采用的主要方法及实现的功能，然而，为了更加深入地了解哪些对象被研究、采用的方法是什么、最终是为了实现什么样的功能，本节对主题词进行共现分析，聚类在一起的主题词则反映出研究热点的主题情况。图 4-4 显示出，主题词的共词网络的网络密度较低，度数与合作强度曲线大部分处于重合状态，合作强度处于前 15 位的主题词在合作网络中起到决定和连通网络的作用，表 4-4 对中介中心性的统计分析也发现，中介中心性位于前 10 的主题词均属于涉及文章数最多的 TOP10 主题词范畴。

度数中心性与中介中心性主题词及高频主题词高度重合，可见高频主题词在共词网络中的重要地位，也说明通过高频主题词的解读，可以发现社会网络分析与挖掘技术的研究热点主题。结合图 4-5 分析，这些数据表明，算法无疑是社会网络分析与挖掘研究的最大热点，近 38% 的会议论文都直接提到了对算法的研究，在主题词共现网络中，其处于网络的中心位置，合作强度高达 97，即与其他主题词的共现频次达到 97 次。从与其关联的主题词方面观察，算法被应用于社群的检测、聚类、预测（prediction）、建模、动态（dynamic）网络等多方面。

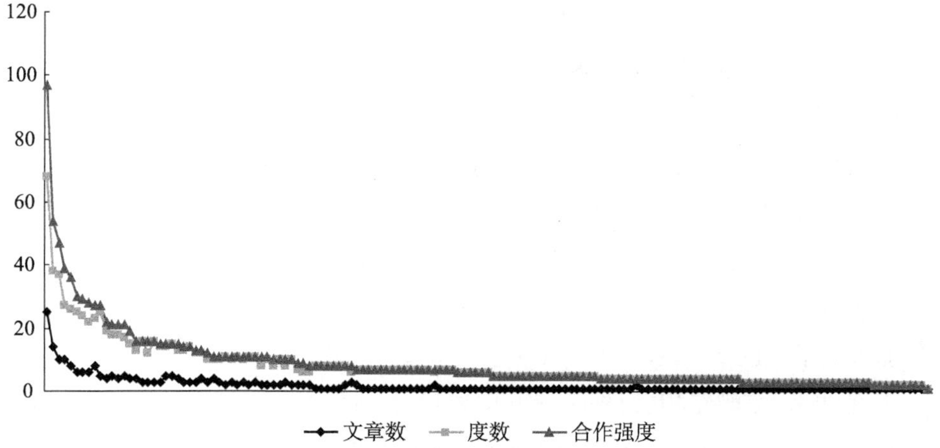

图 4-4 主题词的共词网络主题词分布图

横轴代表主题词（名称略）按照合作强度依次排列

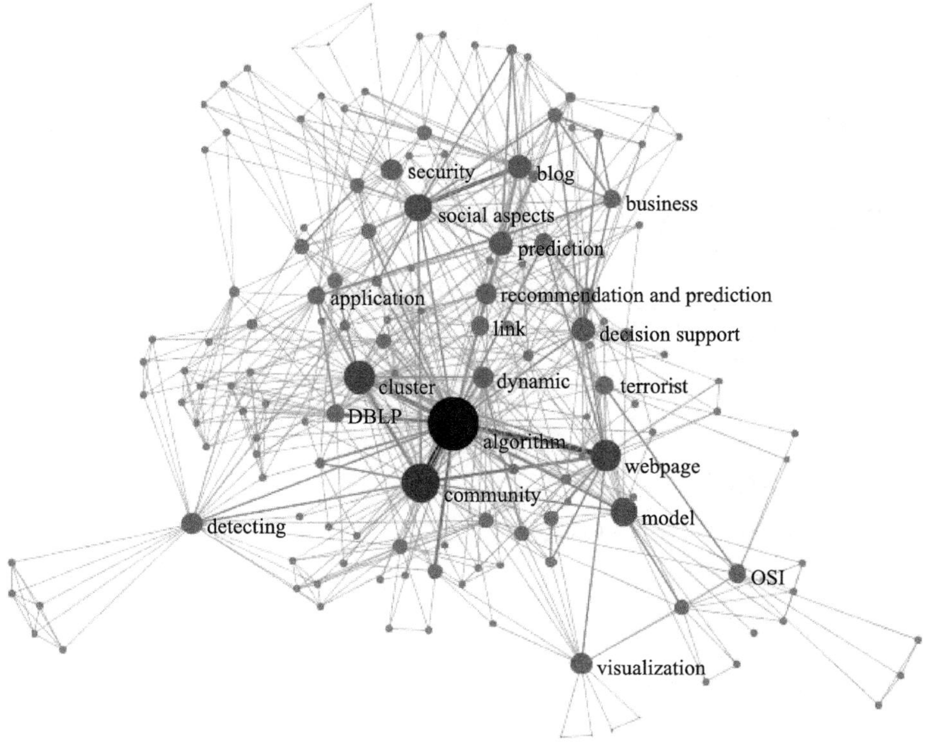

图 4-5 主题词共词网络图

节点代表主题词，节点大小代表主题词涉及的文章数的多少，连线代表主题词在同一篇文章中共现，线的粗细代表主题词共现次数的多少

合作强度排在第二位的主题词是社群，21%的会议论文都涉及对社群的研究，

这也反映出了在中观层面的社群研究已经成为社会网络分析与挖掘的研究热点之一。从其关联的主题词方面观察，针对社群的研究至少包括对社群的检测，用于研究社群的算法研究、聚类分析，分析社群的最主要的载体则为网页或网站。

与网页或网站关联最紧密的主题词是算法，即设计有效的算法对大量的网页或网站数据进行挖掘，包括社群检测、建模、支持决策行为等。特别值得一提的是，基于网页或网站对恐怖主义（terrorist）的社会网络分析与挖掘工作，其中代表性的机构包括南丹麦大学（University of Southern Denmark）和加拿大卡尔加里大学（University of Calgary）。

与在线社区研究相关的另一组重要的主题词是博客和社会层面（social aspects），博客与网页或网站是社会网络分析与挖掘的最重要的载体，特别是在社会网络分析与挖掘技术的社会研究方面，博客是最主要的分析对象。其研究目的包括对博客信息所反映的观点和意见等进行监控和预测，还可以用于商业应用（business）等，如产品推广与市场分析等。

有关 OSI（open source intelligence，开源情报）的研究则突出体现在对恐怖主义网络的测定、检测与估算、网页分类的可视化研究以及对社会创新研究的功能等方面。

表 4-5 对上述各网络的参数进行了统计。

表 4-5　网络参数统计表

网络参数（统计信息）	国家	机构	作者	主题词
节点数（国家、机构、作者）/ 个	25	86	177	149
边数（关系数）/ 条	223	1107	4873	606
边的最大权重值（最大关联次数）	11	10	10	8
边的平均权重值（平均关联次数）	2.4	1.3	1.4	1.1
平均度数（平均关系数）	17.8	25.7	55.1	8.1
网络密度	0.7	0.3	0.3	0.05
网络直径	2	3	3	5
网络平均最短路径	1.3	1.8	1.8	2.6

注：“网络密度”是社会网络分析的一个概念，指网络中节点之间实际联结的数目与它们之间可能存在的最大的联结数目的比值；“网络直径”是社会网络分析的一个概念，指任意两节点间的最长距离（边数）；“网络平均最短路径”是社会网络分析的一个概念，指网络中所有节点间最短距离的平均值。

五、小结

本节采用基于主题词的社会网络分析方法，利用 ASONAM 2010 国际会议论文，结合信息可视化和科学地图[139]技术对社会网络分析与挖掘技术的科学结构与研究热点进行了分析。重点从国家、机构和个人基于主题词的关联网络在宏观、中观和微观层面上分析社会网络分析与挖掘的研究结构，从主题词共现网络分析其研究热点。

研究发现，无论是三种关联网络还是主题词共现网络，都是由所有国家、机构、作者或主题词构成一个唯一的簇，网络不存在孤立的点及多个由不同数目节点所形成的簇，即网络只有唯一的一个主成分，其包含了所有的节点。这说明社会网络分析与挖掘这一学科领域的研究主题之间是相互联系的，基于主题词的国家、机构和作者的关联网络显示出社会网络分析与挖掘领域具有紧密关联的研究结构。由于作者合作行为的影响，文中所述的关联网络中包含了因作者合作而导致的国家、机构或作者之间的合作关系，但鉴于合作发文的作者、机构或国家实际上也是反映的在主题上更强的关联度，所以在基于主题词共现的关联网络并未对关联关系是由合作或由主题词共现导致的情况进行区分，也不会影响分析结果的客观性和准确性。表 4-5 统计了三种关联网络及主题词共现网络的网络参数。

从研发主题角度，社会网络分析与挖掘领域的研究热点是算法构建，重点应用于网页或网站、博客的社群检测，研究目的则包括恐怖主义研究、商业应用研究等。此外，开源情报已经获得了高度的关注，ASONAM 2010 还专门开设了一个有关开源情报分析与挖掘的讨论会，为相关研究人员提供一个交流平台，以推进此方面的研究和合作。

本节的研究对象是 ASONAM 2010 的会议论文，从论文数量方面，除个别国家（美国、德国、法国）拥有较多的论文数量外，国家之间、机构之间及作者之间在论文数量上的差距并不显著，对评价它们的研发优势、涉及领域范围广度等方面仅从文章数量上较难作出准确的评估与定位。因此，本节借助基于主题词共现的关联网络分析，利用社会网络分析的方法，在网络节点度数和合作强度方面进行挖掘，则将宏观、中观和微观层面上的个体差异进行了有效放大。分析结果表明，在国家宏观层面，国家之间的合作强度与主题词数呈现的相关性最高，与关联网络节点度数的相关性略低，而在机构和作者的中观和微观层面，合作强度则均与关联网络的节点度数的相关性最高。这表明拥有主题词的数量不是影响作者和机构科研地位的首要因素，拥有那些核心的主题词的机构，可以获得更多的关联关系，进而获得最优的合作强度。由此，社会网络分析方法的此种应用也可以推广应用于在基于论文或专利产出的科学评价领域，除了对数量指标的比较分析外，再增加基于主题词的关联网络的分析结果，即不仅考虑数量，还应重视质量。

然而，由于三种关联网络均呈现出了较高的网络密度和较小的网络直径（分别为 2 或 3，参见表 4-5），进而导致三种类型的关联网络的结构洞特征并不显著。基于广为接受的结构洞观点，一个节点旁边如果拥有大量结构洞，则说明在竞争体系中拥有更强的性能，可以与互不连通的其他节点进行独立的交流，发挥最大的创造性能，而节点旁缺少结构洞，说明节点被束缚，创造性相对降低[40]。那么本节所研究的社会网络分析与挖掘的研究领域的关联网络所表现出缺少结构洞的现象，则从另外一方面反映出当前的研究主题比较集中，国家、机构和作者之间所从事的工作相近度较高，独立性相对较弱，也许会对该领域未来的创新发展起到一种负面阻碍作用，值得相关研究人员关注。应进一步强化和拓展与其他学科领域的交流与合作，增强社会网络分析与挖掘技术的应用性，推进该学科的进一步发展。

为了更加深入地剖析社会网络分析与挖掘的科学结构和研究热点，在以后的工作中，有以下几方面值得推进。首先，采用社会网络分析方法对两种类型的网络（即关联网络和共词网络）的节点及连接强度（边的权重）进行量化比较分析，重点强调对中间中心度和群组的检测与分析；其次，增加内容分析在挖掘科学结构和研究热点中所占的比重，增强分析结果的深度；再次，开展引文分析，来分析该领域的学科发展基础，洞悉未来发展动向；最后，拓展数据基础的来源，研究社会网络分析与挖掘的定义，补充期刊数据来源，进而追溯历史数据，开展学科演进分析，并对学科的未来发展方向进行预测。

第二节　专利主题关联网络研究

一、基本原理

基于技术主题对专利权人之间的关系进行研究，可以在全球范围内、不同层面挖掘技术主题相近或关系紧密的专利权人，可以用于特定专利权人的竞争对手分析与挖掘，或进行预警分析。专利文献的分类体系如 IPC、USPC、德温特专利分类号（DPC）等是分析专利技术主题的主要切入点。例如，杨璧嘉等利用网络分析方法基于 IPC 计算出专利之间的皮尔逊相关系数，再利用 Pajek 进行社会网络可视化，研究结果用于技术路线图研究[186]。本节的研究主要基于 IPC 研究专利权人之间的主题关联关系。由于一件专利一般都含有一个以上的 IPC，且一个专利权人一般会有多个专利都包含某个或多个相同的 IPC，因此，本节的研究重点考察不同专利权人拥有多少个相同的 IPC，从而分析专利权人之间的技术关联广度，在主题关联网络演化分析方法及实证研究方面还将考虑相同的某个 IPC 所涉及的专利件数。

技术主题可以依据 IPC、DPC、USPC 及日本专利局、欧洲专利局等对专利文献进行技术主题分类的专利分类号进行研究，鉴于本节研究主要以 DII 数据库为基础，因此仅选择 IPC 作为代表进行分析。同时，对 IPC 进行分析时，又可以选择 IPC 小类、大组或小组进行研究，对同一数据集而言，基于小类的专利权人关联网络的网络规模大，但专利权人之间的关联强度也普遍增加，而基于小组的关联网络网络规模相对较小，但专利权人之间的关联强度普遍较低，更适于区分专利权人之间基于 IPC 关联强度的差异性，更有利于挖掘出学科重合度较高的专利权人，适用于竞争对手发掘分析。还可以根据专利权人 IPC 的相似度计算，分析不同专利权人之间的相似度，通过设定不同的阈值，构建关联网络，发掘核心的竞争专利权人簇。此外还可以从主题词的角度出发进行聚类或相似度测算，进而构建基于主题词的关联网络。

二、专利主题网络研究进展

基于技术主题对专利权人之间的关系进行研究，可以在全球范围内、不同层面挖掘技术主题相近或关系紧密的专利权人，可以用于特定专利权人的竞争对手分析与挖掘，或进行预警分析。专利文献的分类体系如 IPC、USPC、DPC 等是分析专利技术主题的主要切入点。

（一）专利主题词网络

Yoon 等利用专利网络分析概念对专利文献的共词网络进行了研究，为了开展专利共词网络分析，他们提出了专利网络作图分析和量化技术两种方法。专利网络作图分析分为五步：第一步，由技术专家为专利文献赋予主题词；第二步，计算专利文献中主题词出现的频次并将其整合入主题词向量；第三步，利用欧几里得距离计算专利文献之间的距离，建立专利间的关联关系；第四步，基于上述计算结果，构建欧几里得距离矩阵（E^d），并将其转化成标准化的 E^s 矩阵（$0 \leqslant E^s \leqslant 1$）；第五步，将矩阵 E^s 基于阈值 P 转化成二元（0，1）矩阵。量化技术采用的指标包括以下几个方面。

（1）技术中心度指数（technology centrality index，TCI），用于发现整个网络或簇水平的相对重要专利。$TCI_i = C_i/(n-1)$，其中，$C_i = \sum r$，r 指专利 i 的链接数，n 指专利数目）。某专利的 TCI 值越高，说明该专利对其他专利的影响越大。

（2）技术周期指数（technology cycle time index，TCT），用于测定整个网络的技术发展趋势。$TCT_i = \mathrm{Median}_{(j)}\{|T_i - T_j|\}$，其中，$T_i$ 和 T_j 分别指专利 i 和 j 的申请日期），TCT 即两件相关专利 i 和 j 申请时间差的中位数。

（3）密度指数（density index，DI），用于对不同的簇进行比较，发现每个簇的网络链接特征。$DI = T_c/[n_c(n_c-1]$，其中，T_c 和 n_c 分别代表簇中链接和节点的数量，DI 测量的是每个簇的内部链接性。簇的 DI 值越高说明拥有越多的链接技术包，反之亦如此。

Chang 等利用该算法对碳纳米管场发射显示器（CNT-FED）领域的专利主题词进行专利之间基于主题词相似度测算的关联网络研究，用于研究专利聚类和发现核心专利[59]。

（二）主题相似度网络

通过基于专利分类号的分布，可以计算不同经济体、不同地区和不同专利权人的技术相似度，统计学中常用的相似度算法适用于基于专利分类号的相似度测算，进而根据相关矩阵构建不同经济体、地区或专利权人的基于主题相似度的网络。例如，Hu 等采用了非向心相关性（un-centered correlation）研究了东亚不同国家之间基于美国专利分类号的相关性。其算法为

$$\mathrm{TP}_{ijt} = \frac{V'_{it}}{\sqrt{V'_{it}V_{it}}}\frac{V_{jt}}{\sqrt{V'_{jt}V_{jt}}}$$

其中，V_{it} 代表国家 i 在 t 年授权的美国专利的美国专利分类号向量，TP 的值位

于 0 和 1 之间，随着国家相似度的增加而单调增加[187]。

此外，Dou 等基于欧洲禽流感专利时，采用社会网络分析的理念研究了 IPC 之间的相互关系，以反映各种相关 IPC 小类之间的关联强度[188]。杨璧嘉和张旭利用网络分析方法基于 IPC 计算出专利之间的皮尔逊相关系数，再利用 Pajek 进行社会网络可视化，结果用于技术路线图研究[186]。

三、中国科学院专利实证分析

本小节以中国科学院院属各研究所之间专利产出主题上的相近性为实例，基于院属研究所的专利所涉及的 IPC 小组分析研究所之间的主题关联网络演化特征，从而反映中国科学院整体的研发布局的演化情况。

算法原理：假设专利权人集合为 I，专利权人 i 和 j（$i \in I$，$j \in I$）所拥有的专利分类号集合分别为 IPC_i 和 IPC_j，那么 $IPC_i \cap IPC_j$ 则为专利分类号共现集合，其拥有的专利分类号数量记作 W=count（$IPC_i \cap IPC_j$）。

为了发挥主题关联网络在分析合作网络方面的作用，本小节的分析从 1992 年（中国科学院研究所有合作专利的第一个年份）开始，每 3 年统计一次研究所主题关联关系的演化情况，网络基本信息统计见表 4-6。

表 4-6　中国科学院研究所主题关联网络参数

年份	1994	1997	2000	2003	2006	2009
节点数 / 个	67	76	87	98	105	127
边数 / 条	486	822	1525	2601	3932	5626
平均度数	14.5075	21.6316	35.0575	53.0816	74.8952	88.5984
密度 (×100)	0.2198	0.2884	0.4076	0.5472	0.7201	0.7032
簇数	3	1	1	1	1	1
网络直径	4	4	3	3	3	3
孤立点	2	0	0	0	0	0

数据显示，除了在 1994 年以前网络由 3 个独立的簇及两个孤立点外，以后其他年份中国科学院所有研究所之间已经构建起了一个紧密的关联网络，只有一个簇，且无孤立点。随着时间的推移，不断有研究所开始申请专利，导致网

络中的节点数缓慢增加，且在主题上与已有研究所存在关联，网络的链接数快速增长，说明研究所之间的主题关联强度逐年增大，这一点可以通过图 4-6 的标度指数 α 值（4.03）得以反映；此外，网络平均度数及网络密度的逐年递增趋势均反映出网络越来越紧密、关联强度逐步增强的事实。

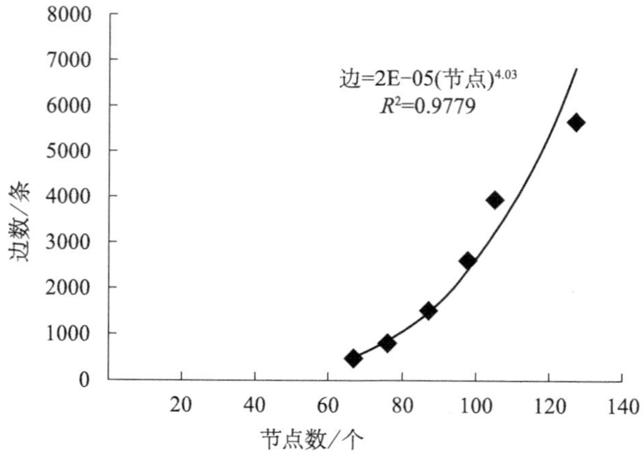

图 4-6　中国科学院研究所主题关联网络度数 - 链接关系

由于中国科学院的院属研究所数量是有限的，随着研究所之间主题关联强度的逐步增加，网络的密度及平均度数的增速将减缓，2009 年的密度数据已经显现出与 2006 年相比略微下降的情况。一种理想的极限情况是所有研究所之间在主题上都存在关联，届时，网络的直径将降低并保持在 1 不变，网络的平均度数也将稳定在 $n-1$（n 指网络中节点的数量，即中国科学院研究所的数量），此时的网络是一个完全子图，密度将达到极限值 1。

图 4-7 中的系列图示演示了各时间节点中国科学院研究所之间主题关联网络演化图，由于网络密度较大，为了清晰呈现关联强度较高的链接，每个网络图均只呈现主题关联强度（即 W_1 值）最高的 100 个链接及相应专利权人。

在主题关联网络中，度数最高的专利权人就是拥有存在相同 IPC 的研究所数量最多的研究所，专利权人的主题关联度数越高，说明其学科布局更为广泛。那么，是否主题关联度数越高的专利权人也拥有 W_1 值较高的主题关联对？是否 W_1 值越高的主题关联对的合作概率越高？为了回答这两个问题，本节统计了中国科学院主题关联度数最高的 10 个专利权人（表 4-7）和 W_1 值最高的 50 对主题关联对（表 4-8），与合作数量最多的 50 对合作（表 4-9）对进行比较，以发现主题关联与合作之间的关系。

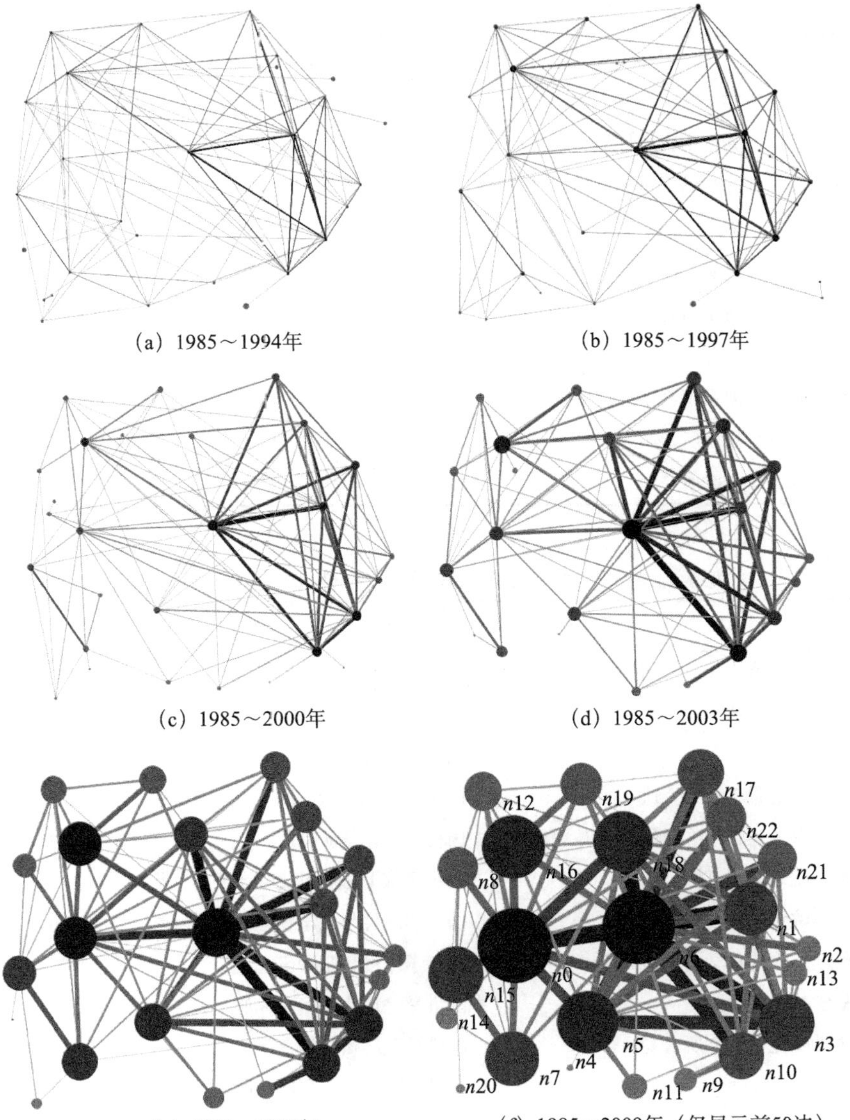

（a）1985～1994年　（b）1985～1997年

（c）1985～2000年　（d）1985～2003年

（e）1985～2006年　（f）1985～2009年（仅显示前50边）

图 4-7　中国科学院研究所之间主题关联网络演化图

*n*0 为中国科学技术大学；*n*1 为中国科学院长春应用化学研究所；*n*2 为中国科学院成都有机化学有限公司；*n*3 为中国科学院大连化学物理研究所；*n*4 为中国科学院福建物质结构研究所；*n*5 为中国科学院过程工程研究所；*n*6 为中国科学院化学研究所；*n*7 为中国科学院上海光学精密机械研究所；*n*8 为中国科学院上海微系统与信息技术研究所；*n*9 为中国科学院上海药物研究所；*n*10 为中国科学院上海有机化学研究所；*n*11 为中国科学院生态环境研究中心；*n*12 为中国科学院物理研究所；*n*13 为中国科学院新疆理化技术研究所；*n*14 为中国科学院半导体研究所；*n*15 为中国科学院长春光学精密机械与物理研究所；*n*16 为中国科学院金属研究所；*n*17 为中国科学院兰州化学物理研究所；*n*18 为中国科学院理化技术研究所；*n*19 为中国科学院上海硅酸盐研究所；*n*20 为中国科学院上海技术物理研究所；*n*21 为中国科学院广州化学有限公司；*n*22 为中国科学院山西煤炭化学研究所

表 4-7　中国科学院主题关联网络度数 TOP10 专利权人

专利权人	截至 2009 年度数	排名
中国科学技术大学	119	1
中国科学院上海光学精密机械研究所	117	2
中国科学院长春光学精密机械与物理研究所	117	3
中国科学院沈阳应用生态研究所	116	4
中国科学院半导体研究所	116	5
中国科学院理化技术研究所	116	6
中国科学院化学研究所	115	7
中国科学院上海微系统与信息技术研究所	115	8
中国科学院物理研究所	115	9
中国科学院力学研究所	115	10

表 4-8　中国科学院主题关联网络 W_1 值 TOP50 主题关联对

主题关联对 TOP50		W	排名
中国科学院长春应用化学研究所	中国科学院化学研究所	251	1
中国科学院化学研究所	中国科学院理化技术研究所	243	2
中国科学技术大学	中国科学院化学研究所	236	3
中国科学院过程工程研究所	中国科学院化学研究所	229	4
中国科学院大连化学物理研究所	中国科学院化学研究所	227	5
中国科学院化学研究所	中国科学院上海有机化学研究所	225	6
中国科学院化学研究所	中国科学院兰州化学物理研究所	220	7
中国科学院大连化学物理研究所	中国科学院过程工程研究所	212	8
中国科学技术大学	中国科学院理化技术研究所	202	9
中国科学院化学研究所	中国科学院广州化学有限公司	202	10
中国科学技术大学	中国科学院过程工程研究所	188	11
中国科学技术大学	中国科学院大连化学物理研究所	183	12
中国科学院大连化学物理研究所	中国科学院兰州化学物理研究所	180	13
中国科学院中国科学技术大学	中国科学院长春应用化学研究所	179	14
中国科学院大连化学物理研究所	中国科学院上海有机化学研究所	178	15
中国科学院长春应用化学研究所	中国科学院过程工程研究所	176	16
中国科学技术大学	中国科学院金属研究所	174	17
中国科学院长春应用化学研究所	中国科学院理化技术研究所	174	18
中国科学技术大学	中国科学院长春光学精密机械与物理研究所	171	19

续表

主题关联对 TOP50		W	排名
中国科学院大连化学物理研究所	中国科学院理化技术研究所	171	20
中国科学院化学研究所	中国科学院山西煤炭化学研究所	171	21
中国科学院成都有机化学有限公司	中国科学院化学研究所	169	22
中国科学院上海光机所	中国科学院长春光学精密机械与物理研究所	169	23
中国科学院过程工程研究所	中国科学院山西煤炭化学研究所	169	24
中国科学技术大学	中国科学院上海微系统与信息技术研究所	168	25
中国科学院长春应用化学研究所	中国科学院大连化学物理研究所	168	26
中国科学院金属研究所	中国科学院上海硅酸盐研究所	166	27
中国科学院过程工程研究所	中国科学院兰州化学物理研究所	166	28
中国科学院化学研究所	中国科学院金属研究所	164	29
中国科学技术大学	中国科学院上海光机所	162	30
中国科学院过程工程研究所	中国科学院理化技术研究所	159	31
中国科学院过程工程研究所	中国科学院广州化学有限公司	158	32
中国科学院长春应用化学研究所	中国科学院上海有机化学研究所	157	33
中国科学院上海药物研究所	中国科学院上海有机化学研究所	157	34
中国科学院长春应用化学研究所	中国科学院兰州化学物理研究所	153	35
中国科学院化学研究所	中国科学院上海硅酸盐研究所	152	36
中国科学院长春应用化学研究所	中国科学院广州化学有限公司	151	37
中国科学院过程工程研究所	中国科学院生态环境研究中心	149	38
中国科学技术大学	中国科学院上海硅酸盐研究所	149	39
中国科学技术大学	中国科学院物理研究所	147	40
中国科学院兰州化学物理研究所	中国科学院山西煤炭化学研究所	147	41
中国科学院上海有机化学研究所	中国科学院理化技术研究所	146	42
中国科学院大连化学物理研究所	中国科学院山西煤炭化学研究所	146	43
中国科学技术大学	中国科学院兰州化学物理研究所	144	44
中国科学院兰州化学物理研究所	中国科学院理化技术研究所	144	45
中国科学院大连化学物理研究所	中国科学院广州化学有限公司	144	46
中国科学院过程工程研究所	中国科学院上海有机化学研究所	141	47
中国科学院理化技术研究所	中国科学院上海硅酸盐研究所	141	48
中国科学院上海光学精密机械研究所	中国科学院理化技术研究所	141	49
中国科学院上海有机化学研究所	中国科学院兰州化学物理研究所	141	50

中国科学院主题关联网络 W_1 值 TOP50 主题关联对中总计涉及 18 家研究所，其中有 7 家的度数均位居前 10，包括中国科学院化学研究所、中国科学技术大学、中国科学院理化技术研究所、中国科学院上海光学精密机械研究所、中国科学院长春光学精密与物理研究所、中国科学院上海微系统与信息技术研究所、中国科学院物理研究所。数据表明，度数较高的研究所，多数也拥有一对或多对 W_1 值较高的主题关联对。

表 4-9　中国科学院合作网络 59 对院属研究所之间的合作对

合作对		合作数
中国科学院电子学研究所	中国科学院电工研究所	7
中国科学院合肥智能机械研究所	中国科学院合肥物质科学研究院	5
中国科学院理化技术研究所	中国科学院物理研究所	5
中国科学院光电技术研究所	中国科学院光电研究院	4
中国科学院理化技术研究所	中国科学院化学研究所	4
中国科学院广州化学有限公司	中国科学院广州地球化学研究所	3
中国科学院金属研究所	中国科学院近代物理研究所	3
中国科学院昆明植物研究所	中国科学院昆明动物研究所	3
中国科学院海洋研究所	中国科学院南海海洋研究所	3
中国科学院上海光学精密机械研究所	中国科学院上海生命科学院	3
中国科学院微生物研究所	中国科学院微电子研究所	3
中国科学院大连化学物理研究所	中国科学院等离子体物理研究所	2
中国科学院测量与地球物理研究所	中国科学院地质与地球物理研究所	2
中国科学院南京地理与湖泊研究所	中国科学院南京地质古生物研究所	2
中国科学院上海微系统与信息技术研究所	中国科学院上海光学精密机械研究所	2
中国科学院上海药物研究所	中国科学院上海光学精密机械研究所	2
中国科学院上海药物研究所	中国科学院上海技术物理研究所	2
中国科学院沈阳自动化研究所	中国科学院沈阳应用生态研究所	2
中国科学技术大学	中国科学院声学研究所	2
中国科学院安徽光学精密机械研究所	中国科学院西安光学精密机械研究所	2
中国科学院昆明植物研究所	中国科学院植物研究所	2
中国科学院沈阳自动化研究所	中国科学院自动化研究所	2
中国科学院上海光学精密机械研究所	中国科学院长春光学精密机械与物理研究所	1
中国科学院生态环境研究中心	中国科学院成都山地灾害与环境研究所	1
中国科学院化学研究所	中国科学院大连化学物理研究所	1
中国科学院兰州化学物理研究所	中国科学院光电技术研究所	1
中国科学院兰州化学物理研究所	中国科学院光电研究院	1

续表

合作对		合作数
中国科学院生态环境研究中心	中国科学院广东省生态环境与土壤研究所	1
中国科学院上海生命科学院	中国科学院国家基因研究中心	1
中国科学院成都有机化学有限公司	中国科学院国家纳米科学中心	1
中国科学院化学研究所	中国科学院过程工程研究所	1
中国科学院物理研究所	中国科学院过程工程研究所	1
中国科学院电工研究所	中国科学院寒区旱区环境与工程研究所	1
中国科学院物理研究所	中国科学院合肥物质科学研究院	1
中国科学院广州分院	中国科学院华南植物园	1
中国科学院上海技术物理研究所	中国科学院计算技术研究所	1
中国科学院上海药物研究所	中国科学院昆明动物研究所	1
中国科学院生物物理研究所	中国科学院昆明动物研究所	1
中国科学院微生物研究所	中国科学院昆明植物研究所	1
中国科学院大连化学物理研究所	中国科学院兰州化学物理研究所	1
中国科学院金属研究所	中国科学院南京土壤研究所	1
中国科学院理化技术研究所	中国科学院上海技术物理研究所	1
中国科学院上海硅酸盐研究所	中国科学院上海技术物理研究所	1
中国科学院上海药物研究所	中国科学院上海微系统与信息技术研究所	1
中国科学院理化技术研究所	中国科学院上海药物研究所	1
中国科学院上海技术物理研究所	中国科学院上海应用物理研究所	1
中国科学院理化技术研究所	中国科学院深圳先进技术研究院	1
中国科学院沈阳应用生态研究所	中国科学院沈阳计算技术研究所有限公司	1
中国科学院金属研究所	中国科学院沈阳自动化研究所	1
中国科学院微生物研究所	中国科学院生物物理研究所	1
中国科学院长春应用化学研究所	中国科学院声学研究所	1
中国科学院电子学研究所	中国科学院微电子研究所	1
中国科学院化学研究所	中国科学院微电子研究所	1
中国科学院物理研究所	中国科学院心理研究所	1
中国科学院武汉岩土力学研究所	中国科学院亚热带农业生态研究所	1
中国科学院南海海洋研究所	中国科学院烟台海岸带可持续发展研究所	1
中国科学院化学研究所	中国科学院研究生院	1
中国科学院遥感应用研究所	中国科学院遥感卫星地面站	1
中国科学院华南植物园	中国科学院植物研究所	1

然而，通过与中国科学院研究所之间的合作对比较发现，利用 W_1 方法计

算得到的专利权人之间的主题关联与合作对的构建无明显相关性，如中国科学院理化技术研究所与中国科学院化学研究所在主题关联和合作数量都位居前列，中国科学院上海光学精密机械研究所和长春光学精密机械与物理研究所存在合作，其主题关联强度也较高。但是，从主题关联对及合作对研究所的所属领域角度分析，多数关联对或合作对的主题均相近或相似，然而主题对与合作对的映射关系却不显著。同时还发现，主题关联强度较高的关联对并未演变成合作对，如中国科学院长春应用化学研究所与中国科学院化学研究所、中国科学技术大学、中国科学院过程工程研究所、中国科学院理化技术研究所及中国科学院大连化学物理研究所等都拥有很高的主题相似度，却均无合作。原因可能包括以下几个方面。

（1）数据量较小，特别是合作的数量较少，随机性增加，统计学意义下降，降低了从主题关联到合作对构建的映射性。

（2）IPC 自身分类体系的影响，不同领域的 IPC 数量不同，在两家具有同等规模专利产出的假定前提下，IPC 数量多的领域的专利权人之间的 W_1 值相应可能也高，进而导致不同领域的专利权人的主题关联强度缺乏平等的判定基础。例如，在国际专利分类表中，C 部（化学、冶金）有 93 个小类，而 H 部（电学）仅有 50 个小类，如果分别有两组专利权人 A–B 和 C–D，它们的专利数量基本相同或接近，其中 A 和 B 属于化学领域，其专利均涉及 93 个小类，C 和 D 属于电学领域，其专利均涉及 50 个电学小类，而此时计算获得的 A–B 的 W_1 值为 93，而 C–D 的 W_1 值仅为 50。

（3）受专利权人的专利产出能力大小或性质（综合性或专业性）的影响，研发实力较强的或综合性较强的专利权人涉及领域较广，拥有的 IPC 大组数量也多，而专业性较强的专利权人则集中于相对较少的 IPC 领域，进而导致即使两个拥有高度重合 IPC 分布的专利权人也会因这种重合的 IPC 数量较少而仅获得较低的 W_1 值，但事实却恰恰相反，它们之间拥有很高的主题关联强度。

为了克服上述算法的不足，本节将同时比较下面几种主题关联方法的实用性与科学性问题。

四、工业生物技术专利实证分析

上节讨论了中国科学院院属研究所这一特定专利权人群体的主题关联网络

演化特征，本节将对工业生物技术发明专利数据进行分析。在工业生物技术领域 2000 ～ 2010 年合作频次大于 5 次的专利合作对有 634 对，其中有 388 对是在 2001 年以后才建立的链接，本节主题关联实证分析则以这 388 对为数据基础进行分析。

本小节实例以工业生物技术领域 388 对 2001 年以后新建合作对之间主题上的相似性为实例，基于工业生物技术领域所涉及的 IPC 大组分析专利权人之间的主题关联网络演化特征。388 对合作对中有 181 对在合作前均已存在网络中，这些合作对合作前 *W* 值的演化情况见图 4-8。所有合作对在合作前的 *W* 值逐年增加，说明合作对双方所拥有相同的 IPC 大组数量在合作前逐步增加。

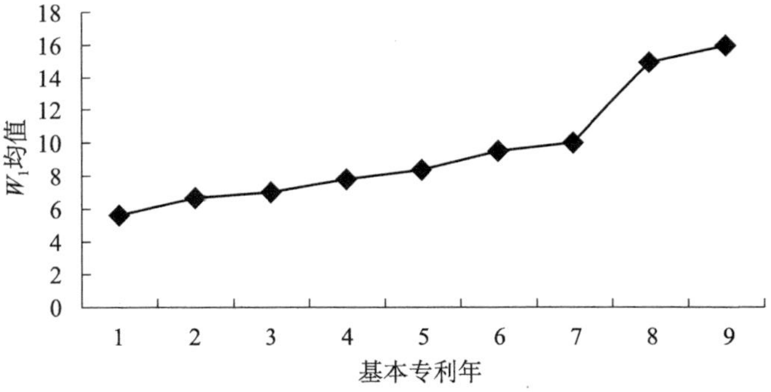

图 4-8　工业生物技术 181 对合作对合作前 *W* 值逐年变化情况
起点标准化到同一年

五、小结

通过上述针对中国科学院院属研究所及工业生物技术领域两个主题关联网络演化的实证分析发现，合作对双方之间一般都拥有较高的主题相似度，然而这种映射的反向推理效用却很低，很难得出主题相似度越高的两个专利权人之间合作的可能性越大的结论。此外，随着学科交叉与跨学科交流的日益增多，主题相异在某些情况下还会促进专利权人之间的合作。

因此，专利权人之间主题相似度的大小到底是否能反映出其合作潜力的大小尚无定论，或许还需在主题相似计算算法角度加以深入研究，例如，利用 SAO 模型和 LDA 模型等开展语义层面上的相似度计算，尝试构建主题关联与合作之间的有效映射关系，发挥主题关联算法在预测专利权人之间合作潜力方面的效用。目前研究的难点在于，已有的算法可以获得合作双方专利权人之间一般也拥有较高的主题相似度，然而却无法反向映射，即通过上述算法计算所有专利权人之间的主题相似度发现，很多主题相似度高的专利权人之间并未建立合作关系，同时很多已有合作的双方专利权人的主题相似度虽然不低，但却没有明显的统计学特征显示出主题关联度高的两个专利权人更易于合作的倾向。

第五章 5

引用网络研究

第一节　引用网络的基础理论与概念

一、引用网络的基本原理

引文网络是由文献间引用和被引用的特有关系构成的文献信息的整体，文献资料包括科技期刊、专利文献、会议文献、科技报告、学位论文等[189]。它的节点代表科学文献，边则代表了文献间的引证关系。引文网络是一种重要的知识网路，它描述了一个学科主题的知识发展和知识演化的过程。

自从 1955 年加菲尔德在《科学》期刊上发表论文，开创性地提出利用论文间的相互引用关系来探讨和分析科学活动及科学文献的概念——科学引文索引（SCI）以来[190]，特别是 10 年后普赖斯对科学引文关系的进一步深化研究，分析科学出版物之间的引文网络的意义已经在国际科学学和科学计量学界达成了广泛的共识。科技论文是反映近代人类知识增长的一个重要方面，通过引用已经发表过的论文表达出人类知识的承接和继承关系。随着人类知识量的迅速增加，论文间的引用关系已经形成了一个超大规模的网络系统。

历经半个多世纪的发展，引文分析已广泛应用于图书情报研究与应用领域，并衍生出文献计量学和科学计量学等领域[104]。随着社会网络分析和复杂网络分析方法在图书情报学领域的广泛应用，引文网络分析的内涵和方法也得以不断丰富和拓展，特别是近年来国内外对基于引文网络的演化分析的研究工作日益增加，将复杂网络演化分析的思想用于引文网络演化分析，用于评价杰出科学家、揭示科学思想和技术的发展脉络等[191]。

引文分析是科学计量学领域研究的重要内容，特别是针对论文的引文分析，被认为可以来衡量真实环境中作者的信任关系，进而引文网络也可以被看作是一种信任网络[80]。巴伊兰于 2008 年发表在 *Journal of Informetrics* 上的一篇综述把 21 世纪初期几年有关引文分析的内容分为了六个部分，分别为基于引文分析对期刊或研究领域进行描述、引文分析的理论和方法研究、自引分析、自我中心的引文分析、质量评估、引文分析与统计的错误研究[80]。

从引文分析的基本原理角度，可以分为直接引用分析和共引分析，出发的角度可以包括论文本身、作者、机构、国家。具体包括三个大的方面，第一是定向链接网络，包括文章—文章的引用网络和作者—文章网络——一篇文章以参考文献的形式引用其他文章形成一个未加权的、定向论文引用图（图 5-1），利用此类图可以按照论文发表的顺序通过箭头指示信息流的方向。一篇文章的参考文献和引文可以及时地反映对先发论文的引用及被引图表，同时也是作为一篇文章的重要指标。第二是参考文献共现网络——拥有相同参考文献的文章、专利或其他学术产品被称为具有文献著录链接关系。学术文章的文献耦合（bibliographic coupling，BC）强度可以根据它们共同引用的参考文献的数目进行计算，链接强度被认为反映主题的相似性。第三是共引网络，包括文献共引网络和作者共引网络——文献共引网络最早于 1973 年提出，也是引文分析中最为重要的领域。

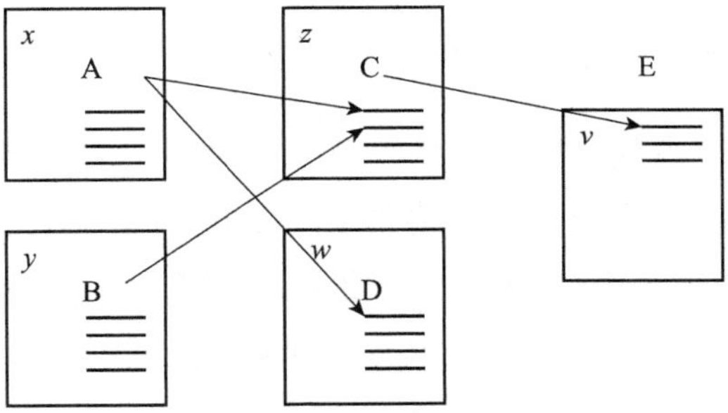

图 5-1　引文网络示意图

（说明：A、B、C、D、E——论文；*x*、*y*、*z*、*w*、*v*——作者）

目前专利引用分析主要集中在对专利家族之间的引用关系方面，例如，施特尼茨克等（2008）分析了 LED 领域特定年份内专利之间的引用关系[58]，德国汉堡大学的瓦特堡（Wartburg）等在 2005 年通过多级专利引用分析（multi-stage patent citation analysis）方法对技术演化进行了研究[192]。此外也有学者对专利权人之间的引用网络进行了研究[58]，但均未涉及基于共引和专利文献耦合的引用网络分析。

二、引文网络的研究内容

引文网络作为复杂网络的重要分支，利用复杂网络研究方法对引文网络进行研究，对引文网络的深入分析具有重要意义；基于引文网络的整体结构，运用社会网络分析方法确定文献的核心程度能够对文献进行质量评价；通过揭示文献之间的关联，对引文网络进行社团划分，从而将相似的文献进行聚合，并利用可视化方法将这些聚合结果展现出来，既能准确揭示学科发展结构和过程，也能提高用户信息获取效率，促进科学检索的发展。

目前对引文网络的研究主要分为以下几个方面[193]。

（一）学术评价指标优化

早期的学术评价多是统计引用次数，较少考虑文献的质量。随着引文网络的不断发展，社会网络评价方法越来越多地运用于学术评价。引文网络适用于各种对象的科研学术影响力评价，包括作者、文献、期刊及学科领域等，对引文网络分析成为当前学术评价的重要方法。

（二）引文网络中社团划分

引文网络中的节点代表文献，每一篇文献对应一个或多个作者，文献间存在的引用关系可以映射为作者之间的关系。因此，利用引文网络对学者的科研合作关系的研究成为当前引文网络的重要研究内容。通过构造学者的知识网络，分析学者之间的关联程度，可以对相关学科领域内的科研群体进行分析，从而发现学科核心作者及分析学科发展动态和趋势等。

（三）引文网络演化研究用于分析知识传播过程

引文网络作为一种重要的知识网路，描述了一个学科主题的知识发展和知识演化的过程，因此通过对引文网络的分析，从而发现学科演化及知识传播过程是引文网络的主要研究方向之一。目前有关引文网络知识流相关研究的重要主题包括知识扩散、知识流与主路径分析，科学结构与学科交叉分析，共引网络演化分析等。

（四）学科知识和研究主题识别

随着当前学术出版物的海量增长，如何有效地利用科学文献信息成为当下学者所关注的重要问题，巴斯克斯（Vazquez）[194]的研究表明，引文网络具有一定的聚集倾向，利用各种聚类技术对文献、作者、期刊、机构和领域进行归类和总结成为当前引文网络的重要研究方向。目前对引文网络的主题识别研究主要通过文献共引网络和文献耦合网络实现，对作者聚类主要通过合著网络和作者共引网络等进行实现。

第二节 引文网络演化研究

本节主要对引文网络演化分析的相关研究理论、方法和应用等最新进展进行梳理和介绍。同时，本节也采用统计和引文网络演化分析方法对引文网络演化研究自身的发展历史及主要路径进行分析，本节采用的文献计量分析数据来自 WOS 数据库，采用“TS=（(citation* and（evolv* OR evolut* OR "knowledge flow" OR path OR trajector* OR backbone）) NOT "citation classic"）”检索 2014 年以前 WOS 收录的有关引文演化分析的研究论文、读者来信、会议论文和综述四种文献类型的论文，总计获得 2046 篇文献，数据下载日期为 2015 年 7 月 14 日。

一、引文网络演化研究发展史

在本节检索获取的 2046 篇文献中，最早有关引文演化研究的文章是加菲尔德在 1979 年发表的论文 *Citation Indexing-Evolving Grammar of Citation Analysis*，然而该文章并没有成为后续引文网络演化分析的起点，没有被引记录。最早发表且被引用的有关引文网络演化分析的论文是加菲尔德在 1986 年发表的一篇有关物理化学向化学物理演化的基于期刊引用的分析[195]。图 5-2（a）呈现了引文网络演化分析论文数量的年度发展态势情况，事实上，在 1990 年以前仅有 3 篇论文，在 1991 年以后，有关引文网络演化分析的论文数才呈现出稳定增长的趋势，并从 2008 年开始迎来快速发展的时期，2013 年和 2014 年论文数量有较大幅度下降，但年度数量依然保持在相对较高的水平上。

为了考察在引文网络演化研究发展过程中起到重要引领或传承作用的研究成果，揭示该领域发展过程中的关键研究成果，呈现其核心发展脉络，本节利用 CitNetExplorer 软件分析了引文网络演化研究历程中的主要技术路径，结果见图 5-2（b），图中每个圆点代表一篇论文，圆点的标签是该论文第一作者的姓氏，不同形状代表被划分在不同社团。2046 篇论文共有 508 篇论文被划分在 5 个社团，图中仅显示了被引最频繁，即引用得分最高（citation score）的前 40 篇论文。

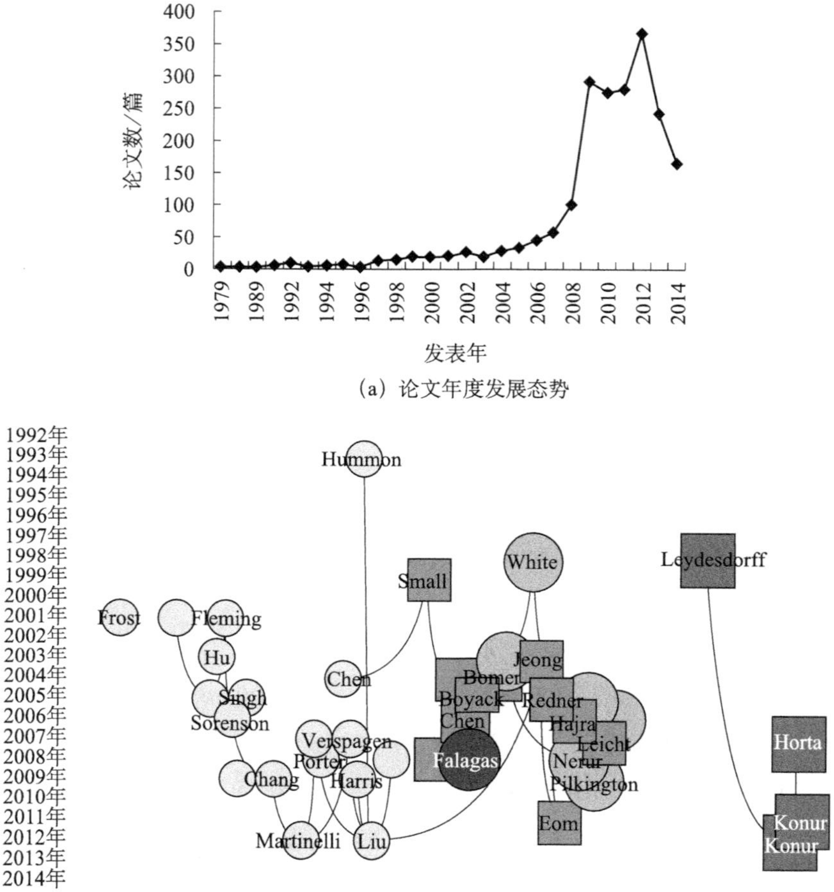

（a）论文年度发展态势

（b）技术演化主路径

图 5-2　引文网络演化研究发展历程及技术演化脉络

表 5-1 统计了上述各个社团的论文数、涉及的代表性作者及主要研究主题情况。有关知识扩散、知识流和主路径分析的论文形成了一个最大的社团，涉及论文 187 篇；其次是有关科学结构与学科交叉的研究论文有 155 篇。可见这两个大的社团是近年来引文网络演化研究的重点。在后续章节的研究主题与功能部分将对这 5 个社团中关键的成果进行介绍。

表 5-1 社团统计

社团					
论文数/篇	187	155	96	40	30
代表性作者	哈蒙（Hummon） 陈超美（Chen） 常（Chang）	斯莫尔（Small） 郑（Jeong） 雷德纳（Redner）	怀特 皮尔金顿 （Pilkington） 阿塞多（Acedo）	雷蒂斯托夫 霍塔（Horta） 科努尔（Konur）	法拉加斯 （Falagas）
主题	知识扩散、知识流与主路径分析	科学结构、学科交叉	共引网络	基于引文的评价研究	宏观层面的科学或学科演化特征

二、引文网络演化研究的国际格局

2046 篇引文网络演化研究的论文来自全球 82 个国家 / 地区，其中美国的论文数量最多，达到 890 篇，占总量的 43%，论文数量在 100 篇以上的国家还包括英国、法国、中国、德国、加拿大、意大利和西班牙。美国不仅论文数量多，而且还处于合作的中心，可见美国在引文耦合网络研究方面处于全球主导地位。这一点与科学计量学研究格局有所不同，笔者在 2013 年通过对 *Scientometrics* 期刊 1978 ～ 2010 年发表的全部论文研究发现，美国、比利时和英国是国际科学计量学研究的主导国 / 地区，无论论文数量还是合作中心度均处于国际领先的同一水平 [69]。在区域层面，美国和欧洲依旧保持在引文网络演化分析领域的领先优势，亚洲国家 / 地区中仅中国、日本和中国台湾有相对较好的表现，论文数量进入前 15 名，特别是中国在合作网络中也与美国和欧洲国家 / 地区保持了较为密切的合作，其中与美国拥有较高的合作数量。

美国和英国不但论文数量排在前两位，两国之间的合作力度也最大，合作数量最多，达到 64 篇。此外，加拿大、法国、德国和中国也都和美国保持了较强的合作关系，而这些国家之间的合作则相对较弱。

从 ISI 学科分类角度分析，社会科学、数学和物理、地球科学、人类学和传染性疾病等五大学科是引文网络演化分析相关论文分布最多的五个学科。其中社会科学、物理和数学两个学科是理论和方法研究论文的主要产出领域，来自数学和物理领域的复杂网络研究爱好者也将引文网络的演化特征研究作为重要的研究标的之一；来自社会科学领域的图书情报研究爱好者、科学学研究者等则重点关注因为网络演化特征的揭示方法及实证应用等研究。其他几个学科则主要是有关引文网络演化研究的应用领域，如用于揭示地球科学、人类学、传染性疾病等学科的演化历史等。

三、引文网络演化研究的主题与功能

基于前文引文网络演化研究论文的社团划分结果，结合文献调研分析，本节从以下五个方面对有关引文网络演化研究的重要成果进行系统梳理和介绍。

（一）引文网络演化结构特征研究

引文网络结构演化特征研究是理论物理学界和图书情报界利用复杂网络理论对引文网络开展理论和建模研究的重点内容之一。例如，Jeong 在 2003 年对引文演化网络的优先链接特征进行了测量，发现了某篇文献获得被引次数的增长与其已有被引频次（即引文网络中的度数）成线性相关性。该特征与因特网一致，而与演员合作网络和科学家合作网络的优先链接特征不同，后两者呈现出次线性的幂律分布特征[196]。在专利引文网络结构演化特征研究方面，Hung 等在 2008 年[197]和 2010 年[198]发现专利引文网络可以成为小世界网络，且具有幂律分布特征。

格雷斯（Gress）对美国专利引文网络分析发现，专利引用及专利数随着时间增长呈现出爆炸式增长态势，由于不同学科之间的引用关系而导致引文网络出现一些引文网络区域连线紧密而有些区域稀疏的块状（clumpy）特征[199]。翁（Weng）等在专利引用网络中引入了结构等价（structural equivalence）的概念、采用块模型（blockmodel）对专利进行分组研究。所谓结构等价即指在专利引用网络中拥有相同位置的两件专利拥有结构等价性，此时拥有结构等价性的两件专利会被分到一个块（block）中，一般情况下拥有结构等价性的两件专利在技术上相近或拥有相近的知识基础[200]。

此外，引文网络不仅仅限于论文和专利，其他存在引用或参考关系的文献资料也可用于开展引文网络分析，有代表性的一项工作是莱查特等在 2007 年对美国最高法院判决书之间的引用网络开展了研究，采用最大期望算法、模块性优化算法和特征向量中心性算法，揭示了随着时间演化判决书引用结构的明显分化，将三个方法整合在一起则揭示了整个网络结构全景的演化情况[42]。

（二）引文网络演化用于知识流研究

知识流动是知识通过一定的媒介和路径在知识主体间运动的过程，在知识流动的过程中实现了知识的共享和创造[201]。早在 1993 年，哈蒙等就利用引文网络对 *Social Networks* 期刊前 12 卷论文进行了分析，抽提出了社会网络分析的六个主路径结构信息[202]，从图 5-2（b）可见，该文也是有关知识流和主路径研究领域较早对后续研究产生重大影响的论文之一，对该方面的研究发展起到了至关重要的引领作用。博马里托（Bommarito）等指出，专利引文网络是一种重要的无圈有向图（acyclic digraphs），对通过学术引用的思想传播、创新传播研究具有重要价值，他们利用距离测量（distance measure）和层次聚类算法（Hierarchical Clustering Algorithm）对美国专利动态引文网络进行了分析[203]。

无论基于论文还是基于专利的引文网络演化所产生的知识流属于无形知识流[204]的范畴，也是目前引文分析的一个重要研究领域。下面介绍几个代表性的研究成果。陈超美等在 2004 年将复杂网络理论、网络可视化和专利引用分析方法整合在一起，改进了知识扩散的研究方法，并利用专利引用网络对组织工程领域的知识扩散情形进行了挖掘[205]，这篇论文首次尝试了开发和利用可解释的可视化技术来抓取专利引文网络的演化动态。Chang 等在 2009 年同样利用专利引文网络开展了技术扩散与商业方法分类研究，并用于技术预测研究[206]。王亮和张庆普基于引文网络对知识流动的类型、要素和动因进行了剖析，分别描述了显性知识流动过程和隐性知识流动过程，分析了各个网络中知识流动的过程和特点。通过源网络和映射网络构建了知识流动模型，分析了各主体在知识流动过程中的地位、作用，从结构的变化看出对知识流动有影响的因素。他们提出了知识流动的三个机制，即选择机制、互惠机制和演化机制，并针对 P-P 网络、J-J 网络和 A-A 网络中知识主体的不同性质分析了不同网络中三种机制的表现形式，为知识流动的量化评价提供了基础[201]。

在专利引文网络知识流研究方面，施（Shih）等基于专利引用分析了国家之间的技术分布及知识流情况[207]。进司（Igami）对纳米技术欧洲专利的引用演进网络进行分析发现，不同纳米技术子领域之间的知识流现象比较少，每个子领域的发展似乎更多地依赖本领域自身的推动[208]。Hu 采用双指数知识扩散模型对东亚国家 / 地区之间的知识流发现，中国台湾已成为东亚经济知识扩散的源头[187]。

（三）引文网络演化用于挖掘技术路径

技术主路径（MPA）的概念由哈蒙和多瑞安（Doreian）在1989年首次提出，他们设计了节点对投影数（NPPC）、搜寻路径链接数目（SPLC）和搜寻路径节点对数（SPNP）三个指标来量化引用链接对的权重[209]，此后，已有很多研究利用文献和专利引文数据开展主路径分析研究。社会网络分析对MPA理论的后续研究表明，MPA方法是正确而有效的[202, 210]。杨中楷等利用“技术轨道”（支配特定领域技术创新的技术范式）[211]的概念，基于专利引文网络，采用SPNP算法对太阳能光伏电池板领域的技术轨道进行了识别研究[212]；巴特哥利（Batagelj）在2003年提出了一种名为SPC的算法来在大规模引文网络搜寻主路径，研究发现利用SPC可获得与SPLC和NPPC相似的结果[213]；沃斯帕根（Verspagen）在2007年利用专利引文数据对燃料电池领域的技术发展历史进行了挖掘[214]；米娜（Mina）等在2007年同时利用论文和专利引文数据对医学知识领域的出现、增长和转化路径进行了分析[215]；卢西奥－阿里亚斯（Lucio-Arias）和雷蒂斯托夫在2008年利用HistCite软件整合了路径依赖转型和主路径分析两种方法对富勒烯纳米管领域的主干结构进行了挖掘[216]；鲁（Lu）等在2013年利用MPA方法对资源基础理论的知识扩散路径进行了分析[217]；肖（Xiao）等在2014年采用主路径分析方法，对“数据质量”领域的知识扩散结构进行了分析，从局部、全球[218]和关键路径[219]三个维度，利用g指数和h指数对数据质量研究领域的重要期刊和研究人员进行了评价[220]。

图5-2（b）也是技术路径挖掘的典型成果，该图利用CitNetExplorer软件进行绘制，除了展示出在引文网络演化研究这一主题下的重要论文及其相互关系外，还根据论文间的引用关系将论文划分为5个不同的社团，每个代表了不同的研究方向。

（四）引文网络演化用于揭示科学结构的演变

邱均平和董克指出，通过引文网络分析来揭示文献之间的关联，能够更为准确地揭示科学发展的结构和过程[221]。博亚克等基于ISI收录的7000多种期刊所属的212个学科分类之间的引用关系，对科学的骨架结构进行了可视化研究[222]，虽然作者并没有在科学发展的不同历史阶段呈现其骨架结构，但很显然可以通过此方法揭示科学结构的演变情况。伯尔纳等在2012年对基于学科分类的全球科学地图进行了升级，作为用户跟踪学术生涯、识别新兴研究前沿以及机构或国家的优势领域提供参考系统[223]。图 5-3 所呈现的引文网络演化主题图就是在伯尔纳更新的最新版科学地图基础上绘制的。

斯莫尔在 1999 年研究了基于文献强共引关系路径创建方法，发现了一条跨越 331 篇文献始于经济学领域、止于天体物理学领域的特别路径，对跨学科边界的转变进行了分析[224]。雷德纳在 2005 年对 *Physical Review* 期刊 1893 ～ 2003 年 110 年的引文数据进行了分析，特别是对“睡美人”文献［225］、重要发现性论文（总被引超过 500 次、平均被引年龄与发表年龄比小于 0.4 的论文）和热点文献三种类型的文献的引用历史进行了揭示，研究发现，少数的物理学家主导了高被引论文，高被引文献则又改变了引文历史[226]。Hu 等在 2011 年指出，文献真实引文网络中有多种引用关系的产生途径，通常基于文献来研究领域的演化过程中，仅考虑直接引用尚不能全面揭示实际情形[227]。此外，在专利引文网络揭示科学结构方面，瓦特堡等通过多级专利引文分析方法对技术演进进行了研究[192]。

（五）引文网络演化用于科研评价与预测

邱均平和董克指出，基于引文网络的整体结构，运用合适的方法确定文献的核心程度，能够更加客观地进行科学文献质量评价，他们利用阈值聚合和权值“高地”聚合两种方法对核心文献进行聚合，研究结果表明，据此方法得到的引文及文献节点权重能够准确反映文献的质量，阈值聚合能够迅速发现整个学科发展过程中最核心的文献和引文，权值“高地”聚合分析结果更为多样，并能弥补阈值聚合在揭示次重要子结构方面的不足，发现整个知识体系发展过程中丰富的研究维度[221]。石见（Iwami）等在 2014 年设计了一种称为“时间转换分析”（time transition analysis）的方法，通过追踪引文网络演化过程中每篇文章在引文网络中入度（被引频次）的变化，从“主导论文”（leading paper）时间转转概念图中的高度、跨度、面积和斜率四个指标来抽提主导论文的特征，基于这些特征，用于在引文网络中检测和预见新兴的主导论文和潜在的重要论文[228]。斯莫尔在 2006 年构建了被引 TOP 1% 文献的共被引网络，通过跟踪每篇论文中介中心性随时间的变化情况来检测新兴主导论文，进而来预测和挖掘新兴增长领域[229]。Chang 等利用专利引文网络分析方法对美国专利数据库中的商业方法技术进行了研究，构建了发现基础专利及其相互关系的指标，将商业方法基础专利分为市场技术和数据安全两大类[206]。

四、小结

本节从引文网络演化研究的发展史、国际格局、主题与功能三大角度出发，对引文网络演化研究进展进行了综述性研究。引文网络演化研究仅仅是引文分析中的小部分工作，本节的重点在于归纳和总结引文网络演化分析的最新的相关研究理论、方法和应用等进展。事实上，引文网络分析、特别是引文分析已有多年研究历史，早先有关引文分析的理论和方法等重要工作读者可查阅文献［230］～［232］等研究成果。

本节首先利用 WOS 数据库收录的有关引文网络演化研究的论文开展了计量和主路径分析，发现引文网络演化研究在 2008 年以后迎来发展热潮。通过主路径挖掘发现引文网络演化研究的主题可以分为五个大的方向，包括：知识扩散、知识流与主路径分析，科学结构与学科交叉分析，共引网络演化分析，基于引文的评价研究，宏观层面的科学或学科演化特征分析等，其中，知识扩散、知识流与主路径分析是当前引文网络演化分析中研究文献数量最多的主题。在国际研发格局方面，美国无论是在论文数量还是在合作角度都处于全球主导地位，其他国家主要与美国保持着紧密的合作关系，而它们之间的合作力度均较弱。本节还从引文网络演化结构特征、知识流、技术路径、科学结构演变、评价与预测五个角度对重要的研究成果进行了分析，重点对新概念、新方法和新应用进行了解读，为读者深入了解引文网络演化的研究现状提供了参考。

当前基于引文网络演化的研究多数仅考虑到文献引用关系，而与文献引用相关的或会影响到引用行为的因素尚未被充分研究。展望未来，可以在挖掘引文网络演化的主路径及基于引文网络演化的科研评价与预测研究方面将作者合作关系、主题、机构合作等因素加以耦合考虑，构建网络中包含多类节点的引文耦合网络，深入开展以下四个方面的研究。①建立基于科学引文数据的耦合网络，网络节点包含论文引用、作者、关键词、研究领域代码等数据，此时的网络不能仅由某一种特定的网络来表征，需要使用“耦合网络”（相互连接或相互依赖的网络）才能完整刻画。耦合网络可以理解成由多个二分网和一个有向的单顶点网络构成。②系统研究上述引文耦合网络的演化的特性。结构性质的刻画将主要集中在网络局域和中尺度结构特征上，关注网络顶点的相似性和网络模体（motif）及社团结构，其中的网络骨架结构也将是一个重要研究方向，它能清楚地给我们展示领域的分化、学科的起源等重要现象。③开展基于演化特性的科学论文、作者影响力及科研热点领域分析。对于科学论文系统的研究，一个重要的目的就是对论文、作者影响力及科研热点领域的综合评价。但是，前人的研究都集中在静态网络上，很多信息都在时间轴上的平均过程中丢失了。例如，论文的影响力会随着时间递减，科学家的科研生涯也随着时间上下起伏，研究热点领域也在随着时间变化。如何设计基于动态网络演化的科学论文及作者影响力的评价方法将是未来引文网络演化研究的一项有意义的工作。这种方法不仅能更准确地反映论文和作者在当前时刻的影响力，而且能给出论文、作者影响力和科研热点随时间变化的特点。④重要文献预测。科学引文网络中的顶点度值预测与网络中的链路预测相对应，网络顶点度值的预测也具有非常重要的现实意义，在引文网络中，它代表了某项工作在未来被关注的程度，可以描述科技发展的可能趋势。未来我们需关注如何通过论文在引文关系网络中的拓扑信息来预测其在未来的引用情况，最终目的是在论文发表的早期发觉未来可能被大量引用的论文。我们可以把这个问题称为科学引文网络中的趋势预测问题，引文的“多样性”及复杂网络本身的偏好依附性将是设计有效的趋势预测方法的两个重要出发点。

第三节　加权引文网络的社团划分

一、引文网络社团划分研究进展

通过对当前引文网络的社团划分方法进行梳理和总结发现，引文网络社团划分可分为基于内容的社团划分方法、基于结构的社团划分方法，以及综合内容和结构的社团划分方法三类。其中基于内容和结构进行引文社团划分的相关研究较多，主要方法包括融合链接模型和主题模型的方法进行划分，或先进行主题聚类，再进行结构聚类以及综合考虑节点内容及结构相似度进行划分等方法。

例如，在基于内容的社团划分研究方面，丁颖等[233]在 2000 年基于 GN 算法的启发，一些研究者把层次聚类用于联合作家网络的主题发现，以划分他们的文章类别。霍夫曼（Hofmann）[234] 1999 年在潜在语义分析（LSA）算法的基础上提出了概率 LSA 算法——PLSA 算法，极大地提高了 LSA 的精度，使发现的社团更加依赖主题。布雷（Blei）等在 2003 年提出了一个三层贝叶斯图模型——文档主题生成模型（Latent Dirichlet Allocation，LDA），开启了基于概率图模型的主题社团发现算法的时代。罗森－兹（Rosen-Zvi）等 [235] 2004 年提出了作者—主题（author-topic）模型，在 LDA 模型的基础上加入作者信息，提高了 LDA 的精度；2007 年明诺（Mimno）等 [236] 提出了社团—作者—话题模型，是一个基于社团的产生式模型，分别把作者和文章聚类。2008 年，Tang 等 [237] 在作者—主题LDA 的基础上加入了出版发表等信息，把作者看成是主题、文章、文章的会议的多项式分布，提出了作者—会议—主题（author-conference-topic）模型。2010 年，阮（Nguyen）等 [238] 在提取主题社区的基础上，进一步提取元社区，在核对每个元社区与对应文章的情感表达后，作者发现通过元社区可以很好地反映一篇文章所表达的主题及情感，把社区发现提高到了情感发现层。

在基于结构的社团划分方法方面，2004 年万扬托克（Wanjantuk）等 [239] 运用复杂网络随机游走方法，充分利用引文网络内拓扑图结构的特征对引文网络进行聚类，并对社团结构进行分析，通过社团结构得到相似的文献，并对科技文献主题进行分析；2008 年，梶川（Kajikawa）等 [6] 从 SCI 数据库内下载 1970 ～ 2005 年的论文进行分析，提取最大网络成分，剔除没有引用关系的论文，利用 FN 算法对最大网络成分进行聚类，并用频繁出现的关键词表示社团主题，计算每个社团内所有论文的平均出版年份，通过分析社团随时间的变化情况来识别新型研究领域。同年，柴田（Shibata）等 [240] 用相同的算法对氮化镓和复杂网络两个领域的科研论文进行了引文网络的聚类分析，以检测新兴研究领域的兴起。他们设定引文次数的阈值来减少文章之间的连接，从而降低网络的复杂度，并将引文网络社团结构随时间的变化用可视化方法展示出来。柴田等 [241] 2009 年对这种研究某领域的学科结构并监测新兴研究主题的方法进行了总结，主要用到的方法是复杂网络社团结构分析方法，以及结合提取社团主题的文本挖掘方法和分析节点位置的社会网络分析方法等。陈和雷德纳 [37] 两位学者 2010 年也利用引文网络中社团划分方法对物理学科领域的学科结构及研究进展进行了分析，通过分析物理学科 1893 ～ 2007 年所发表的综述文献的引文网络，利用社团划分的方法识别物理分支学科，并对不同社团间所代表的学科分支间的知识联系进行分析，得到该学科领域的知识结构和发展历程；2010 年，陈超美等[242]介绍了CiteSpace软件中所用的聚类方法，通过对引文网络社团结构的划分及对社团进行主题标注可以识别学科领域的内部结构和发展特征，以及分析相关学科背景和最新发展前沿等。2012年，任（Ren）等[243]提出了一种基于引文网络的改进的聚类模型，并进行实证研究，最终得到了引文网络和共引子网络。潘（Pan）等[244]利用节点对之间相同邻居的度来评估节点的相似性，基于节点的相似性来进行社团划分，这种方法的缺陷是如果节点对之间并无相同邻居，则无法比较两者的相似性。陈（Chen）等[245]认为如果两个节点之间拥有更多的邻居，则这两个节点更容易形成连边，基于这种方法来衡量节点的相似性，并进一步提出朋友之友（Friend of A Friend，FOAF）算法来划分社团。张（Zhang）等[246]使用相关邻居关系来衡量节点的相似性，从而得出两个节点被分配到同一个社团的可能性。娄（Lou）等[247]使用相关邻居关系来指导LPA的标签传播，从而能高效地进行社团划分。西蒙尼蒂斯（Symeonidis）等[248]将局部图特征扩展到全局图特征，然后利用全局图特征来计算节点的相似性。潘（Pan）等[249]提出一种随机游走算法，基于全局随机游走马尔可夫链模型来测量节点的相似性。杰（Jeh）等[250]提出基于结构主题来计算节点的相似性，如果两个节点在网络中拥有更多相似的结构主题，则两个节点的相似性更好。

在综合内容与结构的社团划分方面，2001年科恩（Cohn）和霍夫曼[251]首先提出PHITS-PLSA模型，并证明了结合内容和链接关系能够更加有效地发现社团结构。PHITS-PLSA模型结合了PHITS和PLSA，其中PHITS（probabilistic hypertext-induced topic selection）是将PLSA扩展到链接处理的声场模型。随后，更多研究者发现结合链接关系和内容信息能够更有效地发现社团结构。2004年，艾尔罗契夫（Erosheva）等[252]在网络分析中首先通过假设每个社区的链接分布，将LDA扩展到链接分析，提出了用于链接分析的LDA-Link模型，然后结合LDA和LDA-Link提出LDA-Link-Word模型。2008年，帕塔克（Pathak）等[253]提出了结合链接和内容信息的CART（community-author-recipient-topic）模型。程鸿等[254]基于网络结构和节点属性提出一种统一随机游走距离测量节点间的相似度的SA-cluster图聚类算法，通过自动学习结构和属性贡献度来不断调整结构和属性在节点相似度中的影响因子；徐晓伟等[255]提出一种基于结构情景相似性的思想来计算网络中节点相似度的SCAN算法，使用网络中两个个体共有的朋友在他们所有朋友中所占的比重来衡量个体间的相似度，利用此算法进行社团划分得到的社团结构中的成员更倾向于有共同的爱好或共同的朋友关系；林友芳等[256]设计和实现了一种将个体和链接属性有效融合的CIG_ESC社团划分算法，该算法既适用于加权网络，也适用于无权网络，能够得到较高质量的社团结构。

综合分析已有的引文网络社团划分方法发现，当前的算法中大多基于原始网络，而引文网络建立在间接的、隐性的学术关系之上，由于引用动机的不同、引用时间的滞后，仅根据原始网络特征进行社团划分时可能会出现偏差。因此，本节所要解决的关键问题在于如何对实际引文网络进行重构，从而克服其时滞性与偶然性；另外，如何衡量两篇引文之间的关联程度，也是本章研究的关键点。

二、引文网络的加权方法

本节提出的加权引文网络社团划分方法的基本思路是基于引文边两端的文献的文本相似度来对引文边进行赋权，然后再利用复杂网络中Louvain社团划分方法对加权引文网络进行社团划分，从而对相关学科领域研究现状进一步总结与分析。

两篇文献之间的相似度越高，则其关联就越高，引文边的权重值越高，否则，其关联就越低，引文边的权重值则越低。文本相似度计算是本节社团划分算法的基础和关键，本节采用20世纪60年代末由Salton等提出的向量空间模型VSM来计算文献之间的本文相似度。向量空间模型的一个基本假设是，一个文本所表达内容的特征仅与某些特定的语义单位在该文本中出现的频数有关，而与这些语义单位在文本中出现的位置或顺序无关。也就是说，一个文本中所蕴含的内容知识可以通过构成文本的各种语义单位本身的特性及它们在文本中出现的频数来表示。在衡量文本间的相似性时，以两个文本所共同包含的语义单位来显示两个文本的内容相似性。基于以上概念，向量空间模型建模的思路为：忽略各个词项在文中出现的顺序，假设所有词项是相互独立的，将文本视为若干相互独立的词项的组合。以不同的词项构造一个高维空间，每个词项为该控件的一个维，文本则视为这个空间中的一个向量。

也就是，每篇文献均可表征为一个VSM向量（T_1，T_2，T_3，…，T_n），根据每个词对其所在文献的贡献度的不同，词项T_i拥有自己的权重W_i，这样文献d_j即可表示为向量d_j=（$W_{1,j}$，$W_{2,j}$，$W_{3,j}$，…，$W_{n,j}$），然后我们利用TF-IDF加

权方法来计算 W_i。现在已有一些研究表明，根据词项出现在文献中的不同位置，其对文献的贡献度也存在不同，为此，本研究设定了三组位置权重 γ 增加到 W_i 中，见表 5-2。

表 5-2 三组 γ 权重组合

	组 1	组 2	组 3	
γ=	1.0	2.5	1.5	词项 i 位于关键词
	1.0	1.5	2.5	词项 i 位于标题
	1.0	1.0	1.0	词项 i 位于摘要

那么，词项 i 的权重计算方法为

$$W_i=\mathrm{TF}(i)\times \mathrm{IDF}(i)\times \gamma(i)$$

当一个词同时出现在不止一个位置时，仅取权重 γ 最高值。最后，我们利用余弦相似度来计算向量之间的相似度。

三、实证分析

（一）数据

本节选择两组数据开展实证研究。

一组数据是 1978 ～ 2016 年 WOS 收录的 *Scientometrics* 期刊上的 4417 篇所有文献类型的论文，数据下载日期为 2016 年 3 月 13 日。保留在 4417 篇文献之间存在引用关系的论文节点，去除标题、摘要和关键词著录不全的文献，总计获得 1483 篇文献。这 1483 个文献节点形成了包含 28 个成分的引文网络，总计有 3072 条边，其中最大主成分含有 1420 个节点，被用于本节的实证研究。

另一组数据是有关引文演化分析主题的论文，采用“TS=((citation* and (evolv* OR evolut* OR "knowledge flow" OR path OR trajector* OR backbone)) NOT "citation classic")”检索 2014 年以前 WOS 收录的有关引文演化分析的研究论文、读者来信、会议论文和综述四种文献类型的论文，总计获得 2046 篇文献，数据下载日期为 2015 年 7 月 14 日。保留在 2046 篇文献之间存在引用关系的论文节点，去除标题、摘要和关键词著录不全的文献，总计获得 340 篇文献。这 340 个文献节点形成了包含 32 个成分的引文网络，总计有 531 条边，其中最大主成分含有 246 个节点，被用于本节的实证研究。

尽管上述两个引文网络均含有多个成分，但多数节点都连接在一起形成了最大主成分，因此，本节仅选择最大主成分开展实证分析。另外，本研究不考虑引文边的方向，均视为无向边处理。SCI^2 工具和 Gephi 被用于网络构建、社团划分和可视化呈现。

（二）结果

利用上述两组数据开展社团划分研究，同时比较未加权网络及基于三组 γ 值的加权网络的社团划分结果，研究结果见表 5-3。

表 5-3 社团发现结果

项目	分类	社团数	模块度 Q 值
Scientometrics 期刊（最大主成分 1420 节点）	未加权	20	0.672
	γ 组 1	26	0.764
	γ 组 2	30	0.780
	γ 组 3	28	0.769
引文演化分析（最大主成分 340 节点）	未加权	13	0.722
	γ 组 1	14	0.743
	γ 组 2	14	0.730
	γ 组 3	12	0.739

注：利用 Gelphi 进行计算，resolution [257]：1.0，randomize：on. 社团划分算法为 Louvain 算法。

表 5-3 统计的结果表明，在两组数据中，加权网络的社团划分均可获得更高的模块度 Q 函数值，然而，现有数据尚无法表明哪种 γ 组合更优，例如，针对 *Scientometrics* 期刊数据而言，γ 组合 2 看似更优，但在引文演化分析主题中，γ 组合 1 的表现则更好一些。这种差异的原因可能具有领域特异性或与网络的规模有关，还需后续进一步研究。

因此，从模块度 Q 函数值的角度分析，本节构建的加权方法确实提高了引文网络社团划分的效果，为了发现加权引文网络社团划分结果的不同之处，本节比较 *Scientometrics* 期刊引文网络在未加权时与利用 γ 组合 2 加权后的社团划分的差异。同时，为了仔细查看两种方法社团划分的差异，本节将网络节点精练到 K 核 >4 的 188 个节点，基于这 188 个节点获得 5 个社团，5 个社团的主题见表 5-4，包括专利分析、合作、研究评价、大学评价、科学地图。

表 5-4　*Scientometrics* 期刊社团主题

社团	主题	关键词
1	专利分析	patent citation，patent mining
2	合作	scientific collaboration，collaboration network
3	研究评价	research evaluation，*h*-index
4	大学评价	arwu，ranking of universities
5	科学地图	mapping of science

图 5-3 呈现了 188 个节点引文网络加权前后的社团划分结果，4 个节点在加权后的网络中发生了移动，分别是 *n*46、*n*1116、*n*686 和 *n*1386，表 5-5 列举了这 4 个节点的文献名。为了判断这 4 个节点的移动是否更加合理，我们仔细阅读了其全文并与各社团的主题进行比较。

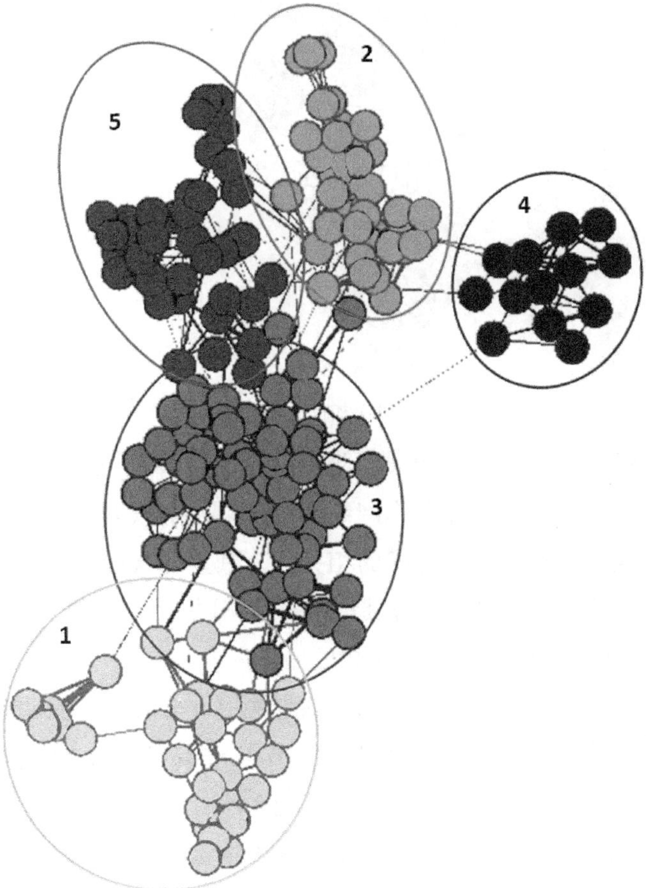

（a）未加权

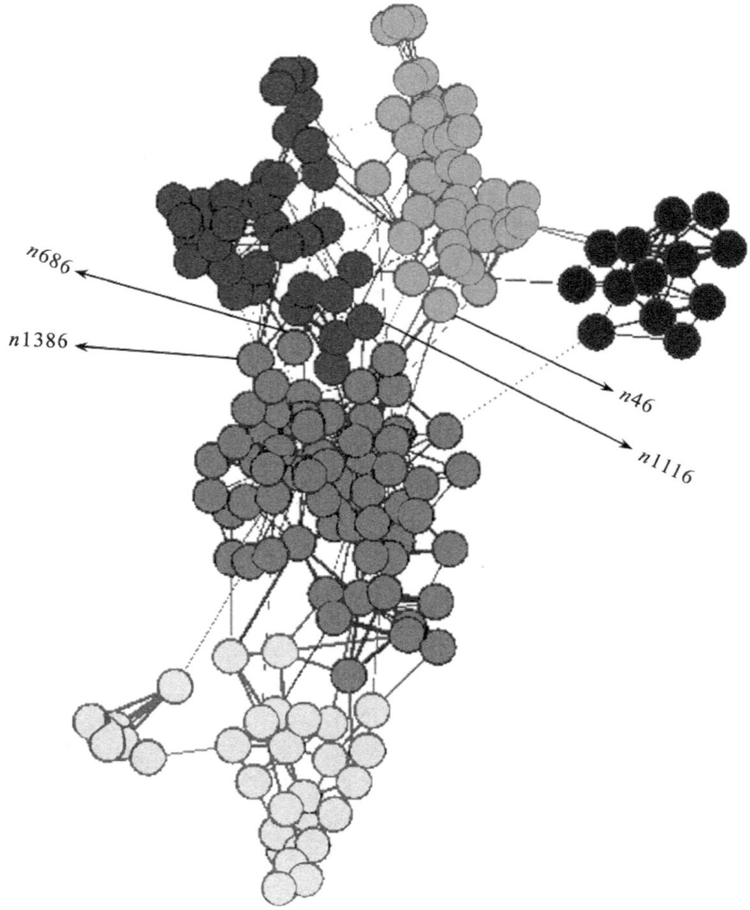

（b）加权 - γ 组 2

图 5-3　*Scientometrics* 期刊 188 篇 *K* 核 >4 论文社团划分比较

节点 *n*46[258] 研究了作者合作网络的三个中心性（度数中心性、接近中心性、中介中心性）与科研表现之间的相关性，其主题与社团 2 和社团 3 都相关。但通过阅读文献发现，其中心思想是合作网络分析，只是提到了功能方面可用于科研评价，因此，*n*46 划分到社团 2 更加合理。

节点 *n*1386[259] 开发了一个称为表现指数（*p*-index）的新指标，并对 100 位多产的经济学家进行了评价应用研究；节点 *n*686[260] 对 2001 ～ 2010 年中国制药领域的科研产出进行了评价，并与其他 10 个国家进行了比较。这两篇文章都作了一些可视化的科学地图分析，但它们的核心是开展评价分析，因此，这两篇论文被划分到社团 3 更加合理。

节点 $n1116$[261] 以共词分析方法、社会网络分析方法及科学地图方法为理论基础，构建了数字图书馆领域的共词网络，揭示了中国数字图书馆领域的科研范式和学科结构，尽管该文也开展了一些比较研究，但最大的贡献在于可视化的科学地图呈现，而不是评价中国在数字图书馆领域的研究表现。因此，该节点被划分到社团 5 更加合理。

表 5-5　4 个移动节点的信息

节点	篇名	社团	
		未加权	加权 - γ 组 2
*n*46	*Knowledge Network Centrality，Formal Rank and Research Performance：Evidence for Curvilinear and Interaction Effects*	3	2
*n*686	*Bibliometrics Evaluation of Research Performance in Pharmacology/ Pharmacy：China Relative to Ten Represen Tative Countries*	5	3
*n*1386	*The 100 most Prolific Economists using the p-index*	5	3
*n*1116	*Mapping Knowledge Domains of Chinese Digital Library Tesearch Output，1994-2010*	3	5

上述分析表明，4 个节点在加权网络的社团划分结果中均被划分到更合理的社团中，事实上，4 个节点仅仅是 188 个核心节点中的关键节点，在整体网络中，围绕在它们周围的更多节点也会跟随它们在社团间移动，进而会导致不同的社团划分结果。换言之，加权的方法或许会重新揭示某学科领域的科研范式和学科结构，有助于更加深入地了解特定学科的发展状况。

四、小结

本章基于引文网络的整体结构，根据节点内容相似度对引文网络进行加权，利用复杂网络中社团划分方法对引文网络进行划分。实验结果表明，本节提出的方法可克服传统单一考虑网络结构的社团划分方法的不足，可提高社团划分的精准性。随着引文网络中的研究日趋成熟，引文网络的应用也将会越来越广，本节认为在未来的发展中，引文网络的社团划分领域的研究应着重结合以下几点进行研究。

首先，在对引文网络的社团划分方法方面，可充分考虑引文网络自身特点，结合文献共引、耦合等结构关系，并考虑论文作者、关键词、研究领域代码等论文属性数据，构建基于科学引文数据的扩展的语义网络，在此基础上对引文网络进行社团划分，从而提高社团划分的精确度。

其次，由于学科领域内研究热点随着时间不断变化，引文网络的社团结构也将不断分化、重组，而当前研究大多集中于静态网络中，如何结合时间变量，基于动态网络结构对科学论文进行分析，并开发相应的知识图谱工具将社团结构动态演化过程进行可视化展示，也将是引文网络的社团结构相关研究中一项十分重要的工作。在进一步的工作中，还可以根据引文网络划分结果，结合时间属性，探寻相关研究领域中涌现出的新的研究热点。

最后，个性化推荐为引文网络社团划分的重要应用领域，在未来的研究中，尝试将引文网络的社团结构与用户个性化检索行为深度结合，从而更高效地进行学术信息推荐仍然需要学者的广泛关注。

第四节　基于引用网络的科研范式研究

一、引言

库恩认为，范式（Paradigm）是指那些公认的科学成就，在一段时间内为科学共同体提供典型的问题和解答[262]。通常认为，科学共同体一般要遵循一定的范式，那么，作为科学共同体有机组成部分的科研机构也应遵循同样的范式。然而，不同的科研机构又各具特点，拥有不同的科研范式，本节所谓的科研范式是一种狭义的范式概念，是指科研机构开展科学研究的学科结构及研究人员开展科学研究的行为特征，是区分不同机构或不同类型机构研究特征的一种参考。本节将对以研究中心、重点实验室等为代表的科研单元的科研范式进行分析，所谓科研单元是指由多个课题组构成的研究单元，通常是指在科研院所、高校或研发型企业等内部建立的研究中心、重点实验室等[263]。科研单元一般均以特定领域为主研方向，具有规模相对较小、学科方向相对集中、创新能力强的特点。

基于科研范式的定义，本节将主要从引文网络和科学家合作网络的社团结构及其演化角度开展研究。一方面，在过去数十年间，引文分析在图书情报研究领域得以广泛应用和发展，随着社会网络分析和复杂网络分析方法的广泛应用，引文网络分析的内涵和方法也得以不断丰富和拓展，特别是近年来国内外对基于引文网络社团的研究工作日益增加[191]。邱均平和董克指出，利用引文网络来分析文献间的关联，可以更加准确地揭示科学发展的结构和过程[221]。例如，博亚克等基于论文的引用关系，构建了ISI-WOS数据库的212个学科间的引用关系，以可视化的形式呈现了科学的骨架结构[222]，虽然作者并没有在科学发展的不同历史阶段呈现其骨架结构，但此方法却展现出用于揭示科学结构演变的潜力。另一方面，随着科学研究的不断深入，学科交叉越来越强，构建一个成员拥有不同思想、技能或资源的团队，有助于激发新思想和创新，促进解决疑难问题[95]。同时，科学家为了获取成功，探索科技前沿，也越来越重视合作，惠特菲尔德指出，在科学研究领域的合作行为已经呈现出日益增加的趋势，在过去几十年时间里，从论文作者角度分析，具有原创新的研究论文几乎都拥有多位作者，而只有一位作者的论文所占比例在降低[96]。已有多项研究工作发现，科学家的科研表现优劣与它们的合作程度强弱有一定的正相关性，科学家合作水平的高低也是其科研表现强弱的一种反映。

文献调研发现，基于引文网络和科学家合作网络开展学科结构及科研合作特征的研究多数都是针对学科本身或国家宏观层面的研究，而在中观层面对科研单元的科研范式研究则非常少见。

开展科研单元的科研范式研究对了解科研单元的研究特色、学科布局、历史传承与演化、核心科研成果、团队结构及关键人才等具有重要意义；可为国家层面或高校与科研院所层面布局科研单元提供科学依据；可为针对科研单元的分类管理与评价、人才引进、研究方向优化等提供指导建议。因此，通过比较我国科研单元与国外同类优秀科研单元科研范式的异同，可为我国科研单元的建设和发展，特别是建成高水平科研单元提供参考建议。

鉴于此，本节基于引文网络和科学家合作网络的结构来研究科研单元的科研范式，不仅具有实际应用价值，对引文网络和科学家合作网络社团研究本身也是一种拓展。

二、相关工作

（一）引文网络用于学科结构研究的相关工作

引文网络社团研究是科学计量学领域的研究热点之一，近年来也取得了大量的学术成果，主要研究目标集中于揭示特定领域的学科结构和关联情况。例如，万扬托克等[239]利用引文网络内拓扑结构的特征对引文网络进行聚类，并对科技文献主题进行了分析；梶川[264]等利用引文网络 FN 社团划分方法有效地追踪了能源研究领域的两大新兴研究主题——燃料电池和太阳能电池；陈和雷德纳[37]在 2010 年利用引文网络中社团划分方法对物理学科领域的学科结构及研究进展进行了分析，得到该学科领域的知识结构和发展历程；2012 年，Ren 等[243]提出了一种基于引文网络的改进的聚类模型，得到了引文网络和共引子网络。此外，伯尔纳等在学科结构研究方面做了一项重要的基础性工作，他们在2012年对全球科学地图的数据由5年（2001～2005年）升级到 10 年（2001 ～ 2010 年），与过去基于论文层面的引文数据相比，升级后的全球科学地图更能反映期刊簇的特征，减少了同一期刊分在多个类别中的比例，提高了准确性，更易于理解，作为一个参考系统，来描绘科研人员的学术生涯，跟踪科学研究的新兴前沿方向，理解机构或国家的优势学科领域[223]。

（二）科学家合作网络用于科研合作特征研究的相关工作

科学家合作网络结构及演化分析是情报领域的研究热点之一。伯尔纳等基于论文数量以及本地（local）和全球被引频次数据研究了作者赋权合作网络的影响，用于识别由特定作者合作网络社团所表征的新兴科学领域[90]。笔者基于 1978 ～ 2010 年 *Scientometrics* 期刊所发表论文的作者合作网络，分析了科学计量学领域科学家的科研合作特征及演化情况，挖掘了不同历史时期科学计量学领域的重要学者[69]。近年来，研究人员开始关注科学家的合作结构与科研表现之间的关系，已有多项研究发现，科学家的合作与科研表现存在正相关[88]。例如，阿巴西等发现科学家的科研表现与合作网络的度数中心性成正比[91]；麦卡蒂等指出科学家需要与更多的合作者开展合作方能获得更好的 h 指数[92]；潘扎拉萨和奥普萨尔发现与机构内合作的论文相比，机构间合作的论文平均篇均被引频次更高[98]；卡托和安多发现跨国合作论文的被引频次更高[100]。基于合作与科研表现的正相关性，陈云伟等构建了一个基于科学家合作网络的 CCS 指数，用于评价科学家的科研表现，该指数的特点在于不仅反映作者合作网络的特征，还揭示科学家的合作机构及分布特征[265]。

（三）科研单元科研范式研究的相关工作

已有针对高校及科研单元的学科结构的研究依然是基于固定的学科分类系统开展的，且主要研究对象为特定学科领域或高校。例如，步莎莎[266]通过分析三大产业的产值比重值与四类高校的六大类学科毕业生人数比重值做矩阵散点图、相关性分析和回归分析，对我国产业结构与高校学科结构的关系进行了研究。针对特定学科领域的学科结构研究中多采用基于引文网络社团划分的方法，而对高校和科研单元等机构的学科结构研究则很少利用引文网络的方法。例如，黄燕和封烨以国家重点实验室为切入点，从交叉学科组织结构、研究团队建设和实验室管理机制等方面论述了国家重点实验室交叉学科建设的现状及存在的问题，并提出了相应的发展策略[267]。因此，当前多数针对高校和科研单元的学科结构研究本质上作为表征结构的基本单元还是学科分类本身，主要是观察高校或科研单元的科研活动所涉及的学科布局上的分布差异性。而对科研范式层面的研究还非常少见，本节则尝试基于引文网络和科学家合作网络的结构来开展科研单元科研范式研究工作。

三、数据与方法

（一）分析对象与数据来源

本节选择美国、英国和中国的 3 家量子信息领域的国际领先科研单元为实证分析对象，以 3 家科研单元的课题组组长 2014 年以前在 WOS 数据库发表的所有论文作为数据基础，数据下载日期为 2015 年 3 月。下载的数据利用 TDA 软件对作者字段进行清洗，以保证作者名称的唯一性。3 家科研单元分别是：中国科学院量子信息与量子科技前沿卓越创新中心（CAS-QC），美国麻省理工学院极限量子信息理论中心（Center for Extreme Quantum Information

Theory at MIT，MIT-QIT），英国牛津大学量子计算中心（Oxford Quantum，Oxford-Q）。

（二）引文网络社团划分方法

本节利用 CitNetExplorer 软件[268]开展引文网络社团划分研究，该软件采用的社团划分算法是沃尔特曼和万·埃克在 Louvain 算法的基础上于 2013 年改良并提出的 SLM 算法[36]。在具体操作过程中，导入数据时不勾选 Include non-matching cited references，目的是去除仅作为参考文献的非本研究所下载的论文条目；点击 Update publications 将可视化界面中节点数由默认的 40 提高到 100；运行 Analysis-Clustering，其中 Minimum small size 参数设置为 10，其他参数采用默认值；运行获得社团划分，通过人工研判各个社团的重要节点文献，归纳各个社团的主题，总体社团划分结果就构成了各科研单元的科研范式。

（三）科学家合作网络结构分析方法

本节利用 SCI^2 软件开展科学家合作网络分析。

四、结果与分析

（一）基于引文网络社团划分的科研范式

为呈现 3 个中心科研范式的不同，本节通过划分各中心论文的引文网络的社团来对各自的科研范式进行划分，以揭示 3 个中心科研范式的异同（图 5-4 ～图 5-6）。

如图 5-4 ～图 5-6 所示，3 个中心的科研范式存在显著不同。

（1）MIT-QIT：该中心虽然仅有 7 人（核心领衔专家），但涵盖了量子理论、数学、量子通信、量子计算、算法、软硬件、应用（机器人、航空航天）等广泛主题（与其他院系形成网络交叉分布研究结构）；几乎每位科学家都自成一脉，分别撑起了 MIT 的某一量子信息研究方向。

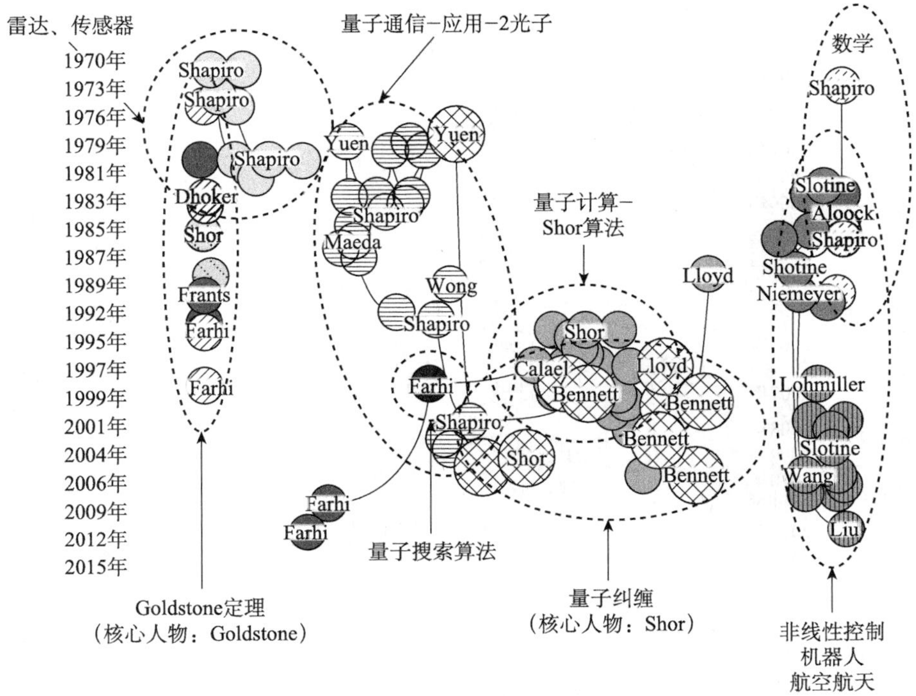

图 5-4 基于机构本身论文引文网络的科研范式解析——MIT-QIT

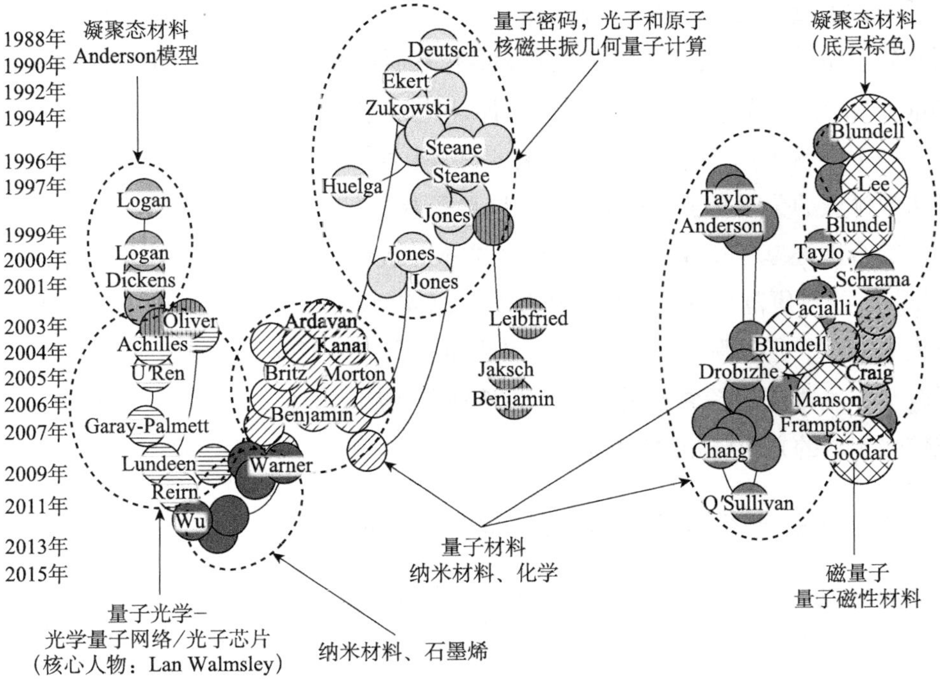

图 5-5 基于机构本身论文引文网络的科研范式解析——Oxford-Q

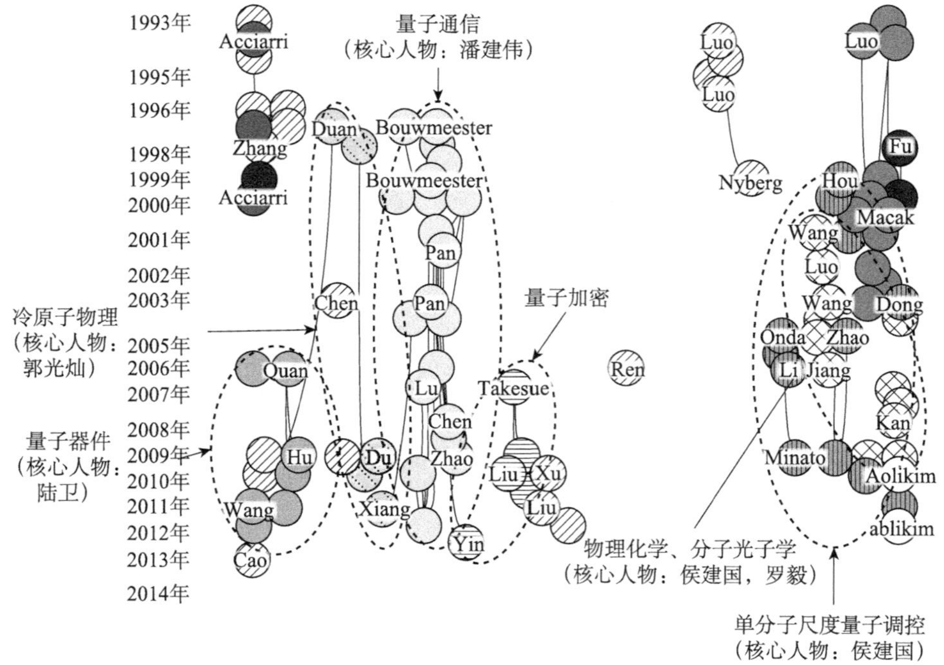

图 5-6　基于机构本身论文引文网络的科研范式解析——CAS-QC

（2）Oxford-Q：该中心的 45 位科学家来自物理、化学和材料三个学院，研究主题涵盖了量子光学、量子计算、量子通信、光和物质界面的工程量子态、低温原子分子和超导设备、量子光电材料超导体和磁铁等，还开展量子信息前沿研究，如量子数学到生物学研究，量子信息的物理基础研究（理论探索与实验）。

（3）CAS-QC：量子卓越中心有 63 位科学家，核心方向包括量子通信、物理化学领域的分子光子学和单分子尺度量子调控、量子器件和冷原子物理。

综合上述基于引文网络的科研范式分析结果，再辅以文献调研，表 5-6 对 3 个中心的科研范式进行了梳理和归纳。总体而言，在科研范式方面，CAS-QC 虽人数众多，但实际上仅是几个大团队的整合，与另外 2 个中心相比，学科相对较窄，基础理论探索布局偏弱，虽然涉及主题也较多，但持续开展研究且形成较强实力的方向则相对较少。

（二）基于科学家合作网络结构的科研范式

为呈现 3 个中心的科学家之间的合作结构，本节基于各中心科学家合著论文的情况构建了科学家合作网络，以揭示 3 个中心科研合作结构的差异。

表 5-6 3 个中心科研范式与学科布局比较

一级主题	二级主题	MIT-QIT	Oxford-Q	CAS-QC
	量子密码			
量子通信	通信信息安全			
	远距离传输			
	计算模式			
量子计算	计算硬件			
	计算软件			
	算法			
	原子系统			
量子模拟	离子阱系统			
	电子系统			
	量子时钟			
	量子高精密相位测量			
量子度量	量子成像			
	量子定位			
	引力波探测			
	量子基础理论			
	量子关联			
	量子开放系统			
量子信息物理基础	量子材料			
	量子逻辑			
	量子纠缠			
	量子场论			
	量子非局域性			

分析 CAS-QC 科研合作网络发现，其网络密度明显大于 Oxford-Q 和 MIT-QIT，而网络直径较小，意味着其团队内合作紧密，团队间合作相对稀疏（表 5-7）。

表 5-7 三中心科学家合作结构指标

中心	网络密度	网络直径
CAS-QC	0.1705	4
Oxford-Q	0.0828	7
MIT-QIT	0.0942	6

分析 Oxford-Q 科研合作网络发现，网络密度较小，直径较大。在量子材料领域的科学家合作程度相对较高，而其他领域的合作以团队内合作为主。Oxford-Q 的团队间合作维持弱关联关系，网络总体上呈现稀疏的弱合作关系（图 5-7）。

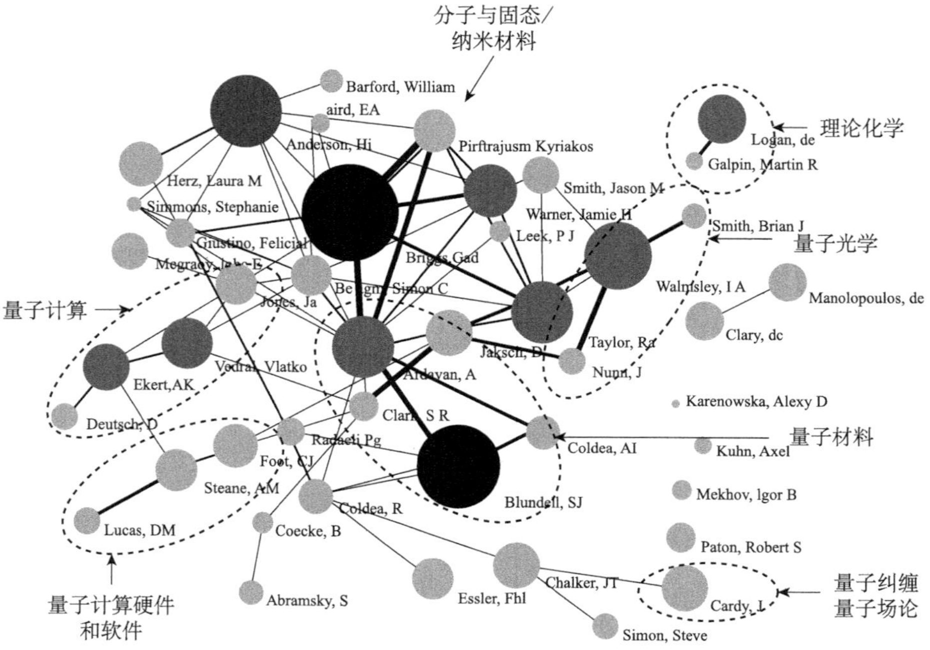

图 5-7　Oxford-Q 的 45 位科学家合作网络图（仅显示 45 位科学家）

分析 MIT-QIT 科学家合作网络（图 5-8）发现，网络密度较小，直径较大。7 位科学家各自拥有相对独立的合作网络，合作者多为博士后、访问学者和学生；7 位科学家之间维持了一定弱强度的合作关系。可见，MIT-QIT 的科学家在保持独立性的同时又维持着一定水平的合作。

分析 CAS-QC 的科学家合作网络（图 5-9）发现，网络密度较大，直径较小。63 位科学家呈现出明显的分簇特征，形成了以潘建伟、郭光灿、侯建国和陆卫为核心的 4 个大团队，且各个大团队内部成员间呈现出较强的相互合作关系，各团队间合作则相对稀疏。在社会网络层面而言，“社团”结构突出，相对另外 2 个中心而言，除几位核心科学家外，多数其他成员虽然也有自己的侧重研究方向，但总体而言，他们的独立性偏弱。

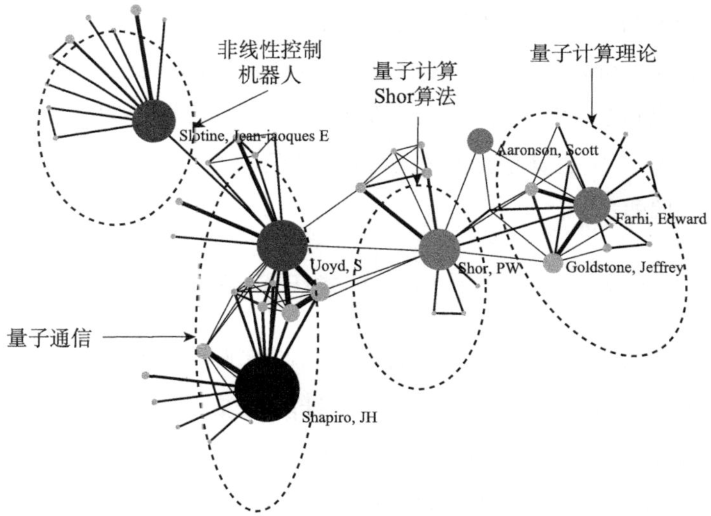

图 5-8　MIT-QIT 的 7 位科学家合作网络图（仅显示论文数量≥ 5 的合作者）

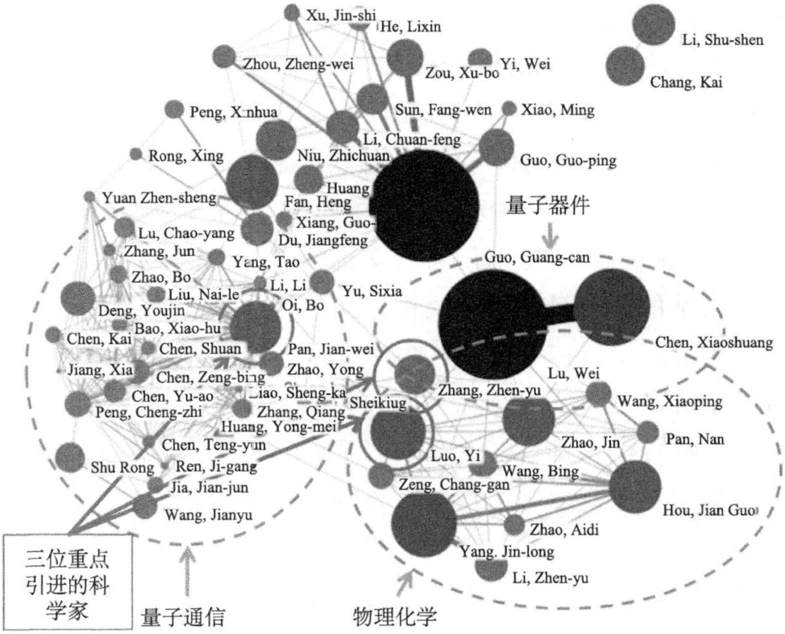

图 5-9　CAS-QC 的 63 位科学家合作网络图（仅显示 63 位科学家）

总体而言，CAS-QC 的科学家合作网络拥有明显的社团结构，63 位科学家呈现出明显的分簇特征，同时各个大团队内部成员间呈现出较强的相互合作关系，而社团间的合作则相对较弱，这也是网络拥有相对较高的密度而直径却较低的原因。而 Oxford-Q 和 MIT-QIT 的科学家合作网络则因为合作相对稀疏，而导致拥有较低的密度却获得了较高的网络直径。数据表明，CAS-QC 除了几位核心科学家外，多数其他成员虽然也有自己的侧重研究方向，但总体而言，他们的独立性偏弱。

（三）3 个中心科研范式小结及成因解析

实证分析发现，CAS-QC 虽人数众多，但实际上仅是几个大团队的整合，科学家合作网络呈现出明显的社团特征，社团内部成员合作高度紧密，而社团间合作则相对较弱。引文网络社团划分也揭示出 CAS-QC 学科相对较窄，基础理论探索布局偏弱，虽然涉及主题也较多，但持续开展研究且形成较强实力的方向则较少。而 MIT-QIT 和 Oxford-Q 的科学家合作网络却呈现出稀疏的弱合作特征，科学家合作网络密度低而直径大，引文网络社团划分结构丰富，学科领域均匀且多样化。

究其原因，从 3 个中心科研范式形成原因角度分析，MIT 的学科组织除了传统的学科设置外，还有由大量的跨系、跨学科的计划、实验室和研究中心组成的学术机构。MIT-QIT 即是联合来自 5 个学术性部门和 5 个主要的研究实验室与中心的理论科学家，在 MIT 的量子信息理论研究人员之间建立了基于同一目标的跨部门与跨学科的研究工作，研究呈现网络分布结构。牛津大学的学科界限非常模糊，注重跨学科的研究，坚持在多学科领域、在全世界范围内广泛合作。牛津大学还定期开展学术调查活动，统计未得到外部资助的科研人员在科研和教学方面所花的时间，所得数据将为大学成本分摊提供依据。CAS-QC 以重大问题导向研究方向，组织模式要求系统布局主要研究方向，在各主要研究方向布局核心团队，进行高度的开放性、流动性、国际化、活跃的国内外交流合作。因此，科学家合作网络的明显分簇特征及团队内部较强的合作关系与其开展的科研工作性质有关，例如，潘建伟团队开展量子通信的应用研究，需要大团队的联合攻关，因此 CAS-QC 的科学家表现出独立性偏弱的现象，反过来则是体现了较强的联合研发水平。

在组建机制方面，MIT-QIT 和 Oxford-Q 都是以围绕特定目标构建跨学科交叉中心为原则，以科学家为元素构建的，每位科学家都有自己独立的研究方向和特长。CAS-QC 则依赖中国科学技术大学的两个实验室、中国科学院上海技术物理研究所和中国科学院半导体研究所等处的少数科学家而组建；从署名习惯角度看，受我国科学家论文作者署名习惯的影响，使某些具有独立科研能力和特长的科学家的独立性未能得以充分体现；从科研范式与布局角度看，CAS-QC 研究方向相对较窄，虽人数较多，但还以大团队的形式围绕相对较少的主题和方向开展联合研究，特别是在开展诸如量子通信等重大领域的应用研究，也需要诸多科学家的联合攻关。

五、讨论与展望

引文网络社团结构和科学家合作网络结构特征是科研单元科研范式的外在表现，本节基于此设计了科研单元科研范式分析方法，通过对量子信息领域的 3 个科研单元的实证分析表明，该方法可有效地揭示科研单元的科研范式，具有较好的应用效果。

在实际应用方面，通过挖掘科研单元的科研范式，对科研单元制定发展规划、组建人才队伍、设定学科布局等均具有重要意义。可为国家层面或高校与科研院所层面布局科研单元提供科学依据，还为科研单元的分类管理与评价、研究方向优化等提供指导建议。例如，针对中国科学院的 CAS-QC 的建设而言，建议在继续发扬自身大团队联合攻关的优势的同时，进一步优化多元化、交叉型的科研范式，加强量子信息基础理论、量子计算方面的布局。此外，我国在今后布局和新建科研单元时，注重分析和研究同类或相近国际优秀科研单元的科研范式，借鉴其成功经验，为建成高水平科研单元提供参考建议。

需要指出的是，能揭示科研单元科研范式的指标不仅限于引文网络社团结构和科学家合作网络结构特征，在未来的研究中，还可不断丰富用于揭示科研单元科研范式的指标和方法。在学术研究角度，本节基于引文网络和科学家合作网络的结构研究科研单元的科研范式，不仅具有实际应用价值外，对引文网络和科学家合作网络社团研究本身也是一种拓展，可以进一步从需求侧促进情报界对引文网络和科学家合作网络的深入研究。

第五节　专利引用网络

一、专利权人引用网络的类型与分析方法

（一）专利权人直接引用网络

根据不同的研究目的，专利权人直接引用网络也可以分为不同的类型。

1. 从数据集的构建角度研究

首先，全球范围的专利权人引用网络，虽然这是一项非常庞大的工程，而且面临无法对数据进行有效清洗的弊端，但此项研究仍具价值，可以从宏观上反映出国际科技创新的关联关系，发现学科关联与相互贡献，迄今还未见此方面的研究成果（图 5-10）。

其次，研究不同学科主题之间的跨学科引用网络或学科内部的引用网络，施特尼茨克等分析了 LED 领域特定年份内专利权人之间的引用网络[58]，图 5-10 演示了他们构建的专利权人引用网络，节点大小代表专利数目的多少，节点之间的连线代表引用关系，线的粗细代表引用关系的强弱。由于网络中节点和连线数目较多，为了更加清晰地挖掘出重要专利权人之间的引用关系，该文作者又对引用网络进行了挖掘，只演示最活跃的专利权人之间的引用网络（图 5-11）。

再次，研究特定专利权人的引用网络，如不同性质的专利权人（如大学、企业、科研机构）之间的引用关系（图 5-12）。

最后，研究专利权人自引网络，严格意义上讲，专利权人自引网络并不属于专利权人引用网络，而是某特定专利权人所拥有的专利家族之间的引用关系。如图 5-12 是施特尼茨克等分析的 CREE 公司的自引网络，网络中的每个节点代表 CREE 公司的专利。

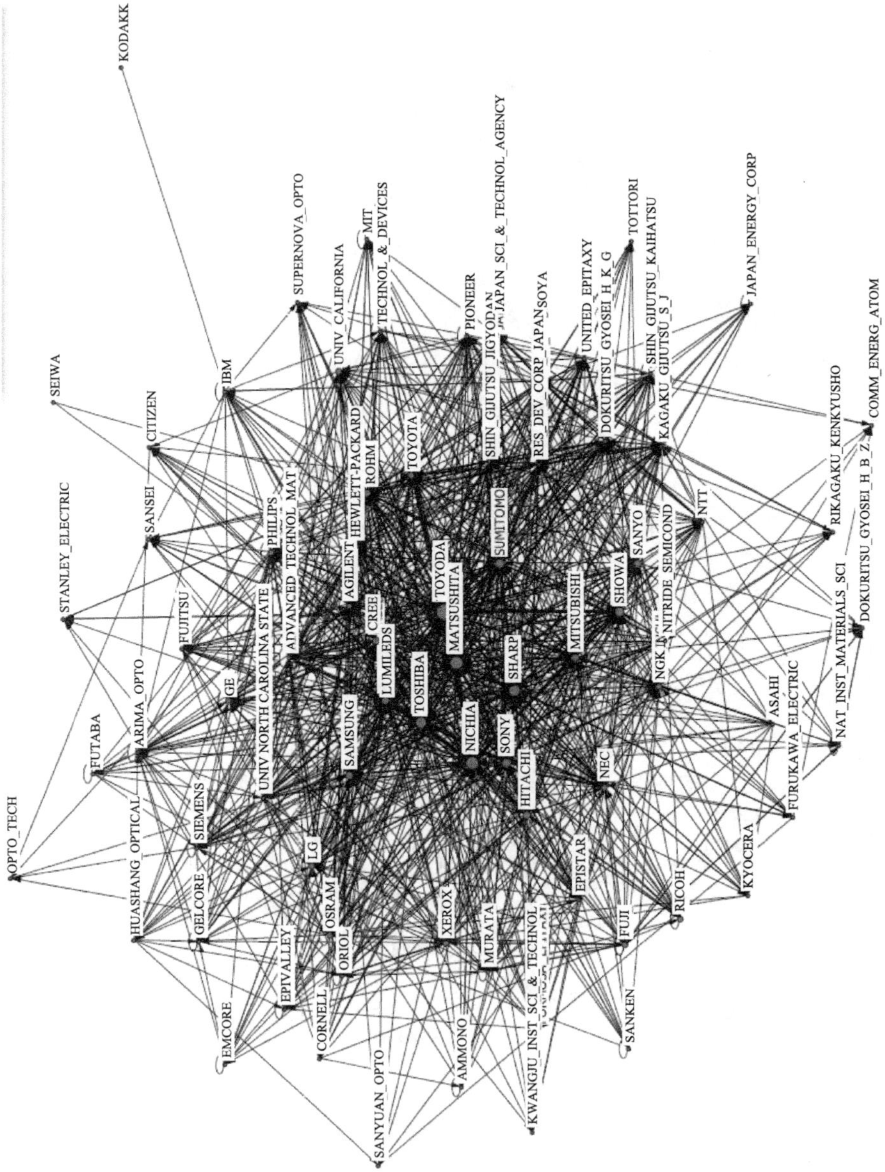

图 5-10　专利权人引用网络[58]

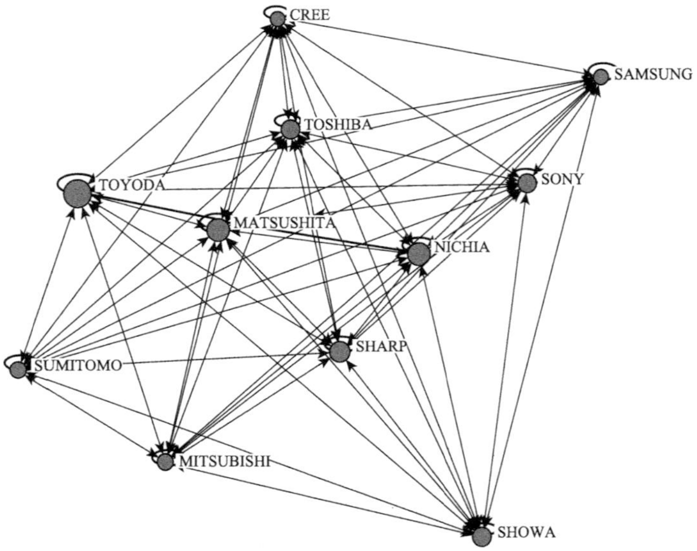

图 5-11　最活跃的专利权人引用网络[58]

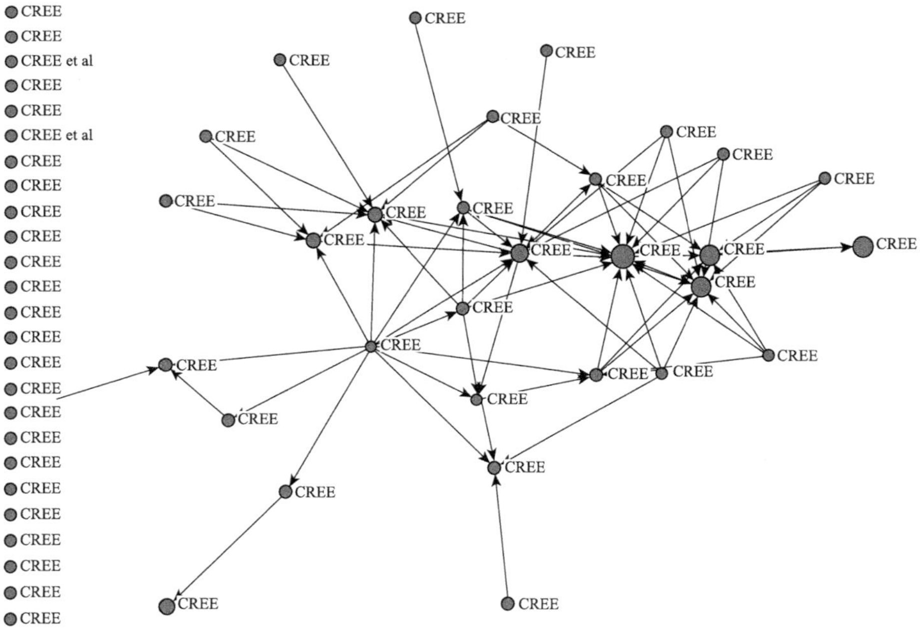

图 5-12　CREE 公司自引网络[58]

2. 从引文网络的层次角度分析

目前关注的一个重点是专利的多级引用网络，进行专利的引文流分析。图 5-13 是多级引用网络的示意图。

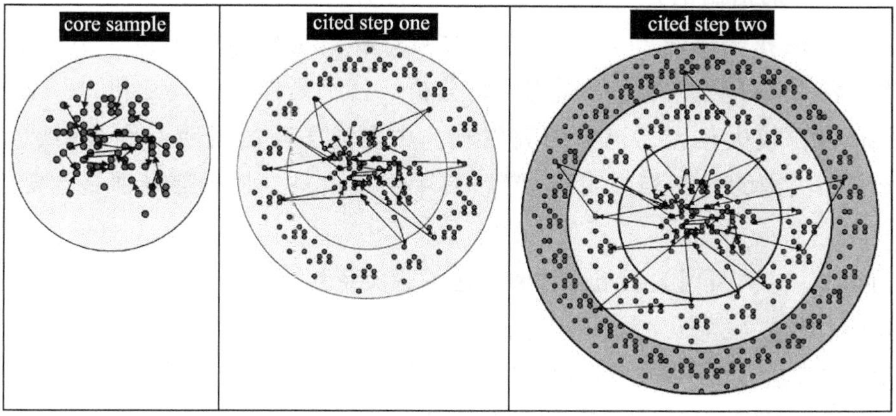

图 5-13 多级引用网络示意图[192]

（二）专利权人共引网络

当两件专利文献同时被后来的一篇或多篇专利文献引用，同时把共同引用这两篇专利文献的数量称为共引强度。共引分析是引文分析中最具影响力的分析方法之一，利用共引分析可以得出分析对象之间由引文关系形成的关联关系，对这些信息用学科专业知识加以解释和分析判断，可以揭示研究对象的规律、预测其发展趋势。两篇专利文献被后来专利文献同时引用的次数越多，表明这两篇专利文献的关联程度越大，即说明这两篇专利文献在内容上相似性较大，也即技术内容（公司的研发领域）相似性较大。

（三）基于专利文献耦合的专利权人网络

从专利文献耦合角度研究专利权人关联网络的研究报道还比较少见，基本原理与基于论文的文献耦合理论完全一致。特别是对技术情报价格更高的专利而言，分析专利权人的耦合网络，对分析专利权人之间的竞争关系与挖掘竞争对手而言，都具有非常重要的价值。此方面的研究在日后工作中一步步开展。

二、专利权人引文网络功能与作用

需要特别指出的是，针对中国专利引用网络进行研究时还应注意，DII数据库收录我国国家知识产权局的发明专利申请数据中不包含引用信息。因此，利用DII数据库开展引用网络分析，特别是包含中国专利的引用网络分析尚存在较大偏差。已有研究发现，中国科学院的发明专利被引数量相对于国外机构的差距相当明显[269]，其中引用信息未加以著录则是首要原因之一。

同时，专利引用关系与合作和主题关联关系相比，引用关系存在一定主观性和不一致性，例如，美国专利商标局和欧洲专利局的审查员在审查发明专利申请时的方法完全不同，所依据的法律不同也影响了专利引文的数量，美国专利商标局的引用数量是欧洲专利局的3倍。这些均影响了基于引用关系衡量专利权人关联关系的客观性和一致性。

此外，专利引用包括专利申请阶段撰写人对以往相关专利的引用及审查阶段审查员对以往类似专利的引用，人为的干预对引用关系的影响较大。

基于上述原因，利用专利引用分析专利权人关联关系时，还需谨慎，考虑到本节开展的实证分析数据中中国专利的比重均非常大，因此本节仅在本章对专利权人引用网络演化分析的理论和方法进行梳理，并不作实证分析。事实上，专利引用很大程度上是建立在主题相似基础上的，因此专利权人主题关联关系也在一定程度上可以反映引用关系，在分析影响合作潜力的因素时，则未考虑引用关系的影响。

三、专利引用网络研究进展

专利引用分析是专利分析中最常用的手段，同时，当前有关专利社会网络分析的研究较多地集中在专利引用网络分析方面。与个人社会网络关系相似，各专利在相互引用中也具有社会网络关系。社会网络中的“节点”是指专利引用网络中的各件专利；“链接”是指在专利引用网络中各专利自引和他引的关系，包括引用链接和被引链接[270]。基于专利文献的引用关系，还可以延伸出对专利权人和发明人之间的引用关系，以上专利文献、专利权人和发明人等的引用都可归类为“直接引用”网络；此外，还可以基于引用关系构建专利文献、专利权人、发明人等的共引、专利耦合网络等。

专利文献引文分析存在一些致命的缺点[56]：①由于专利引文分析往往表征的是两个特定专利之间的链接，从而很难从总体上把握所有专利的相互关系；②引文分析仅仅计算引用与被引的数量分析，分析的范围和获取的隐含信息有限；③引文分析无法获得专利间的相互关联关系；④引文分析是一项耗时的工作。薛等指出，基于网络分析的引用分析是专利引文分析的一种替代方法，与引文分析相比，专利社会网络分析的优势包括：①可以观察整个专利数据库的总体结构特征；②可以分析更多的指标；③利用文本挖掘等技术，网络分析方法更加经济。他们利用社会网络分析方法对 LCD 领域的机构和国家专利引用网络进行了分析，进而描绘其知识布局特征。

（一）专利引文网络

专利引文网络是专利引用网络研究的主体，可以用于研究不同学科主题之间的跨学科引用网络或学科内部的引用网络，包括随着时间发展的演化网络或知识流网络。例如，德国汉堡大学的瓦特堡等[192]通过多级专利引用分析方法对技术演化进行了研究；格雷斯通过 1963 ～ 2002 年美国专利的引文分析研究了随着时间维度的专利引用网络（图 5-14 展示了基于 1975 年的 6 件专利的引用网络），探讨了知识流的发展方向，格雷斯的研究发现，随着时间的发展，专利引用及专利数呈现出爆炸式增长，引用网络出现块状特征，即一些引用网络区域连线紧密，而有些区域则稀疏，其原因之一是不同学科类别之间存在引用关系[199]。

虽然有关专利引用网络的分析工作很多，但目前对专利文献引用网络中拥有较高中介中心性节点的重要性研究还非常少见，直到近几年，真正在网络结构和演化层面的工作才逐步增多。例如，Hung 等在 2008 年[197]和 2010 年[198]分别基于 LCD 和 RFID 的专利研究了专利引文网络的小世界现象，其研究结果表明，专利引文网络确实可以成为小世界网络。此外，专利引用网络还具有幂律分布特征，通过对高中介中心性节点的分析，81% 的引用都与高中介中心性节点有关。

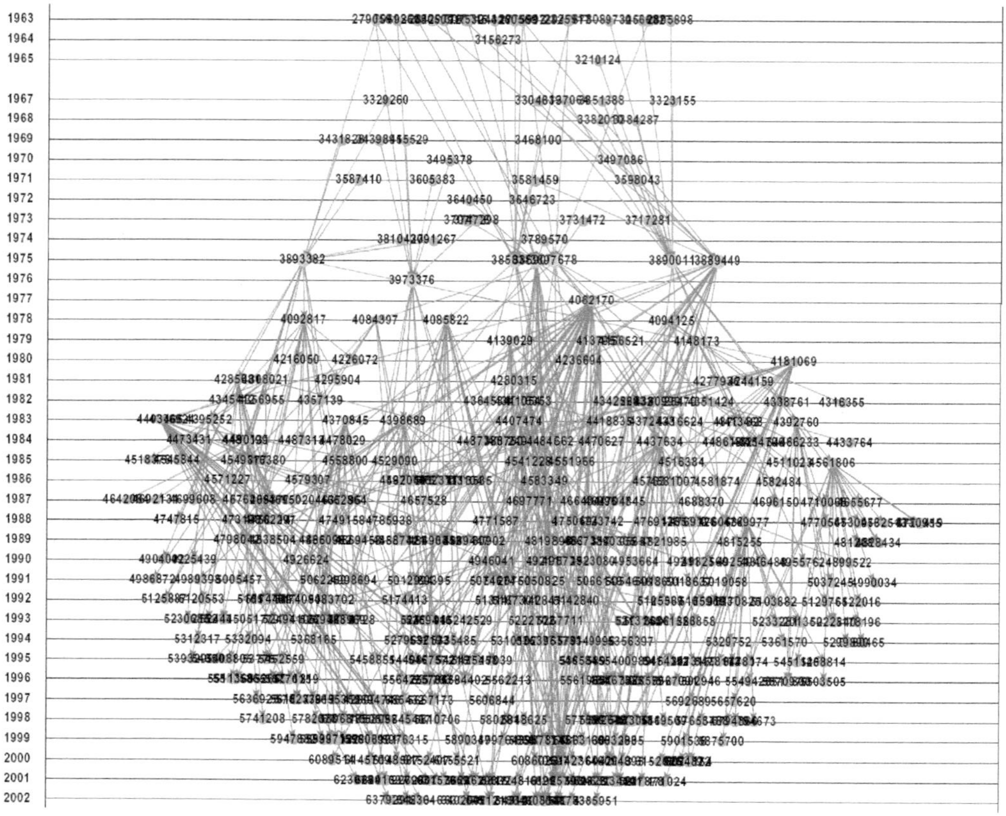

图 5-14　专利引用的社会网络分析图[199]

专利直接引用网络是一种有向网络，斯米尔科夫（Smilkov）等对美国专利引用有向网络的 Rich-club 和 Page-club 系数发现，核心专利更倾向于被其他核心专利所引用[271]。其中 Rich-Club 系数主要关注的是入度（in-degree）Rich-Club 系数，其基本算法是 $\phi^{\text{in}}(k)=\dfrac{E_{>k}^{\text{in}}}{N_{>k}^{\text{in}}(N_{>k}^{\text{in}}-1)}$，其中 $E_{>k}^{\text{in}}$ 指入度值高于 k 的所有节点（$E_{>k}^{\text{in}}$）的链接的和。Page-club 系数用于测算高 PagerRank 节点，其基本算法是 $\phi^{PR}(l)=\dfrac{E_{RP>l}}{N_{PR>l}(N_{PR>l}-1)}$，其中 $E_{PR>l}$ 表示在 PageRank 值大于 l 的 $N_{PR>l}$ 个节点中有向链接的数目。

博马里托等指出，专利引文网络是一种重要的无圈有向图，对通过学术引用的思想传播、创新传播研究具有重要价值，他们利用距离测量和层次聚类算法对美国专利动态引用网络进行了分析[203]。距离测量算法如下：节点 i 及其引用的在先专利的集合 A_i，i 的汇点 $S_i=\{x：\delta^+（x）=0，x\in A_i\}=S\cap A_i$。其中

$\delta^+(x)$ 是节点 x 的外节点度，S 是图 G 所有汇点的集合。由此根据节点 i 和 j 未共享的汇点的比例可以计算出节点 i 和 j 的距离，$D_{i,j}=1-|S_i \cap S_j|/|S_i \cup S_j|$。$|x|$ 代表集合 x 的势。

Hu 等利用自我社会关系专利引用网络来揭示专利之间的关系，分析单件专利的技术价值，他们提出四个假设：①一件专利的被引地位与其相对技术价值正相关；②在同一领域内，专利的技术价值与技术知识基础、技术知识流、专利引文网络中的技术复杂性正相关；③专利的技术价值与其技术价值网络的创新密度正相关；④专利的技术价值可以由一系列专利引用网络多维结构特征所反映。在上述假设的基础下，他们系统梳理了专利的价值评估指数。他们将一件专利的自我社会关系专利引用网络分类为四种类型：引用目标专利 P 的参考文献的专利（耦合专利，CR）；引用了目标专利 P 的所有专利的参考文献（共被引专利，RC）；引用了目标专利 P 的所有专利的施引专利（CC）；目标专利 P 的参考文献专利的参考文献（RR）。在这四种引用类型的基础上，讨论了 OI 指数（用于衡量比较目标专利的引文数及目标专利的参考文献专利的引文数）、技术兴趣指数 TII（目标专利所有参考文献专利被引频次的平方根）、技术跨度指数 TSI（TSI=OI × TII）、CC 指数、RC 指数、RR 指数、TAD 技术活跃度指数等[272]。

（二）专利权人引用网络

正如通过专利文献的直接引用可以发现核心专利和分析知识流，那么，通过对专利权人的引用网络分析，则可以用于检测核心专利权人、发现潜在竞争对手等。例如，施特尼茨克等分析了 LED 领域特定年份内专利权人之间的引用网络，研究发现专利权人引用网络分析可以用于解释专利权人的市场行为，如合作和专利侵权诉讼等[58]，图 5-15 展示的是 ROHM 公司专利的引用网络图。

通过专利权人耦合网络的研究，可以发现引用相同专利的专利权人组合对，进而对不同专利权人进行分类，例如，黄（Huang）等利用专利耦合方法对中国台湾高技术公司的引用网络进行了分析，利用该方法可以将中国台湾高技术企业聚类成六大簇，包括半导体、计算机外围设备、扫描仪、笔记本 / 显示器、系统和 IC 设计 / 封装六个簇[273]。总体而言，目前基于专利权人引用网络的研究工作还不是太多。

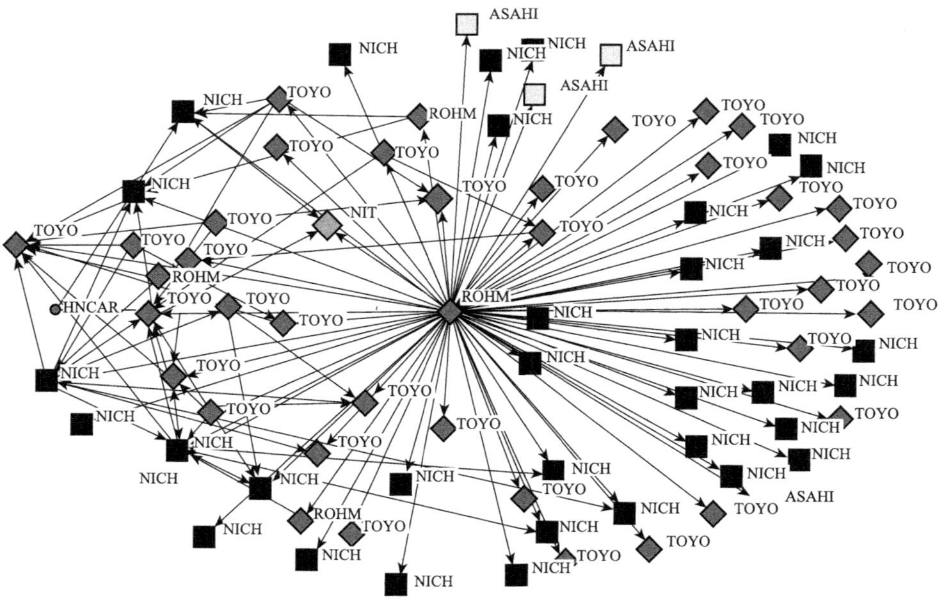

图 5-15　ROHM 公司专利的引用网络图 [58]

（三）专利引证论文网络

一般而言，科学研究更倾向于基础性研究，而专利则更多面向应用技术。最近 10 年，已有相关专利引证论文数据及对特定学科专利与论文引证比较分析或耦合分析的成果发表，已经成为科学计量学研究领域有关专利引证分析的一项重要内容。早在 1995 年，纳林等通过针对美国专利引证科学论文的研究发现美国技术与公共科学之间的关联越来越强，然而迈耶（Meyer）在 2000 年针对纳米技术的研究却发现，基于专利引文分析很难发现被引论文与引证专利之间的直接关联 [274]。但科学计量学界对此方面的研究热情却依旧不减，例如，阿科斯塔（Acosta）等通过专利引证论文方法对西班牙科学 - 技术流进行了研究 [275]。但多数专利引证论文的研究尚未采用社会网络的分析方法，直到最近，才有少量工作采用社会网络分析方法对专利引证论文进行了研究。例如，高（Gao）等 [276] 在 2009 年采用社会网络分析方法分析了美国专利数据库中的中国专利所引用的中国科技期刊共引网络。而在网络结构和演化动力学方面考察科学向技术的知识转移的研究还不多见，这将是社会网络分析在专利分析中的重要潜在应用领域之一。

（四）专利耦合网络

文献耦合研究最初用于论文研究，最早提出将文献耦合思想用于专利计量分析的是纳林[54]，近年来用专利耦合方法进行的研究依旧还不多见，代表性的工作包括上述 Huang 等利用专利耦合方法对中国台湾高技术公司的引用网络分析[273]。此外，利用专利耦合网络还可以进行技术预测，例如，库斯（Kuusi）等利用专利耦合网络对纳米技术领域的技术突破开展了预测研究[277]。

与专利耦合研究原理相近，Weng 等在专利引用网络中引入了结构等价（structural equivalence）的概念，采用块模型（blockmodel）对专利进行分组研究，所谓结构等价即指在专利引用网络中拥有相同位置的两件专利拥有结构等价性，此时拥有结构等价性的两件专利会被分到一个块中，一般情况下拥有结构等价性的两件专利在技术上相近或拥有相近的知识基础[200]。

（五）专利引用分析用于研究知识流

创新研究已经从单学科的 R&D 研究向多学科知识管理转移，工业内部知识流的研究需要考虑以下两个问题。①测度什么？ R&D、know-how、know-what、know-why；②测度哪里？此方面包括三个层面，国家层面的知识流（macro）、行业层面的知识流（meso）和企业层面的知识流（micro）。目前研究较多的是 macro 和 micro 两个层面，如 Shih 等基于专利引用分析了国家之间的技术分布及知识流情况[207]，而对 meso 层面的研究较少[52]。结合时间序列来看，由专利间的引用所形成的前后相继的关系，代表着技术发展的历史进程，因此，专利引文网络作为技术演化过程的对象载体，利用专利社会网络分析的方法进行技术演化路径研究，可以发掘信息（知识）流的发展方向。

理解行业间的知识流有助于构建知识簇和设计国家创新系统（national innovation system，NIS），知识流可以分为实体知识流（embodied knowledge flow）和无形知识流（disembodied knowledge flow），前者通过包含新技术的机器设备或元件的购买进行流动，后者则通过人员流动和研究溢出而产生[204]。基于专利引文的知识流分析则属于无形知识流的范畴，也是目前专利引文分析的一个重要研究领域，下面介绍两个代表性的研究成果。

Hu（2009）在分析东亚国家/地区之间的知识流时，采用了双指数知识扩散模型 $CF_{iT,jtg}=(1+TD_{iT,jtg})\alpha(ij,T,t,g)e^{1-\beta_1(T-t)(1-e^{-\beta_2(T-t)})}$，其中 i 和 j 分别代表施引和被引国家/地区，T 和 t 分别代表施引专利和被引专利的授权年，g 代表某技术主题。他们利用该模型研究发现了在东亚7国/地区（中国、中国香港、韩国、马来西亚、新加坡、中国台湾和泰国）中，中国台湾已成为东亚经济知识扩散的源头，韩国和新加坡对中国台湾专利的引用频率比对美国专利的引用频率更高，中国台湾对韩国专利的引用高于对日本和美国专利的引用，中国和马来西亚对中国台湾和韩国专利的引用高于对日本和美国专利的引用。同时，五国集团（G5）国家（英国、加拿大、德国、法国、意大利）专利被东亚国家引用的频率最低[187]。

进司（2008）对纳米技术欧洲专利的引用网络演化情况进行分析发现，不同纳米技术子领域之间的知识流现象比较少，每个子领域的发展似乎更多地依赖本领域自身的推动[208]。

（六）功能与作用辨析

需要特别指出的是，尽管上述专利引用分析方法在一定程度上能反映出专利文献、专利权人或发明人的技术影响力和竞争行为等特征，但如果要借助这些信息直接对机构的技术影响力进行判断，还需慎重。首先，尽管一些研究结果证明专利引用可以用于表征知识流[278]，但也有针对专利引用分析作为专利分析指标的批评[279]。其次，阿尔卡塞尔（Alcacer）和吉特尔曼（Gittelman）强调，美国专利商标局和欧洲专利局的审查员在审查发明专利申请时的方法完全不同，从而对每件专利的相对引文数量产生了强烈的影响[280]。而且，美国专利商标局与欧洲专利局所依据的不同法律也影响了专利引文的数量。米歇尔（Michel）和贝特尔斯（Bettels）指出，美国专利商标局的引用数量是欧洲专利局的3倍[281]。最后，研究人员还发现，发明人更倾向于引用地理位置相对接近的发明人的专利，这也会影响到引用数据的变化[278]。

第六章 6

网络分析可视化技术与科学地图

近年来，随着数据挖掘技术、科学计量学、信息计量学和计算机技术的不断发展和进步，在图书情报领域更加强调知识服务的潮流下，无论是社会还是科技领域均对情报研究工作提出了新的要求，传统的简单文献收藏、整理、检索工作及其信息产品已无法满足用户的竞争情报和战略情报的需求。在这样的时代背景下，在知识发现、数据挖掘等方法在图书情报应用中不断得到重视的情况下，信息可视化技术也已成为图书情报领域的研究热点之一，成为一种有效的知识挖掘与呈现技术。通过可视化手段，情报工作者可以用静态或动态的图像展示全球、某个国家 / 地区或某个主题领域的科学结构；分析科技人才队伍结构，如分析作者或发明人的分布、协作情况，为科技创新活动的协作共赢提供参考；利用可视化技术，可以掌握某学科的全球发展结构，分析竞争热点领域，挖掘潜在竞争点；可以发现学科新的增长点，预测新交叉学科的出现等。基于对论文、专利、基金资助等信息的可视化研究，有研究人员提出了科学地图[282]的概念，来表示可视化研究结果，其目的是强调可视化的图形在探究某一特定研究领域的研究前沿、鼓励跨学科的讨论、如何最好地跟踪和交流全世界范围内的人类活动与科学进步。

第一节　科学地图的概念

科学地图是一种采用图形的方式来描述科学问题的研究方法，即基于科学数据对其所反映的科学信息进行可视化，该观点最早来自加菲尔德的科学地图思想[283]。

美国印第安纳大学图书馆与信息科学系在科学地图展览中将科学地图主要分为三种类型：概念地图、领域地图和地理地图[282]。

概念空间的概念地图是用于教育和心理学等领域的形象化工具（representational tool），概念地图有时也被称为思维地图（mind maps）、样式记录（pattern notes）、人脑样式（brain patterns）、蜘蛛地图（spider maps）、语义地图（semantic maps）、语义网络（semantic networks）和语义网（semantic webs）。概念地图由四个核心元素组成：代表某概念核心元素的节点，节点之间的连接，用于描述两个节点如何连接的连接词，节点的样式（分等级的或不同形状的）。

节点间至少有九类连接词：包含、相似、数量关系、容量、因果关系、时机、相异点、等价和归类。

抽象语义空间的领域地图发展的目的是为科技探索提供服务，这些地图可以通过分析大规模的学术数据库而获得，致力于认知它们所包含的知识片段及其关联。领域地图所解答的问题主要包括：主要的研究领域、专家、机构、地区、国家、基金、出版物、杂志有哪些？什么领域是最孤立的？每个人研究领域之间的主要联系是什么？不同学科领域的相对发展速率？哪个领域是最动态或最静态的？新出现的研究领域是什么？科学家被引频率比较；基金资助对论文发表或专利申请情况有什么影响？基金资助对学科领域发展有何影响？如何基于科学地图评价科学进步[76]？根据领域地图的分析对象，可以将领域地图再进一步细分为期刊地图、文献地图、作者地图、术语或词地图。不同领域地图具有不同的分析类型与功能。例如，期刊地图可以用于阐释宏观科学问题，展示主要学科领域之间的相对地位和关系，期刊地图还被用于更小规模的地图研究中，展示某个学科内部的精细差异；文献地图是最为常用的分析手段，包括论文和专利等文献，可以实现文献挖掘、领域分析、政策决策、研究质量评估、科技管理或竞争情报等多个方面；作者地图主要有作者共引地图和作者合作地图两种类型，前者尤为适用于分析学科领域的知识结构，后者常用于分析某学科或部门的社会网络；术语或词地图（也称为语义地图）被用于分析领域的认知结构。

物理空间的地理地图已经在人类探索地球的活动中使用了多个世纪，它们帮助人们发现新世界、标记事物分布等。例如美国印第安纳大学的研究人员采用地理地图的方式对美国研究机构的学术分布进行了可视化研究[284]。

此外，与科学地图的相关分类还包括：根据陈超美在 *Mapping scientific frontiers: The quest for knowledge visualization* 一书中的内容，可将科学地图分为面向物理世界和面向概念世界的两种地图[285]。根据科学地图所反映的介质，还可以将其分为时间地图、地理地图、人物和主题地图。根据科学地图所反映的客体，可以将其分为微观（个人）地图、中观（机构）地图和宏观（国家）地图。

根据陈云伟等[139]对科学地图相关研究文献的统计分析结果，美国是现在国际上对科学地图研究处于领先地位的国家，美国相关政府机构和组织已经开始重视科学地图方面的研究投入，如美国国家科学基金会（NSF）和国立卫生研究院（NIH）[286]等已经资助相关研究机构开展科学地图研究，用于支持其科研投入的决策，主要的研究机构包括印第安纳大学、亚利桑那大学、德雷赛尔大学、桑迪亚国家实验室等。其他主要国家还包括英国、德国、西班牙、加拿大、荷兰和中国。我国论文产出较多的研究机构主要有中国科学院、香港大学、香港中文大学、北京大学、哈尔滨工业大学、香港城市大学、清华大学、浙江大学、河南师范大学、大连理工大学等。

第二节　科学地图研究的理论基础与方法

目前，图书情报界对科学地图研究最多的是面向学科领域的领域地图，下面就领域地图研究的相关理论和方法基础、实现流程及技术进行介绍。

一、理论与方法基础

领域地图的理论基础主要建立在科学计量学、文献计量学和引文分析领域[104]，例如，通过科学家之间在其论文中的合作与引用揭示科学交流活动，分析来源文献与引文之间的信息流。NWB 团队[287]归纳了领域地图的主要方法，如图 6-1 所示，包括直接引用、共引、文献耦合、共著等。除图 6-1 中列举的方法外，还可以引申至机构、国家之间的合作和引用关系网络，在专利分析中，也可以用于分析发明人、专利权人、国家的合作和引用关系。

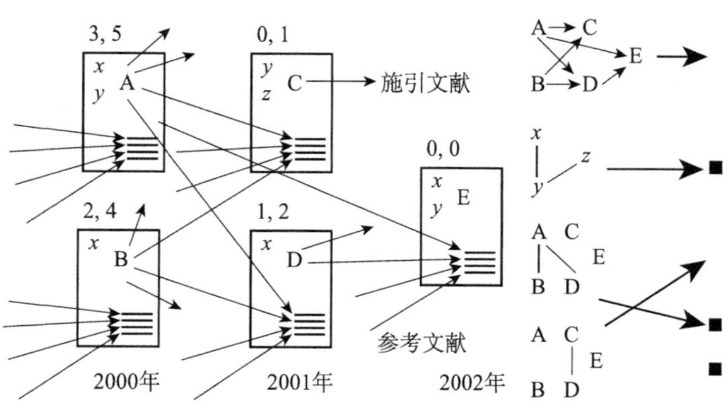

图 6-1　领域地图的理论与方法基础

二、科学地图可视化实现流程

科学地图研究的一般工作流程包括六个主要步骤：数据准备（包括收集、整理、分析与管理）、分析单元的定义、方法选择（理论依据及方法）、各单元之间相似性的计算、关联与定位（实现技术）、对科学地图的解读与分析。其中“各单元之间相似性的计算”与“各单元的关联与定位”两步又可同时定义为数据布局。若再广义地加以分类，则科学地图构建的整个过程可以分为两大部分。第一部分是科学知识与专门技术的收集、整理、分析与管理，此部分是科学地图构建的基础，将决定所构建的科学地图的科学性与准确性。此步骤的关键技术包括共被引分析、因子分析、聚类分析、多维尺度分析（MDS）、文本语义分析、数据选取与处理技术（如基于主题地图的文献组织方法研究）。这些技术同时也是科学计量学、文献计量学均需面临的最重要的难点之一。第二部分是基于计算机编程的科学地图可视化实现技术，目前常用的可视化软件工具很多，如 TDA、Aureka、NWB、CiteSpace、Pajek 等。针对更多个性化的、复杂化的地图则需要根据具体的功能设计个性化的可视化方案，通过计算机编程实现。流程可归纳为如图 6-2 所示[288]。

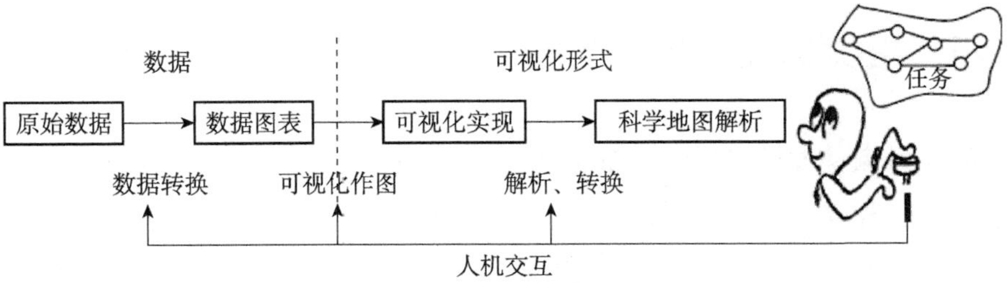

图 6-2　数据可视化流程示意图

三、数据的组织与预处理

（一）数据集的构建

数据集的构建是研究科学地图的基础，随着计算机网络技术的飞速发展，大量电子数据库的构建为构建科学地图提供了充分的数据基础，同时也给科学准确地构建有价值的科学地图工作提出了新的挑战。如何在大量的数据中抽提出恰当的可以代表某一主题的数据已是科学地图研究的重要环节。本书在第三章第一节介绍了多种数据集的构建方法，读者可根据研究需要加以参考。

（二）数据预处理与清洗

科学准确的数据是科学地图构建的基础，在科学地图构建过程中数据的预处理占据重要的地位，如清洗噪声数据、数据集成和变换等。多数分析软件具备数据清洗的功能，如TDA软件通过列表、组等功能对原始数据进行人工清洗；NWB软件也可以对作者等数据进行合并清理。不过目前软件在对数据进行自动化清洗时，常常受困于大量数据中的偶然错误或不同的著录格式，而且这些偶然的因素或格式无规律可循，导致自动清洗的结果有时无法满足科学地图构建的要求。所以，随着数据库在图书情报领域的应用越来越广，计量分析对数据的准确度要求也越来越高，这对数据库建设者在数据格式和著录规范与准确性方面也提出了更高的要求。

此外，数据集中项之间的关联方案是决定科学地图科学价值的重要因素，因此必须建立科学实用的关联方案。要求建立科学、准确的类或簇，包括专家咨询等策略，确保类或簇的准确。

四、指标选取与科学问题

美国国家衰老研究所（National Institute of Aging，NIA）在科学地图构建时，单个研究人员生产力指数包括：成果或发现的新闻报道；在*Science*、*Nature*、*PNAS*等高学术影响力杂志上发表论文的数量；在本领域最重要刊物上发表的论文数；文章被引情况；近期主要的荣誉，如美国国家科学院院士、诺贝尔奖等；基金研究的媒体报道；向其他领域思想的输出；领域研究者的平均年龄；领域内博士后人数；领域内领先杂志上发表文章的速率；晋升和职位增长的速度；项目团队的规模、项目的数量等。进而分析基金资助对文章数量的影响、资金投入与论文产出的关联以及同一基金资助下研究人员发表论文的关系图。

近年来图书情报领域普遍关注科学地图在引文分析、共引分析、共词或共著等共现分析方面的领域地图研究。例如，陈超美和保罗（Paul）采用Pathfinder网格技术创建了作者共引地图[289]；作者共引分析的开创者之一怀特强调与传统技术（多维尺度分析、聚类分析和因子分析等）相比，使用Pathfinder Networks进行作者共引作图分析的优势[290]；Lin等利用ISI引用指标构建了实时作者共引地图，进而很容易发现特定的二级学科（如某作者从事多个领域的研究或同名作者等分析）[291]；博亚克和伯尔纳在同一张图中展示了基金资助和出版物之间的关系图，提高了科学地图对科学政策制定者的利用价值[292]。

此外，概念地图与地理地图研究已经在美国的图书情报领域、计量情报学领域、生物信息学领域占据了较为重要的地位。例如，科学地图对于描述科技争论的发展和跟踪模式发展轨迹中所发挥的科学价值，陈超美等研究了疯牛病与人类克雅氏病（Creutzfeld-Jacobs）之间的可能关联[293]；以RNA结构研究食品网络，对人类认知和社会行为进行可视化作图研究，揭示认知和行为规律，通过作图研究人脑的连通性结果与功能动力学之间的关系，通过地理地图研究交通、电话、邮件、移民动态等的网络分布。

五、相关算法

近年来用于科学地图研究的主要算法包括三大类[104]：①降维技术，包括特征值/特征向量分解技术、因子分析（FA）、多维尺度分析、寻径网络（PfNet）、自组织地图（SOMs）。此外，目前还需关注用于文本建模分析的几个算法，如语义分析[278]、主题文档生成模型（LDA）[294]及作者－会议－主题模型（ACT）[295]；②聚类分析，主要分为基于相似度和基于距离的聚类方法；③三维空间立体构型技术，包括三角形测量、力矢量布局（FDP）算法[287]。

六、主要信息可视化作图技术

可视化实现技术，应考虑对大量数据的处理能力、减少可视化实现的时间，实现缩放、过滤和失真等交互操作设计，以及双曲树、鱼眼、分形等主题与文本呈现技术[287]。

主要的信息可视化作图技术包括：时间序列（temporal）、列表（tabular）、多维数据分析（multididimensional）、树状图（trees）、网络（network）、地理数据图谱分析（geographic data landscape）、大规模社会网络的静态图像、动画

（animations）、人机交互技术（interactive display）、身体操作技术（Hands-on Physical）、混合（hybrid）技术。

（1）时间序列分析。主要目标是展示事物发展的过程并预测随时间变化的发展趋势，时间序列作图需要注意随机噪声的影响，通常情况下，需要清除噪声数据以获取更准确的图。时间序列作图分析最为关注趋势和周期性两个方面，在突发事件分析中有着重要的价值。随着用户对信息重视度的逐步提高，要求时间序列分析能更加方便快捷地检测异常和趋势，提高获取详细资料的效率，扩大应用范围，时间序列分析将面临处理大量数据以及高效利用空间的挑战。

（2）列表分析。通过常规的平面图将数据进行可视化，其优势是高效地揭示文献间的关系，适合进行比较分析。其不足是无法显示多个属性之间的相互作用，同时平面图中显示的信息太少，使比较工作变得困难。

（3）树状图分析。目的是描绘层级数据，揭示其结构信息和内容信息，通过树状图可以更加高效地利用空间，易于描绘相互关系，美观并易于理解。

（4）网络分析。一个巨大的主题，包括复杂网络和社会网络分析。目前在图书情报领域应用最为普遍的为合作网络（collaboration networks）。在大型网络分析中所面临的挑战包括节点的定位（无重叠）、噪声连接的去除、标签、导航与相互作用。在网络分析的布局中，节点和边可以采取直接或间接、权重或未加权重、标签或未加标签等方式陈列。可以用颜色、大小和样式编码来呈现不同的属性值。

（5）地理数据图谱分析。在世界或国家行政区域地图上根据科学数据指标进行标记，生成静态的或动态的基于地理地图的科学地图，如伯尔纳在 2006 年在美国地图上根据各研究机构的论文数清晰地展示了美国主要科研机构的产出能力情况[284]。

（6）大型静态图像。以大型静态图片描述科学问题的分布和关联，如 SciTech Strategies 公司为 NIH、NSF、DOE、NSAS 等机构设计了大量的静态图像，反映多种学科的发展及相互交叉关系等信息[296]。

（7）人机交互技术。通过人机交互界面，使用户根据个人兴趣进入相应的系统，从不同角度读取的不同可视化呈现方式的科学地图。该技术还允许用户根据需要在不同层面呈现大规模的数据，可以在地图中删除某些数据，进行个性化设置。对从多角度分析数据，监测重要特征，在结构、空间和时间等多方面分析数据具有重要价值。

七、几种科学地图比较

表 6-1 对几个代表性科学地图进行了比较。

表 6-1　几种科学地图比较

数据	科学地图名称	所属类别	结构特征	
			节点	链接关系
论文	引用科学地图	领域地图	论文、作者、机构、国家	直接引用、共引、文献耦合
	合作网络地图	领域地图	作者、机构、国家	共著
	论文地理地图	地理地图	—	—
专利	计量地图	领域地图	—	—
	引用网络地图	领域地图	专利文献、发明人、专利权人、国家	直接引用、共引、专利耦合
	合作网络地图	领域地图	发明人、专利权人、国家	合作、技术转移转化
	主题关联地图	领域地图	主题词、专利分类号（IPC 等）	共现、相关
其他	移民图	地理地图	—	—
	通信网络图	地理地图	—	—

第三节　基于论文的科学地图研究

近几年来，随着数据挖掘技术、科学计量学、信息计量学和计算机技术的不断发展和进步，更多、更好的科学地图被展现出来，科学地图已经成为图书情报界、科学学研究、政策管理等领域的研究热点。科学地图以可视化的静态或动态图像展示全球或某个国家 / 地区、或某个主题领域的科学结构；分析科技人才队伍结构，如分析作者或发明人的分布、协作情况，形成合作地图（cooperative map）；可以为团队（Group）理论对团队创新能力研究提供有力的数据支撑，为科技创新活动的协作共赢提供参考；可以发掘隐性学术群体（invisible colleges），也可以来研究特定机构的国际合作地图[284]；可以构建某学科领域的科学地图[73, 74]，可以掌握某学科的全球发展结构，分析竞争热点领域，挖掘潜在竞争点；可以发现学科新的增长点，预测新交叉学科的出现等。科学地图利用的数据源包括论文、专利、资金资助项目、会议等[76]。

近年来图书情报领域普遍关注科学地图在引文分析、共引分析、共词或共著等共现分析方面的领域地图研究，而且研究重点在于大学科间的关系研究，从分类学角度，属于领域地图研究。

一、基于引用的科学地图

例如，美国桑迪亚国家实验室的博亚克和印第安纳大学图书馆与信息科学系的伯尔纳在 2005 年发表的 *Maping the Backbone of Science*[222] 一文中，尝试描述全球科学地图。该文以 ISI 数据库所收录的 SCI 与 SSCI 期刊论文为数据基础，把 7121 种期刊分成了 212 个簇，根据引用关系研究不同簇之间的关联关系。该文采用 8 种不同的相似度测算方法对期刊进行分类，其中包括五种互引（IC）测度方法，即 IC-Raw、IC-Cosine、IC-Pearson 和 IC-RFavg；三种共引（CC）测度方法，即 CC-Raw、CC-Pearson 和 CC-K50。然后再利用一种称为 VxOrd 的力矢量布局（force-directed graph layout）算法对每种相似度测量进行二维呈现，最终获得两个最佳的共引和互引地图，并采用互引地图对学科之间的链接关系进行了分析，发现生物化学是科学界学科交叉性最强的学科。

2009 年的 *Mapping the Structure and Evolution of Chemistry Research*[73] 一文，以 SCIE 和 SSCI 数据库为数据基础，利用 JCR 分类从 7227 种期刊的 671 个期刊簇中筛选出 14 个与化学研究相关的学科，基于文章引用关系，对这 14 个学科的科学结构变化与知识交换进行了研究。从 1974 ～ 2004 年的 30 年时间里，每隔 5 年采用 VxOrd 算法对化学领域的 14 个子学科的分布及相互引用关系情况进行可视化作图分析。通过 30 年的发展比较，最直观的结论是数量和引用关系的加强。此外，通过每隔 5 年的比较，可以发现更多的信息，包括各个学科下 5 个组的变化情况等，例如，研究发现生物化学和生物工程稳步地进入化学领域，并对化学领域的知识基础产生影响。

二、基于合作的科学地图

科学地图在研究显性和隐性团队方面发挥着重要作用。例如，2008 年 10 月 9 日的 *Nature* 杂志的一篇 *News Feature* 在论述 Group 理论[297]时，引用了印第安纳大学伯尔纳教授有关采用科学地图方法研究作者之间合作关系图的最新研究成果，通过作者之间合作作图分析，展示出作者之间合作及团队的发展演变情况。从 1988 ～ 2004 年的作者共著网络，呈现了各年的合作情况，该图获得了 2004 年 IEEE 信息可视化会议一等奖[298]。

三、论文数据的地理地图呈现

在地理地图的研究方面，伯尔纳等在美国地图上根据各研究机构的论文数展示了美国主要科研机构的产出与消费关系情况，利用地理地图呈现 500 家机构中论文产出最多的 5 家机构，及对这 5 家机构引用最多的 10 家机构的关系[284]。

受上述代表性成果的带动及影响，近年有关基于论文研究科学地图的工作至少还包括文献［299］利用中国图书情报领域的 18 种核心期刊 6 年内的论文，研究作者合作网络的特征和结构；文献［183］利用期刊论文的关键词共现的科学地图研究了技术预见领域的知识结构。

第四节 基于专利的科学地图研究

综合调研目前基于专利的科学地图可视化研究成果，本节发现现有的研究主要集中在领域地图的研究上，可以归纳为专利计量统计图、时间序列发展趋势图、引用图、作者合作图、主题图等。

一、专利计量信息可视化

专利计量信息可视化在近年专利分析中应用得最为广泛。笔者[300]在比较中国八大综合经济区发明专利申请数量时，以及笔者[301]在比较中国科学院与法国国家科研中心、德国马普学会和美国麻省理工学院的生物技术发明专利申请数量时，采用可视化图形进行了比较研究工作。

二、引用网络可视化

引用网络可视化为挖掘信息流的发展方向、发现技术主题发展历程中的核心专利，以及在技术演化中处于关键过渡地位的专利、发明人或机构等，提供了强有力的手段。例如，德国汉堡大学的瓦特堡等[192]通过多级专利引用分析方法对技术演化进行了研究；格雷斯[199]通过 1963 ～ 2002 年美国专利的引文分析研究了随着时间维度的专利引用网络，探讨了信息流的发展方向。

三、专利合作网络可视化

专利合作网络可视化主要分为国家、专利权人、发明人三个层面，通过合作网络研究可以发现国家、机构的竞争合作关系，挖掘研发团队成员之间的关系和团队规模。例如，施特尼茨克等[58]基于专利权人在专利申请中的合作关系绘制了专利权人合作网络地图［图 6-3（a）］，以可视化的方式呈现不同专利权人之间的竞争合作关系，为专利权人发现竞争对手、寻求合作伙伴提供直接的参考信息。

四、专利技术主题信息可视化

专利技术主题信息可视化的研究可以从主题词和专利分类等角度进行研究。例如，张娴等[302]利用 Aureka 分析平台对生物合成技术美国专利技术主题信息进行的可视化主题图分析。Dou 等[188]基于欧洲专利禽流感相关研究的研发战略和国家比较分析时，采用可视化技术对禽流感相关欧洲专利的 IPC 相互关系作了科学地图研究［图 6-3（b）］，反映各种相关 IPC 小类之间的关联强度。

最近有关专利的科学地图研究还包括杨芸芸等[303]和 Huang 等[198]基于专利权人合作与基于专利引用网络的科学地图分析。

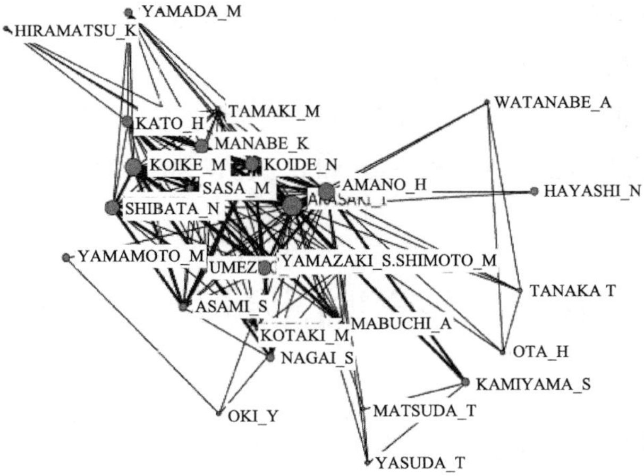

（a）专利权人合作地图[58]

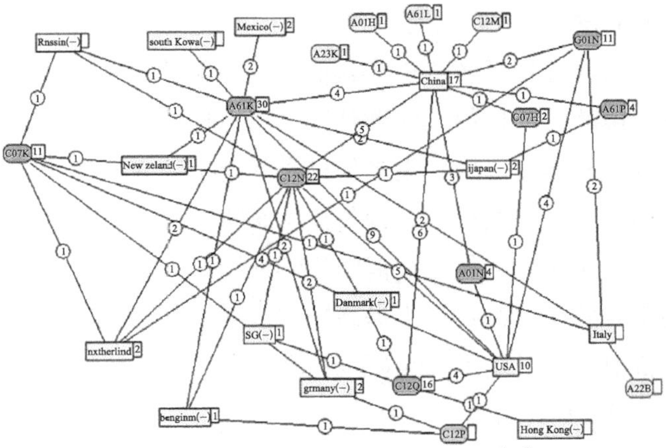

（b）禽流感欧洲专利 IPC 相互关系图[188]

图 6-3　专利网络可视化图

第五节　其他科学地图研究

除上述几种图书情报领域基于论文和专利的可视化科学地图外，科学地图的应用非常广泛。如美国人口普查局采用地理地图的方法描述美国移民的动态变化情况，美国麻省理工学院感知城市实验室也采用地理地图描述纽约市民长途电话通信的分布情况，德国的一家 TagGalaxy 网站提供类似星系分布的动态可视化标签星系图谱，用于描述不同科学主题词标签的相互关系，Gapminder 网站采用动态图形呈现了自从1820年以来世界各国的 CO_2 排放量，等等。类似用科学地图来研究和分析科学问题的例子非常丰富。

以上仅对目前有限的几项科学地图研究成果进行了简要介绍，有关更多的科学地图实例可以参阅 Map of Science 和 Places & Spaces 展览等网站。

第六节　科学地图发展前景展望

人类的进化始终沉浸于3D世界中，人类的感知和认知能力已经在3D环境中达到了最优化，人类的大脑更易于接受空间组织的信息，更易于记忆。科学地图可以帮助人们发现那些已经存在或淹没于大量知识、信息和数据中的问题，如疾病或战争、政府处理经济危机和其他重大问题的方法、全球范围内人与人之间的合作等。虽然没有任何人能做到以上所有这些问题，但随着越来越多的科学地图的展现，必然可以描述更多的科学问题。随着科学地图在图书情报工作中的广泛应用，其在描述科学结构与技术结构，分析国家或区域竞争优势等工作中将发挥越来越重要的作用。借助科学地图研究，将大大提升学科情报研究及科技咨询工作效率，特别是将提高知识服务的水平。科学地图不仅对政策制定者有参考价值，而且还可为科研机构和科研人员提供决策及参考依据，对情报研究工作也颇具指导价值。

需要引起重视的是，当前有关科学地图的信息可视化技术的优势已经到达一个关键的转折点，现在需要学者关注的是设计超越精美图片范畴的科学地图，甚至是超越第一眼看到科学地图的兴奋。问题是我们如何才能让整洁的科学地图平稳地反映我们工作的信息流[304]。值得一提的是，以下几点可能将是科学地图发展的热点所在：增加领域可视化对非专业人员的易接受性；利用科学地图解答切实的问题；将不同学科领域的领先研究者们集中在一起来研究知识领域的科学地图，提高研究结果的功效；开发功能更加强大和灵活的算法[285]。

美国科学地图研究的代表性人物伯尔纳和博亚克指出[72]，科学地图的可视化（或作图）并不能代替对研究对象的分析，可视化作图是对研究结果进行表达和呈现的手段。他们指出，科学地图将在跨学科研究方面发挥越来越重要的功能，目前基于科学地图的跨学科研究可以归纳为以下几个方面：①以特定机构、国家和特定主题出发研究作者合作网络；②重视对中介中心性的研究，中介中心性已成为测度期刊跨学科属性的重要工具；③知识流研究试图回答与专有技能和 / 或跨时间、空间和主题空间的知识分布问题，常用引文分析来进行研究，但目前尚无法回答有多少信息及是什么信息在流动，这是未来在算法设计与技术实现方面尤为值得重视的方向，特别是要重视语义挖掘技术的应用与发展。展望未来。科学地图的发展前景至少包括以下两个方面：①整合不同数据，包括不同领域、不同类型（如专利、论文、基金资助、教育、训练与经济活动等），甚至不同语种的数据进行可视化分析；②科学地图的作图形式与方法应立足于解决实际问题，目前还无法断定哪种作图方法与可视化实现效果是最优的，尚需不断的实践来检验与发展。

陈超美[285]在 *Mapping scientific froniters*：*The quest of knowledge visualization* 一书中指出，科学地图的发展面临着 10 个关键挑战：①领域的准确性与独立性，即开展一项分析需要具备多少领域知识；②质量与时效性；③跨学科属性的思考；④有效性；⑤设计隐喻性，即如何设计合适的和有意义的隐喻，并且要保证该隐喻不是对未来发展的误导；⑥覆盖范围，即数据的选取，包括期刊论文、专利、会议论文、基金等；⑦按比例扩增技术；⑧自动标签；⑨读者（用户）个体差异，即不同的读者对同一图谱的反应和信息读取可能存在较大差异，进而导致图谱产生截然不同的功效；⑩伦理道德约束。

第七章 7

展　望

本书围绕社会网络分析方法在情报分析中的应用这一核心问题，将笔者在过去 9 年时间里的相关研究成果进行了汇总和梳理，既包括理论和方法的探索，也包括实践应用；既有系统的综合框架，也有独立的指标；既有对已有研究的综述，也有笔者的原创成果。通过把这些成果汇集在一起的过程，又进一步加深了笔者对社会网络分析方法在情报分析中的应用研究的理解和认识。有关社会网络分析方法在情报分析中的应用研究，笔者尝试提出以下几点思考，与读者探讨。

第一节　充分利用社会网络分析方法

首先，重视社会网络分析所提供的数学分析功能。前文分析表明，社会网络分析为情报分析领域开展合作、引文、主题关联等相互关系提供了可视化的和数学的分析，然而，当前情报分析界通常更看重其可视化功能一面，反而忽略了数学分析的内容。事实上，数学分析的内容才是社会网络分析方法有效发挥功能的核心所在，忽略了数学分析，可视化的科学地图在阐释和说明方面的效力就会下降。正所谓“网络只是管道”，通过数学的分析才能揭示管道中流动的信息。正如前文所述，可视化的科学地图在描述科学结构与技术结构、分析国家或区域竞争优势等方面发挥的作用越来越大，对提升学科情报研究及科技咨询工作效率颇具益处。然而，经过十余年的发展，如果我们现在仍旧停留在欣赏精美科学地图的层面，那么则很难真正发挥社会网络分析用于情报分析领域的价值。本书中举例的一些应用已表明，至少社会网络分析提供的数学分析方法，可以用于挖掘学术团体和学科结构（社团划分），可以识别技术演化路径，可以用于科学家、机构和技术等的科技评价，可以用于技术预见，可以用于识别关键机构和关键科学家，等等。

其次，重视多类型网络的构建。我们通常会根据研究目的的不同而构建全球规模的网络、特定学科的局域网络或自我中心网络，然而，网络的结构是具有时间依存性的，随着时间的不断推移，网络在不断演化。例如，在科学家合作网络研究方面，科学家之间的合作关系在不断变化，过去没有合作关系的科学家也许会在某年开展合作，过去已有合作关系的科学家也可能不再合作。然而，当前的多数网络演化分析方案中，通常是利用逐年累积的数据来构建网络，也就是说，一旦两个科学家在某年合作过，那么在网络演化过程中，他们之间的合作链接（网络的边）则始终存在，且边的权重会随着合作次数的增加而不断变强。那么，如果不考虑网络随时间的累积效应，仅以特定时间段内（如逐年）的数据构建网络，那么网络演化的变化则更加剧烈，网络的结构和演化也将呈现出全新的特征，此时则可以分析科学家之间合作关系的建立、解散或再合作的演化特征。

最后，不断改良和优化更加符合情报分析领域特征的网络分析方法。社会网络分析及复杂网络分析的共性分析方法已经被广泛应用于情报分析领域，如无标度特性、小世界网络、社团划分方法等。然而，情报分析领域的研究对象（论文、专利等）与社会学、生物学、物理学、互联网、流行病学等领域的研究对象不同，直接借用复杂网络领域的共性分析方法固然可以揭示出情报分析领域研究对象的一些特征，但是，我们还可以基于节点之间关系的影响因素或节点的属性不同来对链接进行赋权，进而优化和改良相关的网络分析算法。例如，本书中介绍的加权引文网络的社团划分研究。

第二节　拓展社会网络分析的功能和应用

社会网络分析在情报分析中的应用是对社会网络分析方法学的有益拓展，可以预见，将社会网络分析方法应用于情报分析中具有重要意义。根据本书的研究，下面提出未来社会网络分析在情报分析领域的研究重点将可能至少包括以下几个方面。

第一，用于鉴别关键科学家或科研机构，发掘合作者与竞争对手。通过合作、主题关联和引用网络分析，可以发现处于重要位置的科学家或科研机构，这些重要的节点可以是中心（度数中心度或中间中心度）节点，也可以是桥点。综合这些信息，可以描绘科学家或科研机构的竞争力，用于构建更具创新能力的研发团队。与论文研究相比，当前社会网络分析在专利分析领域的应用较少，特别是对专利文献所承载的专利权的所有者——专利权人的分析目前还相对较少，这将是非常广阔的研究领域，通过专利权人之间的关联网络分析，可以用于发现竞争对手[58]进行竞争分析，或为创建联合研发项目寻找合作伙伴提供参考。

第二，专利社会网络分析在企业创新与管理研究中得到越来越多的关注，包括企业之间的竞争合作及企业内部发明人之间的合作网络结构对创新的影响等。例如，帕鲁舒锐（Paruchuri）通过企业之间的专利合作网络及企业内部的发明人合作网络分析发现，公司内部发明人创新合作网络的发明人结构中心性与其对公司创新性的作用呈现倒“U”形关联关系，这种关系同时又受到公司所处的合作网络的中心性及结构洞的负调节[305]。此外，Su 等采用专利家族的优先权专利网络对公司的专利组合（patent portfolio）进行了分析，服务于企业技术保护与实现战略目标[306]。

第三，发挥引文网络的揭示科研范式与学科结构方面的应用潜力。引文网络社团结构是科研范式的外在表现，基于网络类型的不同，引文网络社团结构的差异则可用于分析特定学科、特定国家以及特定机构的科研范式。正如本书通过对量子信息领域的 3 个科研单元的实证分析表明，利用引文网络的社团划分分析方法可有效地揭示各科研单元的科研范式，呈现出了较好的应用效果。

第四，不断丰富主题关联网络的链接基础，深入研究主题相似计算算法。例如，在本书所介绍的加权引文网络社团划分研究中，采用了 Salton 等提出的向量空间模型 VSM 来计算文献之间的本文相似度，在专利权人主题关联网络研究中采用了基于 IPC 的相似性来研究专利权人之间的主题关联关系，这些主题相似性计算方法仅是众多可选方法之一。我们还可以利用 SAO 模型和语义 LDA 模型等开展语义层面上的相似度计算，目的之一是提高引文网络中文献之间主题相关性的强弱，提高社团划分的效果；之二是期望能发现主题关联与合作之间的相关性，发挥主题关联算法在预测专利权人之间合作潜力方面的效用，将主题关联因素补充到 LCI 模型的实证应用中。

第五，网络动力学及演化分析将是今后发展的重点之一，特别是专利引用网络、专利权人合作网络动力学及演化分析将是今后的研究热点之一。近期已经发表的几篇文章中也正体现了这种趋势，包括巴贝拉（Barberá）等基于专利引用网络对技术演化（主路径）进行的研究[307]，李（Lee）等基于 ICT 领域专利数据开展的协同进化研究[308]，凯格勒（Kegler）等对机构合作网络演化的分析[309]，等等。技术演化路径识别的算法研究与应用也将是专利演化分析的一个热点方向，如常见的 SPLC 算法和 SPNP 算法等，刘倩楠利用 SPNP 算法对以太网技术演化路径进行了研究[310]。此外，基于论文和专利之间的引用关系探讨科学向技术的转移仍将是一个研究热点。现有研究大多数尚停留在计量和统计水平上，而缺少在网络结构和演化动力学水平考察科学向技术的知识转移的研究，这将是社会网络分析在专利分析中的重要潜在应用领域之一。此外，高被引专利可以用来评价专利丛林，引文网络中关系强度较高的节点之间的技术相关强度高，若在引文网络中相连的两个节点在合作网络中没有合作，可能说明二者存在高度竞争关系，若有合作则说明二者在联合研发新技术。

第六，基于社会网络分析的科技评价与技术预见研究将日益得到关注。本书在调研已有研究中发现，以往的研究已经表明了科学家的科研表现与其合作行为之间存在显著的正相关性，因此，基于合作网络构建用于科学家科研表现评价的指标具有理论依据。在生物经济引擎技术预见模型的研究中，通过比较已有引擎技术和非引擎技术专利权人合作网络演化特征的差异，归纳出引擎技术专利权人合作网络的特征，进而用于未来引擎技术的预见研究。然而，这种预见是针对现有技术（通常处于起步期或发展期的技术）的预见，尚无法用于预见未来可能会浮现出的新技术，有关未来技术的预见与预测研究则充满了挑战，社会网络分析能否发挥作用，尚存在不确定性，还需要进行深入的研究和探索。在专利权人合作网络演化分析中，我们构建的专利权人合作潜力指数（LCI）模型尚属于定性模型，还无法实现定量计算而用于发现潜在合作者。因此，需要不断研究并增加反映专利权人之间竞争关系的指标，或者称为合作抑制因子到模型中。问题的关键在于明确抑制因子是什么，或者是否可以基于实证数据抽提出类似的合作抑制因子指标。这是一个尤为关键的问题，将在未来的研究中进行深入研究。不断完善并修订 LCI 模型，包括在更多学科领域内开展 LCI 模型的实证研究，深入分析专利权人之间开展合作或技术转移的动因，修订并完善模型中的各个因素，如地理空间距离因素的影响将细化到省（州）市层面，细分同一国家专利权人之间地理空间距离的差异对合作造成的影响。

第三节 针对本书中相关研究问题的进一步思考

本书介绍了社会网络分析方法在情报分析中的若干应用案例，这些应用研究均在一定程度上而言仅仅是社会网络分析在情报分析中应用的初步尝试，仍存在一定的问题和进一步改进和优化的空间，针对这些问题提出以下几点思考。

首先，我们基于科学家的科研表现与其合作行为之间存在显著的正相关性这一理论基础，构建了一个基于合作行为来评价科学家科研合作水平的 CCS 指数，用于评估科学家的科研表现。尽管 CCS 指数整合了与科学家合作行为相关的 6 个参数，但如何为这些参数设置不同的权重值，以及采用哪种形式的 CCS 指数计算公式，都还需根据实际工作进行选择，甚至不断加以优化和改良。

其次，在 ITFM 模型中考虑了专利权人合作网络演化相关的指标，虽然针对四种技术的比较研究已经发现了引擎技术在专利权人合作网络演化方面具有特殊的表现，但这种表现是否具有普适性，还需开展更多的实证研究进行验证。特别是在不同的学科领域，这种引擎技术与非引擎技术之间专利权人合作网络演化特征的差异表现是否依然存在，也还需仔细研究。

最后，在引文网络研究方面，当前基于引文网络演化的研究多数仅考虑到文献引用关系，而并未考虑可能会影响引用行为的相关因素，也就是说并未基于这些影响因素对引文关系重要性的差异加以区分。本书虽然介绍了基于主题相似度对引文网络的引用边进行加权的尝试性研究，但主题相似仅是影响引用行为的众多因素之一，未来至少可以将作者合作关系以及机构合作关系等因素加以考虑，构建加权的引文网络，或者构建网络中包含多类型节点的引文耦合网络，深入开展引文网络研究。进而支撑基于引文网络的主路径挖掘、科研评价、技术预见等研究。

附　录

附录一　工业生物技术专利 IPC 分类号

C12P-001/00	C12P-039/00	C12P-037/00	C12P-037/06	C12P-037/04	C12P-037/02
C12P-035/00	C12P-035/08	C12P-035/06	C12P-035/04	C12P-035/02	C12P-033/00
C12P-033/20	C12P-033/12	C12P-033/16	C12P-033/18	C12P-033/14	C12P-033/06
C12P-033/08	C12P-033/10	C12P-033/02	C12P-033/04	C12P-031/00	C12P-029/00
C12P-027/00	C12P-025/00	C12P-023/00	C12P-021/06	C12N-015/09	C12P-021/02
C12P-021/04	C12P-019/00	C12P-019/64	C12P-019/44	C12P-019/60	C12P-019/62
C12P-019/58	C12P-019/56	C12P-019/46	C12P-019/48	C12P-019/54	C12P-019/50
C12P-019/52	C12P-019/26	C12P-019/28	C12P-019/42	C12P-019/38	C12P-019/40
C12P-019/30	C12P-019/36	C12P-019/34	C12N-015/64	C12N-015/66	C12P-019/34
C12P-019/32	C12C-01/00	C12P-019/24	C12P-019/22	C12P-019/20	C12P-019/18
C12P-019/16	C12P-019/14	C12P-019/12	C12P-019/04	C12P-019/10	C12P-019/08
C12P-019/06	C12P-019/02	C12P-013/04	C12P-013/24	C12P-013/22	C12P-013/20
C12P-013/14	C12P-013/18	C12P-013/16	C12P-013/12	C12P-013/10	C12P-013/08
C12P-013/06	C12P-017/00	C12P-017/16	C12P-017/18	C12P-017/14	C12P-017/10
C12P-017/12	C12P-017/02	C12P-017/08	C12P-017/06	C12P-017/04	C12P-015/00
C12P-013/00	C12P-013/02	C12P-011/00	C12P-009/00	C12P-007/00	C12P-007/66
C12P-007/64	C12P-007/62	C12P-007/40	C12P-007/58	C12P-007/60	C12P-007/56
C12P-007/54	C12P-007/52	C12P-007/44	C12P-007/50	C12P-007/48	C12P-007/46
C12P-007/42	C12P-007/24	C12P-007/26	C12P-007/38	C12P-007/28	C12P-007/02
C12P-007/22	C12P-007/04	C12P-007/18	C12P-007/20	C12P-007/16	C12P-007/06
C12P-007/14	C12P-007/08	C12P-007/10	C12P-005/00	C12P-005/02	C12P-003/00
C12P-001/06	C12P-001/04	C12P-001/02	C12N-009/00	C12N-009/99	A23L-001/202
C12N-009/94	C12N-009/98	C12N-009/96	C07K-016/00	C12N-009/00	C12P-021/08
C12N-009/02	C12N-009/04	C12N-009/06	C12N-009/08	C12N-009/10	C12N-009/12
C12N-009/14	C12N-009/16	C12N-009/18	C12N-009/20	C12N-009/22	C12N-009/24
C12N-009/26	C12N-009/28	C12N-009/30	C12N-009/32	C12N-009/34	C12N-009/36
C12N-009/38	C12N-009/40	C12N-009/42	C12N-009/44	C12N-009/46	C12N-009/48
C12N-009/76	C12N-009/74	C12N-009/72	C12N-009/70	C12N-009/68	C12N-009/66
C12N-009/50	C12N-009/52	C12N-009/54	C12N-009/56	C12N-009/58	C12N-009/60
C12N-009/62	C12N-009/64	C12N-009/78	C12N-009/80	C12N-009/82	C12N-009/84
C12N-009/86	C12N-009/88	C12N-009/90	C12N-009/92	C12N-001/20	C12N-001/00
C12N-001/00	C12N-001/00	C12P-041/00	C12N-015/00	C12N-005/00	C12N-005/02
C12N-005/04	C12N-005/10	C12N-005/00	C12N-005/02	C07H-021/04	C13K-001/02

附录二　合成生物学专利的界定

基于赖斯对合成生物学的定义，合成生物学专利可以划分为三大类，各类检索策略如下

1. 第一类：知识基础

#1：IP=（B01* OR C12N* OR C12P* OR C12Q* OR C12S* OR C40B*）AND TS=（riboswitch* OR “synthetic biology” OR “synthetic amino acid” OR “synthetic base pair” OR “synthetic genome” OR “synthetic genet*” OR “synthetic nucleic acids” OR “synthetic *nucleotide” OR “synthetic sequence” OR “artificial amino acid” OR “artificial base pair” OR “artificial genome” OR “artificial genet*” OR “artificial nucleic acids” OR “artificial* nucleotide” OR “artificial sequence” OR “genetic circuit” OR “signalling pathway” OR “systems biology” OR “metabolic engineering” OR “synthetic protocell” OR “synthetic cell” OR “artificial cell” OR “minimal cell” OR “cell chassis” OR “vesicul* bioreactor” OR “vesicle bioreactor” OR “minimal genome” OR “synthetic gene cluster” OR “synthetic regulatory network” OR “gene circuit design” OR “biological parts” OR “dna assembly” OR “rational protein design” OR “computational protein design” OR “de novo enzyme design” OR “noncanonical amino acid” OR “unnatural amino acid” OR “rna design” OR “rational design” OR “dna origami” OR “rna nanostructure*” OR “dna nanostructure*” OR “gene* switch” OR “synthetic gene network” OR “artificial gene network” OR “genome engineering” OR “gene oscillator” OR “synthetic shRNA” OR “artificial shRNA” OR “heterologous nucleic acid” OR “biological circuit” OR（“molecular machine” AND protein）OR（“molecular machine” AND bio）OR（RNA AND “computational design”）OR（RNA AND “rational design”））

2. 第二类：使能技术

IP=（B01* OR C12N* OR C12P* OR C12Q* OR C12S* OR C40B*）AND TS=（cad OR cam OR microfluidics OR “design platform” OR “computer aided design" OR "systems biology model*" OR "metabolomic* model*" OR "transcriptomic* model*" OR "protein folding model*" OR "protein folding prediction" OR "RNA folding model*" OR "RNA folding prediction" OR "multiplex ligation" OR "multiple amplification" OR "dna synthesis" OR "gene synthesis" OR (multiplex AND genome) OR (multiplex AND gene))

3. 第三类：应用

#1：(IP= (C12N* OR C12P* OR C12Q* OR C12S* OR C40B*) AND TS= (("smart material" AND bacter*) OR (fuel AND bacter*) OR (energy AND bacter*) OR (medicine AND bacter*) OR (photosynth* AND bacter*) OR (nano* AND bacter*) OR (nano AND bacter*) OR (industr* AND bacter*) OR (remediation AND bacter*) OR ("smart material" AND microbio*) OR (fuel AND microbio*) OR (energy AND microbio*) OR (medicine AND microbio*) OR (photosynth* AND microbio*) OR (nano* AND microbio*) OR (nano AND microbio*) OR (industr* AND microbio*) OR (remediation AND microbio*) OR ("smart material" AND microbia*))) OR ((IP= (C12N* OR C12P* OR C12Q* OR C12S* OR C40B*) AND TS= ((fuel AND microbia*) OR (energy AND microbia*) OR (medicine AND microbia*) OR (photosynth* AND microbia*) OR (nano* AND microbia*) OR (nano AND microbia*) OR (industr* AND microbia*) OR (remediation AND microbia*))) OR (IP= (C12N* OR C12P* OR C12Q* OR C12S*) AND TS= (environment AND degradation))))

参考文献

[1] 林聚任 . 社会网络分析：理论、方法与应用 . 第 1 版 . 北京：北京师范大学出版社，2009：1-5.

[2] Otte E，Rousseau R. Social network analysis：A powerful strategy，also for the information sciences. Journal of Information Science，2002，28（6）：441-453.

[3] 李金华 . 网络研究三部曲：图论、社会网络分析与复杂网络理论 . 华南师范大学学报（社会科学版），2009，（2）：13-138.

[4] 斯科特 . 社会网络分析 . 刘军译 . 重庆：重庆大学出版社，2007：XI，1-7，23.

[5] Albert R，Barabasi A L. Statistical mechanics of complex networks. Reviews of Modern Physics，2002，74（1）：47-97.

[6] Watts D J，Strogatz S H. Collective dynamics of ‘small-world’ networks. Nature，1998，393（6684）：440-442.

[7] Barabási A，Albert R. Emergence of scaling in random networks. Science，1999，286：509-512 .

[8] 周涛，傅忠谦，牛永伟，等 . 复杂网络上传播动力学研究综述 . 自然科学进展，2005，15（5）：513-518.

[9] 汪小帆，李翔，陈关荣，等 . 复杂网络理论及其应用 . 北京：清华大学出版社，2006：8-9.

[10] 章忠志 . 复杂网络的演化模型研究 . 大连：大连理工大学博士学位论文，2006：9-10.

[11] Dorogovtsev S N，Mendes J F F. Evolution of networks. Advances in Physics，2002，51（4）：1079-1187.

[12] 王文旭 . 复杂网络的演化动力学及网络上的动力学过程研究 . 合肥：中国科学技术大学博士学位论文，2007：1-2.

[13] 葛新，赵海，张君，等 . 复杂网络无尺度特征及其演化机理研究 . 东北大学学报（自然科学版），2011，（5）：646-649.

[14] 崔爱香，复杂网络演化模型分析 . 成都：电子科技大学硕士学位论文，2010：1-5.

[15] 李天华，周秋花，邹艳丽，等 . 复杂网络演化模型分析 . 广西物理，2009，（3）：21-24.

[16] 孙钦东，孙亚红，管晓宏，等 . 动态短信通信复杂网络演化模型研究 . 西安交通大学学

报，2009，（06）：5-9.

[17] 刘建香 . 复杂网络及其在国内研究进展的综述 . 系统科学学报，2009，（04）：31-37.

[18] 江昌华，任庆生 . 拓扑结构对动态增长的复杂网络的影响 . 计算机工程，2010，（22）：251-253.

[19] Colizza V，Flammini A，Serrano M A，et al. Detecting rich-club ordering in complex networks. Nat Phys，2006，2（2）：110-115.

[20] 刘宏鲲，张效莉，曹崀，等 . 中国城市航空网络航线链接机制分析 . 中国科学（物理学 力学 天文学），2009，（7）：935-942.

[21] Milgram S. The small world problem. Psychology Today，1967，67（1）：60-67.

[22] Newman M E J，Watts D J. Renormalization group analysis of the small-world network model. Physics Letters A，1999，263（4-6）：341-346.

[23] Kleinberg J M. Navigation in a small world. Nature，2000，406：845.

[24] Barabasi A L. Scale-free networks：A decade and beyond. Science，2009，325（5939）：412-413.

[25] Newman M E J. Scientific collaboration networks. I. Network construction and fundamental results. Physical Review E. 2001，64（1）：016131.

[26] Barabasi A L，Jeong H，Neda Z，et al. Evolution of the social network of scientific collaborations. Physica A Statistical Mechanics and Its Applications，2002，311（3-4）：590-614.

[27] Li X，Ying J Y，Chen G. Complexity and synchronization of the World trade Web. Physica A：Statistical Mechanics and its Applications，2003，328（1-2）：287-296.

[28] Kernighan B W，Lin S. An efficient heuristic procedure for partitioning graphs. Bell System Technical Journal，1970，49（2）：291-308.

[29] Fildler M. Algebraic connectivity of graphs. Czech Math J，1973，23（98）：298-305.

[30] Phothen A，Simon H，Liou K P. Partitioning sparse matrices with eigenvectors of graphs. SIAMJ. Matrix Anal. Appl，1990，11（3）：430-452.

[31] Boccaletti S，Latora V，Moreno Y，et al. Complex networks：Structure and dynamics. Phys Rep，2006，424：175-308.

[32] 时京晶 . 三种经典复杂网络社区结构划分算法研究 . 电脑与信息技术，2011，19（4）：32-43：79.

[33] Girvan M，Newman M E J. Community structure in social and biological networks. PNAS，

2002，99（12）：7821-7826.

[34] Newman M E J. Fast algorithm for detecting community structure in networks. Phys Rev E，2004，69（6）：066133.

[35] Newman M E J，Girvan M. Finding and evaluating community structure in networks. Physical Review E，2004，69（2）：026113.

[36] Waltman L，van Eck N J. A smart local moving algorithm for large-scale modularity-based community detection. European Physical Journal B，2013，86（11）：471.

[37] Chen P，Redner S. Community structure of the physical review citation network. Journal of Informetrics，2010，4（3）：278-290.

[38] Blondel V D，Guillaume J L，Lambiotte R，et al. Fast unfolding of communities in large networks. Journal of Statistical Mechanics：Theory and Experiment，2008，2008（10）：P10008.

[39] Rotta R，Noack A. Multilevel local search algorithms for modularity clustering. Journal of Experimental Algorithmics，2011，16（2）：2-3.

[40] Borgatti S P，Mehra A，Brass D J，et al. Network analysis in the social sciences. Science，2009，323（5916）：892-895.

[41] Yoon J，Kim K. Identifying rapidly evolving technological trends for R&D planning using SAO-based semantic patent networks. Scientometrics，2011，88（1）：213-228.

[42] Leicht E A，Clarkson G，Shedden K，et al. Large-scale structure of time evolving citation networks. The European Physical Journal B—Condensed Matter and Complex Systems，2007，59（1）：75-83.

[43] Murray F. Innovation as co-evolution of scientific and technological networks：Exploring tissue engineering. Research Policy，2002，31（8-9）：1389-1403.

[44] Hanaki N，Nakajima R，Ogura Y. The dynamics of R& D network in the IT industry. Research Policy，2010，39（3）：386-399.

[45] Barthélemy M，Flammini A. Modeling urban street patterns. Phys Rev Lett，2008，100（3）：138702.

[46] Zhang G Q，Yang Q F，Cheng S Q，et al. Evolution of the internet and its cores. New J Phys，2008，10：123027.

[47] 荣智海 . 复杂网络上的演化博弈与机制设计研究 . 上海：上海交通大学博士学位论文，2008：1-2.

[48] 秦绍萌 . 复杂网络上的博弈演化 . 兰州：兰州大学博士学位论文，2009：1-2.

[49] 王冰 . 复杂网络的演化机制及若干动力学行为研究 . 大连：大连理工大学博士学位论文，2006：1-2.

[50] Ernst H. Patent information for strategic technology management. World Patent Information，2003，25（3）：233-242.

[51] Segev A，Kantola J. Identification of trends from patents using self-organizing maps. Expert Systems with Applications，2012，39（18）：13235-13242.

[52] Han Y J，Park Y. Patent network analysis of inter-industrial knowledge flows：The case of Korea between traditional and emerging industries. World Patent Information，2006，28（3）：235-247.

[53] Lee S，Kim M S. Inter-technology networks to support innovation strategy：An analysis of Korea's new growth engines. Innovation：Management，Policy & Practice，2010，12：88-104.

[54] Narin F. Patent bibliometrics. Scientometrics，1994，30（1）：147-155.

[55] Gupta V K，Pangannaya N B. Carbon nanotubes：Bibliometric analysis of patents. World Patent Information，2000，22（3）：185-189.

[56] Hsueh C C，Wang C C. The use of social network analysis in knowledge diffusion research from patent data. Proceedings of International Conference on Advances in Social Network Analysis and Mining 2009. ASONAM '09. 20 ～ 22 July 2009. Athens，2009：393-398.

[57] Kastelle T，Steen J. Introduction：Using network analysis to understand innovation. Innovation：Management，Policy & Practice，2010，12：2-4.

[58] Sternitzke C，Bartkowski A，Schramm R. Visualizing patent statistics by means of social network analysis tools. World Patent Information，2008，30（2）：115-131.

[59] Chang P L，Wu C C，Leu H J. Using patent analyses to monitor the technological trends in an emerging field of technology：A case of carbon nanotube field emission display. Scientometrics，2010，82（1）：5-19.

[60] Yoon B，Park Y. A text-mining-based patent network：Analytical tool for high-technology trend. The Journal of High Technology Management Research，2004，15（1）：37-50.

[61] Chung F，Lu L Y. Connected components in random graphs with given degree sequences. Annals of Combinatorics，2002，（6）：125-145.

[62] Park J，Newman M E J. The origin of degree correlations in the internet and other networks.

Physical Review E，2003，68：026112.

[63] Newman M E J. Analysis of weighted networks. Phys Rev E，2004，70（5）：056131.

[64] Fortunato S，Barthelemy M. Resolution limit in community detection. Proc Natl Acad Sci USA，2007，104：36-41.

[65] Arenas A，Duch J，Fernandez A，et al. Size reduction of complex networks preserving modularity. New Journal of Physics，2007，9（6）：176.

[66] Newman M E J. Scientific collaboration networks. II. Shortest paths，weighted networks，and centrality. Physical Review E，2001，64（1）：7.

[67] Zachary W W. An information flow model for conflict and fission in small groups. Journal of Anthropological Research，1977，（33）：452-473.

[68] Brandes U. A faster algorithm for betweenness centrality. Journal of Mathematical Sociology，2001，25：163-177.

[69] Chen Y W，Börner K，Fang S. Evolving collaboration networks in Scientometrics in 1978 ～ 2010：A micro ～ macro analysis. Scientometrics，2013，95（3）：1051-1070.

[70] 陈云伟 . 引文网络演化研究进展分析 . 情报科学，2016，34（8）：171-176.

[71] 巴拉巴西 . 链接——网络新科学 . 徐彬译 . 长沙：湖南科学技术出版社，2007：221-225.

[72] Börner K，Boyack K W. Mapping Interdisciplinary Research（sidebar，Systems Science Section）. New York：Oxford University Press，2010：457-460.

[73] Boyack K W，Börner K，Klavans R. Mapping the structure and evolution of chemistry research. Scientometrics，2009，79（1）：45-60.

[74] 陈云伟，方曙，邓勇 . 基于 SSCI 研究世界图书情报学科布局 . 情报杂志，2008，27（12）：97-95，114.

[75] Leydesdorff L，Rafols I. A global map of science based on the ISI subject categories. Journal of the American Society for Information Science and Technology，2009，60（2）：348-362.

[76] Börner K. Mapping the structure and evolution of science. Symposium on Knowledge Discovery and Knowledge Management Tools at NIH Natcher Conference Center，Bethesda，2006.

[77] Chen C M，McCain K，White H，et al. Mapping scientometrics（1981 ～ 2001）. ASIST 2002：proceedings of the 65th ASIST annual meeting，2002，39：25-34.

[78] Hou H Y，Kretschmer H，Liu Z Y. The structure of scientific collaboration networks in Scientometrics. Scientometrics，2008，75（2）：189-202.

[79] Dutt B, Garg K C, Bali A. Scientometrics of the international journal Scientometrics. Scientometrics, 2003, 56 (1): 81-93.

[80] Bar-Ilan J. Informetrics at the beginning of the 21st century—A review. Journal of Informetrics. 2008, 2: 1-52.

[81] OECD. OECD biotechnology statistic 2006. www. oecd. org/dataoecd/51/59/36760212. pdf [2010-10-11].

[82] Patel P. SPRU ~ UK performance in biotechnology ~ related innovation an analysis of patent data. http: //www. bis. gov. uk/files/file46580. pdf [2010-10-11].

[83] Linton K, Stone P, Wise J. Patenting trends & innovation in industrial biotechnology. Industrial Biotechnology, 2008, 4 (4): 367-390.

[84] Bettencourt L M A, Kaiser D I, Kaur J. Scientific discovery and topological transitions in collaboration networks. Journal of Informetrics, 2009, 3 (3): 210-221.

[85] Leskovec J, Kleinberg J, Faloutsos C. Graphs over Time: Densification laws, shrinking diameters and possible explanations. Proceeding of the eleventh ACM Sigkdd International Conference on Knowledge Discovery and Data Mining (KDD), 2005: 177-187.

[86] Freeman LC. Centrality in social networks conceptual clarification. Social Networks, 1978, 1 (1): 215-239.

[87] Freeman L C. A set of measuring centrality based on betweenness. Sociometry, 1977, 40 (1): 35-41.

[88] Lin L L, Xu Z M, Ding Y, et al. Finding topic-level experts in scholarly networks. Scientometrics, 2013, 97 (3): 797-819.

[89] Melin G, Persson O. Studying research collaboration using co-authorships. Scientometrics, 1996, 36 (3): 363-377.

[90] Börner K, Dall'Asta L, Ke W M, et al. Studying the emerging global brain: Analyzing and visualizing the impact of co-authorship teams. Complexity: Special Issue on Understanding Complex Systems, 2005, 10 (4): 57-67.

[91] Abbasi A, Altmann J, Hossain L. Identifying the effects of co-authorship networks on the performance of scholars: A correlation and regression analysis of performance measures and social network analysis measures. Journal of Informetrics, 2011, 5 (4): 594-607.

[92] McCarty C, Jawitz J, Hopkins A, et al. Predicting author *h*-index using characteristics of the co-author network. Scientometrics, 2013, 96 (2): 467-483.

[93] Liu X, Bollen J, Nelson M L, et al. Co-authorship networks in the digital library research community. Information Processing and Management, 2005, 41 (6): 1462-1480.

[94] Yan E J, Ding Y. Discovering author impact: A PageRank perspective. Information Processing and Management, 2011, 47 (1): 125-134.

[95] Guimerà R, Uzzi B, Spira J, et al. Team assembly mechanisms determine collaboration network structure and team performance. Science, 2005, 308: 697-702.

[96] Whitfield J. Collaboration: Group theory. Nature, 2008, 455: 720-723.

[97] Wuchty S, Jones B F, Uzzi B. The increasing dominance of teams in production of knowledge. Science, 2007, 316: 1036-1039.

[98] Panzarasa P, Opsahl T. Patterns of scientific collaboration in business and management: The effects of network structure and interdisciplinarity on research performance. http: //www. ifr. ac. uk/netsci08/Download/CT_Abstracts/CT314. pdf [2014-03-08] .

[99] Abramo G, D'angelo C A, Solazzi M. The relationship between scientists' research performance and the degree of internationalization of their research. Scientometrics, 2011, 86 (3): 629-643.

[100] Kato M, Ando A. The relationship between research performance and international collaboration in chemistry. Scientometrics, 2013, 97 (3): 535-553.

[101] Palla G, Barabási A L, Vicsek T. Quantifying social group evolution. Nature, 2007, 446: 664-667.

[102] Guns R. Bipartite networks for link prediction: Can they improve prediction performance. Proceedings of the ISSI 2011, Durban, South Africa: 2011, 1: 249-260.

[103] Zhou Y B, Lu L, Li M H. Quantifying the influence of scientists and their publications: Distinguishing between prestige and popularity. New Journal of Physics, 2012, 14 (3): 033033.

[104] Börner K, Chen C M, Boyack K W. Visualizing knowledge domains. Annual Review of Information Science and Technology, 2003, 37 (1): 179-255.

[105] de Solla Price D J . Networks of scientific papers. Science, 1965, 149 (3683): 510-515.

[106] Bar-Ilan J. Informetrics at the beginning of the 21st century—A review. Journal of Informetrics. 2008, 2: 1-52.

[107] Schoepflin U, Glanzel W. Two decades of "Scientometrics" —An interdisciplinary field represented by its leading journal. Scientometrics, 2001, 50 (2): 301-312.

[108] Peritz B C, Bar-Ilan J. The sources used by bibliometrics-scientometrics as reflected in references. *Scientometrics*, 2002, 54 (2): 269-284.

[109] Salo A, Cuhls K. Technology foresight—past and future. Journal of Forecasting, 2003, 22 (2-3): 79-82.

[110] Amanatidou E. Beyond the veil-The real value of foresight. Technological Forecasting and Social Change, 2014, 87: 274-291.

[111] UNIDO. Technology foresight. http://www.unido.org/foresight.html [2015-01-21].

[112] Barré R, Keenan M. Revisiting foresight rationales: What lessons from the social sciences and humanities//Cagnin C, Keenan M, Johnston R, et al. Future-Oriented Technology Analysis—Strategic Intelligence for an Innovative Economy. Berlin: Springer, 2008: 41-52.

[113] Miles I. The development of technology foresight: A review. Technological Forecasting and Social Change, 2010, 77 (9): 1448-1456.

[114] Firat A K, Woon L W, Madnicks. Technological forecasting – A review. Working Paper CISL# 2008-15, Cambridge, USA, 2008.

[115] Technology Futures Analysis Methods Working Group. Technology futures analysis: Toward integration of the field and new methods. Technological Forecasting and Social Change, 2004, 71 (3): 287-303.

[116] Keenan M. Identifying emerging generic technologies at the national level: The UK experience. Journal of Forecasting, 2003, 22 (2-3): 129-160.

[117] Havas A. Evolving foresight in a small transition economy. Journal of Forecasting, 2003, 22 (2-3): 179-201.

[118] Carlson L W. Using technology foresight to create business value. Research-Technology Management, 2004, 47 (5): 51-60.

[119] Sanz-Menendez L, Cabello C, Garcia C E. Understanding technology foresight: The relevance of its S & T policy context. International Journal of Technology Management, 2001, 21 (7-8): 661-679.

[120] Havas A, Schartinger D, Weber M. The impact of foresight on innovation policy-making: Recent experiences and future perspectives. Research Evaluation, 2010, 19 (2): 91-104.

[121] Weigand K, Flanagan T, Dye K, et al. Collaborative foresight: Complementing long-horizon strategic planning. Technological Forecasting and Social Change, 2014, 85:

134-152.

[122] Linstone H A. Three eras of technology foresight. Technovation，2011，31（2-3）：69-76.

[123] Weinberger N，Jorissen J，Schippl J. Foresight on environmental technologies：Options for the prioritisation of future research funding-lessons learned from the project "Roadmap Environmental Technologies 2020+". Journal of Cleaner Production，2012，27：32-41.

[124] Cook C N，Inayatullah S，Burgman M A，et al. Strategic foresight：How planning for the unpredictable can improve environmental decision-making. Trends in Ecology & Evolution，2014，29（9）：531-541.

[125] Markus M L，Mentzer K. Foresight for a responsible future with ICT. Information Systems Frontiers，2014，16（3）：353-368.

[126] Zhang J X，Zhang H S，de Pablos P O，et al. Challenges and foresights of global virtual worlds markets. Journal of Global Information Technology Management，2014，17（2）：69-73.

[127] Battistella C. The organisation of corporate foresight：A multiple case study in the telecommunication industry. Technological Forecasting and Social Change，2014，87：60-79.

[128] Goldbeck W，Waters，L H. Foresight education：When students meet the future（s）. Futurist，2014，48（5）：30.

[129] King K. Foresight in middle school：Teaching the future for the future. Futurist，2014，48（5）：41-42.

[130] Lintonen T，Konu A，Ronka S，et al. Drugs foresight 2020：A Delphi expert panel study. Substance Abuse Treatment Prevention and Policy，2014，（9）：18.

[131] Cuhls K，Georghiou L. Evaluating a participative foresight process："Futur-the German research dialogue". Research Evaluation，2004，13（3）：143-153.

[132] 张冬梅，曾忠禄 . 德尔菲法技术预见的缺陷及导因分析：行为经济学分析视角 . 情报理论与实践，2009，32（8）：24-27.

[133] Forster B，Gracht H. Assessing Delphi panel composition for strategic foresight-A comparison of panels based on company-internal and external participants. Technological Forecasting and Social Change，2014，84：215-229.

[134] 徐磊 . 技术预见方法的探索与实践思考——基于德尔菲法和技术路线图的对接 . 科学学与科学技术管理，2011，32（11）：37-41.

[135] van Raan A F J. Advanced bibliometric methods as quantitative core of peer review based evaluation and foresight exercises. Scientometrics，1996，36（3）：397-420.

[136] 王金鹏. 基于科学计量的技术预见方法优化研究. 武汉：华中科技大学硕士学位论文，2011：1.

[137] 韩毅，童迎，夏慧. 领域演化结构识别的主路径方法与高被引论文方法对比研究. 图书情报工作，2013，57（3）：11-16.

[138] 张冬梅，曾忠禄. 结合专利分析与技术环境监测的技术预见模型. 情报理论与实践，2010，33（4）：61-64.

[139] 陈云伟，Börner K. 论科学地图的科学价值. 图书情报知识，2009，（6）：27-33：74.

[140] Yoon B，Lee S，Lee G. Development and application of a keyword-based knowledge map for effective R&D planning. Scientometrics，2010，85（3）：803-820.

[141] 叶继涛. 技术预见与专利地图关联研究. 科技与经济，2007，（6）：3-6.

[142] 王伟军，王金鹏. 科学知识图谱在技术预见中的应用探析. 情报科学，2010，28（8）：1127-1131.

[143] Andersen A D，Andersen P D. Innovation system foresight. Technological Forecasting and Social Change，2014，88：276-286.

[144] Andersen P D，Andersen A D，Jensen P A，et al. Sectoral innovation system foresight in practice：Nordic facilities management foresight. Futures，2014，61：33-44.

[145] Salo A，Gustafsson T，Ramannthan R. Multicriteria methods for technology foresight. Journal of Forecasting，2003，22（2-3）：235-255.

[146] Shiue Y C，Lin C Y. Developing a new foresight model for future technology evaluation in electric vehicle industry. Journal of Testing and Evaluation，2011，39（2）：119-125.

[147] Chen C M. Predictive effects of structural variation on citation counts. Journal of the American Society for Information Science and Technology，2012，63（3）：431-449.

[148] Compton K T. Technical progress and social development. Electrical Engineering，1939，58（1）：12-15.

[149] Das M R. Biotechnology in the 21（st）Century. Defence Science Journal，2001，51（4）：327-332.

[150] Benner S A，Sismour A M. Synthetic biology. Nature Reviews Genetics，2005，6（7）：533-543.

[151] Khalil A S，Collins J J. Synthetic biology：Applications come of age. Nature Reviews

Genetics，2010，11（5）：367–379.

[152] Little A D. The Strategic Management of Technology. Cambridge：MIT Press，1981.

[153] Haupt R，Kloyer M，Lange M. Patent indicators for the technology life cycle development. Research Policy，2007，36（3）：387–398.

[154] Trappey C V，Wu H Y，Taghaboni–Dutta F，et al. Using patent data for technology forecasting：China RFID patent analysis. Advanced Engineering Informatics，2011，25（1）：53–64.

[155] Jarvenpaa H M，Makinen S J，Seppanen M. Patent and publishing activity sequence over a technology's life cycle. Technological Forecasting and Social Change，2011，78（2）：283–293.

[156] Collins F S，Morgan M，Patrinos A. The human genome project：Lessons from large–scale biology. Science，2003，300（5617）：286–290.

[157] Garfield E. Is citation analysis a legitimate evaluation tool. Scientometrics，1979，1（4）：359–375.

[158] Lee C，Cho Y，Seol H，et al. A stochastic patent citation analysis approach to assessing future technological impacts. Technological Forecasting and Social Change，2012，79（1）：16–29.

[159] Ko S S，Ko N，Kim D，et al. Analyzing technology impact networks for R&D planning using patents：Combined application of network approaches. Scientometrics，2014，101（1）：917–936.

[160] Chen Y W，Fang S. Mapping the evolving patterns of patent assignees' collaboration networks and identifying the collaboration potential. Scientometrics，2014，101（2）：1215–1231.

[161] Inoue H，Souma W，Tamada S. Spatial characteristics of joint application networks in Japanese patents. Physica A：Statistical Mechanics and Its Applications，2007，383（1）：152–157.

[162] Clauset A，Shalizi C，Newman M. Power–law distributions in empirical data. SIAM Review，2009，51：661–703.

[163] Inoue H，Souma W，Tamada S. Analysis of cooperative research and development networks on Japanese patents. Journal of Informetrics，2010，4（1）：89–96.

[164] Fleming L，King C III，Juda，A. Small Worlds and Innovation. http：//www. bus. umich.

edu/Academics/Departments/CSIB/CSIB/Fleming_04-15-05_Seminar_Paper. pdf［2010-12-20］.

［165］Chen Z，Guan J. The impact of small world on innovation：An empirical study of 16 countries. Journal of Informetrics，2010，4（1）：97-106.

［166］Wilhelmsson M. The spatial distribution of inventor networks. Annals of Regional Science，2009，43（3）：645-668.

［167］He J，Fallah M H. Is inventor network structure a predictor of cluster evolution? Technological Forecasting and Social Change，2009，76（1）：91-106.

［168］Lobo J，Strumsky D. Metropolitan patenting，inventor agglomeration and social networks：A tale of two effects. Journal of Urban Economics，2008，63（3）：871-884.

［169］Takagi S，Toyama R. On growth of network and centrality's change analysis of co-inventors network in enterprise// Lytras M D，Carroll J M，Tennyson R D，et al. The Open Knowledge Society：A Computer Science and Information Systems Manifesto. 2008：422-427.

［170］Salmenkaita J P. Intangible capital in industrial research：Effects of network position on individual inventive productivity. http：//lib. tkk. fi/Diss/2004/isbn9512273470/article5. pdf［2010-12-20］.

［171］Nerkar A，Paruchuri S. Evolution of R&D capabilities：The role of knowledge networks within a firm. Management science，2005，51（5）：771-785.

［172］Breschi S，Catalini C. Tracing the links between science and technology：An exploratory analysis of scientists' and inventors' networks. Research Policy，2010，39（1）：14-26.

［173］Fleming L，Frenken K. The evolution of inventor networks in the silicon valley and Boston regions. Advances in Complex Systems，2007，10（1）：53-71.

［174］ASONAM. The 2010 international conference on advances in social networks analysis and mining. http：//asonam2010. hau. gr/［2010-10-09］.

［175］Lin C L，Kao Y. Blog popularity mining using social interconnection analysis. Ieee Internet Computing，2010，14（4）：41-49.

［177］Thelwall M，Wilkinson D，Uppal S. Data mining emotion in social network communication：Gender differences in myspace. Journal of the American Society for Information Science and Technology，2010，61（1）：190-199.

［177］Vasalou A，Joinson A N，Courvoisier D. Cultural differences，experience with social networks and the nature of "true commitment" in Facebook. International Journal of Human-Computer Studies, 2010, 68 (10): 719-728.

[178] Leischow S J, Luke D A, Mueller N, et al. Mapping US government tobacco control leadership: Networked for success? Nicotine & Tobacco Research, 2010, 12 (9): 888-894.

[179] Ennett S T, Foshee V A, Bauman K E, et al. A social contextual analysis of youth cigarette smoking development. Nicotine & Tobacco Research, 2010, 12 (9): 950-962.

[180] Lee P C, Su H N. Investigating the structure of regional innovation system research through keyword co-occurrence and social network analysis. Innovation: Management, Policy & Practice, 2010, 12: 26-40.

[181] Hori K, Nakakoji K, Yamamoto Y, et al. Organic perspectives of knowledge management: Knowledge evolution through a cycle of knowledge liquidization and crystallization. Journal of Universal Computer Science, 2004, 10 (3): 252-261.

[182] Motter A, Moura A P S, Lai Y, et al. Topology of the conceptual network of language. Science Phys Rev E, 2002, 65: 065102.

[183] Su H N, Lee P C. Mapping knowledge structure by keyword co-occurrence: A first look at journal papers in technology foresight. Scientometrics, 2010, 85 (1): 65-79.

[184] Lee B, Jeong Y I. Mapping Korea's national R&D domain of robot technology by using the co-word analysis. Scientometrics, 2008, 77 (1): 3-19.

[185] Vaughan L, You J. Word co-occurrences on Webpages as a measure of the relatedness of organizations: A new Webometrics concept. Journal of Informetrics, 2010, 4 (4): 483-491.

[186] 杨璧嘉，张旭．专利网络分析在技术路线图中的应用．现代图书情报技术，2008,(05): 61-66.

[187] Hu A G Z. The regionalization of knowledge flows in east asia: Evidence from patent citations data. World Development, 2009, 37 (9): 1465-1477.

[188] Dou H, Bai Y. A rapid analysis of Avian Influenza patents in the Esp@cenet database-R&D strategies and country comparisons. World Patent Information, 2007, 29 (1): 26-32.

[189] Gafield E. Citation indexing for studying science. Nature, 1968, 227: 133-139.

[190] Garfield E. Citation indexes for science. A new dimension in documentation through association of ideas. Science, 1955, 122 (3159): 108-111.

［191］尹丽春，刘泽渊 .《科学计量学》引文网络的演化研究 . 中国科技期刊研究，2006，17（5）：718-722.

［192］Wartburg I，Teichert T，Rost K. Inventive progress measured by multi-stage patent citation analysis. Research Policy，2005，34：1591-1607.

［193］吴海峰，孙一鸣 . 引文网络的研究现状及其发展综述 . 计算机应用与软件，2012，29（2）：164-168.

［194］Vazquez A. Statistics of citation networks. 2001. http：//arxiv.org/condmat/0105031［2017-08-01］.

［195］Garfield E. Journal citation studies. 46. physical chemistry and chemical physics journals part 3. the evolution of physical chemistry to chemical physics. Current Contents，1986，（3）：3-12.

［196］Jeong H，Neda Z，Barabasi AL. Measuring preferential attachment in evolving networks. Europhysics Letters，2003，61（4）：567-572.

［197］Hung S W，Wang A P. A small world in the patent citation network. Ieem. 2008 International Conference on Industrial Engineering and Engineering Management，2009，1-3：1-5.

［198］Hung S W，Wang A P. Examining the small world phenomenon in the patent citation network：A case study of the radio frequency identification（RFID）network. Scientometrics，2010，82（1）：121-134.

［199］Gress B. Properties of the USPTO patent citation network 1963 ～ 2002. World Patent Information，2010，32（1）：3-21.

［200］Weng C S，Chen W Y，Hsu H Y，et al. To study the technological network by structural equivalence. The Journal of High Technology Management Research，2010，21（1）：52-63.

［201］王亮，张庆普 . 基于引文网络的知识流动过程与机制研究 . 哈尔滨工业大学学报（社会科学版），2014，16（1）：110-116.

［202］Hummon N P，Carley K. Social networks as normal science. Social Networks，1993，15（1）：71-106.

［203］Bommarito I M J，Katz D M，Zelner J L，et al. Distance measures for dynamic citation networks. Physica A：Statistical Mechanics and its Applications，2010，389（19）：4201-4208.

［204］Park J，Lee H，Park Y. Disembodied knowledge flows among industrial clusters：A patent analysis of the Korean manufacturing sector. Technology in Society，2009，31（1）：73-84.

[205] Chen C，Hicks D. Tracing knowledge diffusion. Scientometrics，2004，59（2）：199-211.

[206] Chang S B，Lai K K，Chang S M. Exploring technology diffusion and classification of business methods：Using the patent citation network. Technological Forecasting and Social Change，2009，76（1）：107-117.

[207] Shih H Y，Chang T L S. International diffusion of embodied and disembodied technology：A network analysis approach. Technological Forecasting and Social Change，2009，76（6）：821-834.

[208] Igami M. Exploration of the evolution of nanotechnology via mapping of patent applications. Scientometrics，2008，77（2）：289-308.

[209] Hummon N P，Doreian P. Connectivity in a citation network：The development of DNA theory. Social Networks，1989，11（1）：39-63.

[210] Hummon N P，Doreian P. Computational methods for social network analysis. Social Networks，1990，12（4）：273-288.

[211] Dosi G. Technological paradigms and technological trajectories. Research Policy，1982，11：147-162.

[212] 杨中楷，刘佳．基于专利引文网络的技术轨道识别研究——以太阳能光伏电池板领域为例．科学学研究，2011，29（9）：1311-1317.

[213] Batagelj V. Efficient algorithms for citation network analysis. https：//www. researchgate. net/publication/1956732_Efficient_Algorithms_for_Citation_Network_Analysis [2015-05-01].

[214] Verspagen B. Mapping technological trajectories as patent citation networks：A study on the history of fuel cell research. Advances in ComplexSystems，2007，10（01）：93-115.

[215] Mina A，Ramlogan R，Tampubolon G，et al. Mapping evolutionary trajectories：Applications to the growth and transformation of medicalknowledge. Research Policy，2007，36（5）：789-806.

[216] Lucio-Arias D，Leydesdorff L. Main-path analysis and path-dependent transitions in HistCiteTM-based historiograms. Journal of the American Society for Information Science and Technology，2008，59（12），1948-1962.

[217] Lu L Y，Liu J S. An innovative approach to identify the knowledge diffusion path：The case of resource-based theory. Scientometrics，2013，94（1）：225-246.

[218] Liu J S，Lu L Y，Lu W M，et al. Data envelopment analysis 1978–2010：A citation-based literature survey. Omega，2013，41（1）：3-15.

[219] Liu J S，Lu L Y. An integrated approach for main path analysis：The development of the Hirsch index as an example. Journal of the American Society for Information Science and Technology，2012，63（3）：528-542.

[220] Xiao Y，Lu L Y Y，Liu J S，et al. Knowledge diffusion path analysis of data quality literature：A main path analysis. Journal of Informetrics，2014，8（3）：594-605.

[221] 邱均平，董克 . 引文网络中文献深度聚合方法与实证研究——以 WOS 数据库中 XML 研究论文为例 . 中国图书馆学报，2013，39（204）：111-120.

[222] Boyack K W，Klavans R，Börner K. Mapping the backbone of science. Scientometrics，2005，64（3）：351-374.

[223] Börner K，Klavans R，Patek M，et al. Design and update of a classification system：The UCSD map of science. Plos One，2012，7（7）：10.

[224] Small H. A passage through science：Crossing disciplinary boundaries. Library Trends，1999，48（1）：72-108.

[225] van Raan A J. Sleeping beauties in science. Scientometrics，2004，59（3）：467-472.

[226] Redner S. Citation statistics from 110 years of *Physical Review*. Physics Today，2005，58（6）：49-54.

[227] Hu X，Rousseau R，Chen J. On the definition of forward and backward citation generations. Journal of Informetrics，2011，5（1）：27-36.

[228] Iwami S，Mori J，Sakata I，et al. Detection method of emerging leading papers using time transition. Scientometrics，2014，101（2）：1515-1533.

[229] Small，H. Tracking and predicting growth areas in science. Scientometrics，2006，68：595-610.

[230] Leydesdorff L. Theories of citation? Scientometrics，1998，43（1）：5-25.

[231] Scharnhorst A. Citation—Networks，science landscapes and evolutionary strategies—Comments on theories of citation？ Scientometrics，1998，43（1）：95-106.

[232] Chen C M. Visualising semantic spaces and author co-citation networks in digital libraries. Information Processing & Management，1999，35（3）：401-420.

[233] Ding Y, Foo S, Chowdhury G G. Incorporating the results of co-word analyses to increase search variety for information retrieval. Journal of Information Science, 2000, 26 (26): 429-451.

[234] Hofmann T. Probabilistic latent semantic indexing// International ACM SIGIR Conference on Research and Development in Information Retrieval. ACM, 1999, 42 (1): 50-57.

[235] Rosen-Zvi M, Griffiths T, Steyvers M, et al. The author-topic model for authors and documents// Meek C.Conference on Uncertainty in Artificial Intelligence. Banff: AUAI Press, 2004: 487-494.

[236] Mimno D, Wallach H M, Mccallum A. Community-based link prediction with text. http://works. bepress.com/hanna-wallach/2/ [2017-08-01].

[237] Tang J, Zhang J, Yao L, et al. BArnetminer: Extraction and mining of academic social networks. Proceedings of the 14th ACM SIGKDD International Conference on knowledge Discovery and Date Mining, New Yourk, 2008, ACM, 990-998.

[238] Nguyen T, Phung D, Adams B, et al. Hyper-community detection in the blogosphere. Proceedings of Second Acm Sigmm Workshop on Social Media, Firenze, 2010: 21-26.

[239] Wanjantuk P, Keane P. Finding related documents via communities in the citation graph. Communications and Information Technology, 2004, 1: 445-450.

[240] Shibata N, Kajikawa Y, Takeda Y, et al. Detecting emerging research fronts based on topological measures in citation networks of scientic publications. Technovation, 2008, 28 (11): 758-775.

[241] Shibata N, Kajikawa Y, Takeda Y, et al. Early Detection of Innovations from Citation Networks. Technovation, 2009, 32 (5): 567-578.

[242] Chen C M, SanJuan F I, Hou J. The structure and dynamics of co-citation clusters: A multiple-perspective co-citation analysis. Journal of the American Society for Information Science and Technology, 2010, 61 (7): 1386-1409.

[243] Ren F X, Shen H W, Cheng X Q. Modeling the clustering in citation networks. Physica A: Statistical Mechanics and its Applications, 2012, 391 (12): 3533-3539.

[244] Pan Y, Li D, Liu J, et al. Detecting community structure in complex networks via node similarity. Physica A: Statistical Mechanics and its Applications, 2010, 389 (14): 2849-2857.

[245] Chen J, Geyer W, Dugan C, et al. Make new friends, but keep the old: Recommending

people on social networking sites. Proceedings of the 2009 Sigchi Conference on Human Factors in Computing Systems. ACM, Boston, 2009: 201-210.

[246] Zhang Y, Wang J, Wang Y, et al. Parallel community detection on large networks with propinquity dynamics. Proceedings of the 15th Acm Sigkdd International Conference on Knowledge Discovery and Data Mining. ACM, 2009: 997-1006.

[247] Lou H, Li S, Zhao Y. Detecting community structure using label propagation with weighted coherent neighborhood propinquity. Physica A: Statistical Mechanics and its Applications, 2013, 392 (14): 3095-3105.

[248] Symeonidis P, Tiakas E, Manolopoulos Y. Transitive node similarity for link prediction in social networks with positive and negative links. Proceedings of the 4th ACM Conference on Recommender Systems. ACM, 2010: 183-190.

[249] Pan J, Yang H, Faloutsos C, et al. Automatic multimedia cross-modal correlation discovery. Proceedings of the 10th ACM SIGKDD International Conference on Knowledge Discovery and Data Mining. ACM, 2004: 653-658.

[250] Jeh G, Widom J. SimRank: A measure of structural-context similarity. Proceedings of the 8th Acm Sigkdd International Conference on Knowledge Discovery and Data Mining. ACM, Ithaca, 2002: 538-543.

[251] Cohn D, Hofmann T. The missing link-a Probabilistic model of document content and hypertext connectivity. Advances in Neural Information Processing Systems, 2001, 13: 430-436.

[252] Erosheva E, Fienberg S, Lafferty J. Mixed-membership models of scientific publications. Proceedings of the National Academy of Sciences of the United States of America, 2004, 101: 1.

[253] Pathak N, Delong C, Banerjee A, et al. Social topic models for community extraction. Proceedings of the 2 nd SNA-KDD Workshop. http: //www-users. cs. umn. edu/-banerjee/papers/08/snakdd08. pdf [2016-07-01].

[254] Zhou Y, Cheng H, Yu J X. Graph clustering based on structural/attribute similarities. Proceedings of the VLDB Endowment, 2009, 2 (1): 718-729.

[255] Xu X, Yuruk N, Feng Z, et al. SCAN: A structural clustering algorithm for networks. Proceedings of the 13th Acm Sigkdd international conference on Knowledge discovery and data mining. ACM, San Jose, 2007: 824-833.

[256] 林友芳，王天宇，唐锐，等. 一种有效的社会网络社区发现模型和算法. 计算机研究与发展，2012，49（2）：337-345.

[257] Lambiotte R，Delvenne J C，Barahona M. Laplacian dynamics and multiscale modular structure in networks. IEEE Transactions on Network Science and Engineering，2015，1（2）：76-90.

[258] Badar K，Hite J M，Ashraf N. Knowledge network centrality，formal rank and research performance：Evidence for curvilinear and interaction effects. Scientometrics，2015，105（3）：1553-1576.

[259] Prathap G. The 100 most prolific economists using the p-index. Scientometrics，2010，84（1）：167-172.

[260] Ding Z Q，Ge J P，Wu X M，et al. Bibliometrics evaluation of research performance in pharmacology/pharmacy：China relative to ten representative countries. Scientometrics，2013，96（3）：829-844.

[261] Zhao L，Zhang Q. Mapping knowledge domains of Chinese digital library research output，1994-2010. Scientometrics，2011，89（1）：51-87.

[262] 库恩. 科学革命的结构. 金吾伦，胡新和译. 北京：北京大学出版社，2012：3-4.

[263] 陈云伟，邓勇，陈方，等. 科研单元创新力评价模型及实证研究. 情报杂志，2015，34（5）：59-65.

[264] Kajikawa Y，Yoshikawa J，Takeda Y，et al. Tracking emerging technologies in energy research：Toward a roadmap for sustainable energy. Technological Forecasting and Social Change，2008，75（6）：771-782.

[265] 陈云伟，邓勇，陈方，等. 复合合作强度指数构建及应用研究. 图书情报工作，2015，59（13）：96-103.

[266] 步莎莎. 我国产业结构与高校学科结构的关系研究. 大连：大连理工大学硕士学位论文，2010：1.

[267] 黄燕，封烨. 基于国家重点实验室交叉学科建设思路的探讨. 实验技术与管理，2016，33（2）：220-223.

[268] van Eck N J，Waltman L. CitNetExplorer：A new software tool for analyzing and visualizing citation networks. Journal of Informetrics，2014，8（4）：802-823.

[269] 中国科学院计划财务局，中国科学院国家科学图书馆成都分馆. 中国科学院专利分析报告，2009：1-2.

[270] 王俨，郭婕婷，肖国华 . 社会网络理论在专利引用中的应用 . 情报理论与实践，2008，(03)：364-366.

[271] Smilkov D，Kocarev L. Rich-club and page-club coefficients for directed graphs. Physica A：Statistical Mechanics and its Applications，2010，389 (11)：2290-2299.

[272] Hu X J，Rousseau R，Chen J. A new approach for measuring the value of patengts based on structural indicatiors for Ego Patent Citation Networks. Journal of the American society for information science and technology，2012，63 (9)：1834-1842.

[273] Huang M H，Chiang L Y，Chen D Z. Constructing a patent citation map using bibliographic coupling：A study of Taiwan's high-tech companies. Scientometrics，2003，58 (3)：489-506.

[274] Meyer M. Does science push technology? Patents citing scientific literature. Research Policy，2000，29 (3)：409-434.

[275] Acosta M，Coronado D. Science-technology flows in Spanish regions-An analysis of scientific citations in patents. Research Policy，2003，32 (10)：1783-1803.

[276] Gao X，Guan J. Networks of scientific journals：An exploration of Chinese patent data. Scientometrics，2009，80 (1)：283-302.

[277] Kuusi O，Meyer M. Anticipating technological breakthroughs：Using bibliographic coupling to explore the nanotubes paradigm. Scientometrics，2007，70 (3)：759-777.

[278] Criscuolo P，Verspagen B. Does it matter where patent citations come from? Inventor vs. examiner citations in European patents. Research Policy，2008，37 (10)：1892-1908.

[279] Jaffe A B，Fogarty M S，Banks B A. Evidence from patents and patent citations on the impact of NASA and other federal labs on commercial innovation. Journal of Industrial Economics，1998，46 (2)：183-205.

[280] Alcacer J，Gittelman M. Patent citations as a measure of knowledge flows：The influence of examiner citations. Review of Economics and Statistics，2006，88 (4)：774-779.

[281] Michel J，Bettels B. Patent citation analysis. A closer look at the basic input data from patent search reports. Scientometrics，2001，51 (1)：185-201.

[282] Börner K. Places & spaces. http：//scimaps. org/ [2010-08-31] .

[283] Garfield E. Scientography：Mapping the tracks [0] of science. Social & Behavioural Sciences，1994，7 (45)：5-10.

[284] Börner K，Penumarthy S，Meiss M，et al. Mapping the diffusion of information among

major U. S. research institutions. Scientometrics，2006，68（3）：415–426.

［285］Chen C M. Mapping scientific frontiers：The quest for knowledge visualization. London. Springer，2003：39–90.

［286］IpIQ，NSF. Science and engineeering indicators 2008. American Society for Information Science and Technology，2003，（37）：179–255.

［287］NWB Team. Network workbench tool. http：//nwb. cns.iv.eud/［2010–09–01］.

［288］Börner K. Information visualization class NO. 02. http：//ella. slis. indiana. edu/–katy/S637–S10/［2009–05–31］.

［289］Chen C M，Paul R J. Visualizing a knowledge domain's intellectual structure. IEEE Computer，2001，34（3）：65–71.

［290］White H D. Pathfinder networks and author cocitation analysis—A remapping of paradigmatic information scientists. Journal of the American Society for Information Science and Technology，2003，54（5）：423–434.

［291］Lin X，White H D，Buzydlowski J. Real–time author co–citation mapping for online searching. Information Processing andManagement，2003，39（5）：689–706.

［292］Boyack K W，Börner K. Indicator–assisted evaluation and funding of research–Visualizing the influence of grants on the number and citation counts of research papers. Journal of the American Society for Information and Technology，2003，54（5）：447–461.

［293］Chen C M，Cribbin T，Macredie R，et al. Visualizing and tracking the growth of competing paradigms—Two case studies. Journal of the American Society for Information Science and Technology，2002，53（8）：678–689.

［294］Blei D M，Ng A Y，Jordan M I. Latent dirichlet allocation. Journal of Machine Learning Research，2003，3（4–5）：993–1022.

［295］Tang J，Jin R M，Zhang J. A topic modeling approach and its integration into the random walk framework for academic search. Eighth IEEE International Conference on Data Mining，2008：1055–1060.

［296］SciTech Strategies Inc. Maps of Science. http://mapofscience.com/［2009–05–01］.

［297］Whitfield J. Group theory. Nature，2008，455（7214）：720–723.

［298］Ke W，Börner K，Viswanath L. Major Information Visualization Authors，Papers and Topics in the ACM Library IEEE Information Visualization Conference，Houston，Texas，2004.

[299] Yan E J, Ding Y, Zhu Q H. Mapping library and information science in China: A coauthorship network analysis. Scientometrics, 2010, 83 (1): 115-131.

[300] Chen Y W, Yang Z P, Fang S, et al. A patent based evaluation of technological innovation capability in eight economic regions in P R China. World Patent Information, 2009, 31 (2): 104-110.

[301] Chen Y W, Yang Z P, Fang S. A comparative study on the biotechnology patents of CAS. Proceedings of ISSI 2009 – 12th International Conference of the International Society for Scientometrics and Informetrics, 2009: 528-537.

[302] 张娴，高利丹，陈云伟 . 生物合成美国专利文献分析 . 科学观察，2009，4（5）：8-13.

[303] Yang Y Y, Akers L, Yang C B, et al. Enhancing patent landscape analysis with visualization output. World Patent Information, 2010, 32 (3): 203-220.

[304] Chen C M. Kuljis J. The rising landscape-visual exploration of superstring revolutions in physics. Journal of the American Society for Information Science and Technology, 2003, 56 (4): 704-714.

[305] Paruchuri S. Intraorganizational networks, interorganizational networks, and the impact of central inventors: A longitudinal study of pharmaceutical firms. Organization Science, 2010, 21 (1): 63-80.

[306] Su F P, Lai K K, Sharma R R K, et al. Patent priority network: Linking patent portfolio to strategic goals. Journal of the American Society for Information Science and Technology, 2009, 60 (11): 2353-2361.

[307] Barberá-Tomás D, Jiménez-Sáez F, Castelló-Molina I. Mapping the importance of the real world: The validity of connectivity analysis of patent citations networks. Research Policy, 2011, 40 (3): 473-486.

[308] Lee S, Kim M S, Park Y. ICT co-evolution and korean ICT strategy-an analysis based on patent data. Telecommunications Policy, 2009, 33 (5-6): 253-271.

[309] Kegler M C, Rigler J, Ravani M K. Using network analysis to assess the evolution of organizational collaboration in response to a major environmental health threat. Health Education Research, 2010, 25 (3): 413-424.

[310] 刘倩楠 . 基于专利引文网络的技术演化路径识别研究 . 大连：大连理工大学硕士学位论文，2010：1.